A REPERCUSSÃO DO MOVIMENTO SANDINISTA NA IMPRENSA BRASILEIRA (1926-1934)

FUNDAÇÃO EDITORA DA UNESP

Presidente do Conselho Curador
Herman Jacobus Cornelis Voorwald

Diretor-Presidente
José Castilho Marques Neto

Editor-Executivo
Jézio Hernani Bomfim Gutierre

Conselho Editorial Acadêmico
Alberto Tsuyoshi Ikeda
Célia Aparecida Ferreira Tolentino
Eda Maria Góes
Elisabeth Criscuolo Urbinati
Ildeberto Muniz de Almeida
Luiz Gonzaga Marchezan
Nilson Ghirardello
Paulo César Corrêa Borges
Sérgio Vicente Motta
Vicente Pleitez

Editores-Assistentes
Anderson Nobara
Henrique Zanardi
Jorge Pereira Filho

RAPHAEL NUNES NICOLETTI
SEBRIAN

A REPERCUSSÃO DO MOVIMENTO SANDINISTA NA IMPRENSA BRASILEIRA (1926-1934)

editora
unesp

© 2011 Editora UNESP

Direitos de publicação reservados à:
Fundação Editora da UNESP (FEU)

Praça da Sé, 108
01001-900 – São Paulo – SP
Tel.: (0xx11) 3242-7171
Fax: (0xx11) 3242-7172
www.editoraunesp.com.br
www.livraria.unesp.com.br
feu@editora.unesp.br

CIP – BRASIL. Catalogação na fonte
Sindicato Nacional dos Editores de Livros, RJ

S449r

Sebrian, Raphael Nunes Nicoletti
A repercussão do movimento sandinista na imprensa brasileira (1926-1934) / Raphael Nunes Nicoletti Sebrian. São Paulo: Editora Unesp, 2011.

Anexos
Inclui bibliografia
ISBN 978-85-393-0130-0

1. Sandino, Augusto César, 1895-1934. 2. Frente Sandinista de Liberación Nacional (Nicarágua) – Cobertura jornalística brasileira. 3. Nicarágua – História – 1909-1937 – Cobertura jornalística brasileira. 4. Guerrilhas – Nicarágua – Cobertura jornalística brasileira. 5. Imprensa – Brasil – História. I. Título.

11-2970 CDD: 972.85
CDU: 94(728.5)

Este livro é publicado pelo projeto *Edição de Textos de Docentes e Pós-Graduados da UNESP* – Pró-Reitoria de Pós-Graduação da UNESP (PROPG) / Fundação Editora da UNESP (FEU)

Editora afiliada:

Asociación de Editoriales Universitarias de América Latina y el Caribe

Associação Brasileira de Editoras Universitárias

Para Vanessa, de olhar doce e meigo, presença forte e decisiva desde sua entrada em minha vida. A ela agradeço pelo carinho, pela inspiração, pelo incentivo, pela compreensão e por ter me tornado um homem melhor, capaz de amar e de ser amado.

Para Arlete, minha mãe, que com força e coragem me deu a oportunidade de trilhar o caminho que me trouxe até aqui, que me fez capaz de enfrentar as tristezas e desfrutar plenamente das alegrias.

AGRADECIMENTOS

Em primeiro lugar, agradeço ao José Luis, pela orientação segura, interessada e participativa, respeitando sempre minhas posições e pontos de vista e concedendo-me, com confiança, autonomia para desenvolver o trabalho com as feições que me pareciam mais corretas. A ele sou grato pelas inúmeras horas dedicadas a mim e à minha pesquisa, ao longo desses quase quatro anos de convivência tranquila e intelectualmente fértil, e pela amizade.

Agradeço ao professor Carlos Alberto Sampaio Barbosa, o Beto, meu primeiro orientador e grande incentivador, desde o início, deste trabalho. A ele sou grato, entre outras coisas, por sua (co)orientação e por suas valiosas observações – em todos os momentos –, mas principalmente por sua amizade e respeito pelo meu trabalho e, sobretudo, por mim.

Sou imensamente grato ao professor Áureo Busetto, outro incentivador de longa data, com quem sempre pude travar diálogos extremamente produtivos, e com quem aprendi algumas lições – pessoais, intelectuais e profissionais – que levarei comigo. A ele devo também agradecimentos por sua amizade, por seu interesse em colaborar de todas as maneiras possíveis, e por suas generosas palavras em diversos momentos.

Devo agradecimentos especiais à professora Maria Helena Rolim Capelato, referência intelectual fundamental deste livro, que generosamente me auxiliou de diversas formas para que o trabalho fosse aperfeiçoado, e que sempre esteve disposta a colaborar no que fosse necessário. A ela devo sugestões muito significativas que procurei incorporar de alguma forma ao texto.

Agradeço à professora Maria Ligia Coelho Prado e, por extensão, aos colegas do Grupo de América da USP, que tão gentilmente me acolheram entre eles – ainda que brevemente –, num ambiente de extrema fecundidade intelectual e, acima de tudo, de colaboração sincera e produtiva entre os pesquisadores. À Ligia devo agradecimentos por suas palavras generosas com relação ao meu trabalho, em algumas oportunidades.

Não poderia me esquecer de agradecer ao professor Clodoaldo Bueno, de refinamento pessoal e intelectual admiráveis, que sempre se propôs a me auxiliar para que minhas ideias fossem esclarecidas e minhas reflexões enriquecidas. A ele devo o interesse pela História das Relações Internacionais, caminho que pretendo continuar trilhando, agora com maior segurança, em grande parte conquistada a partir de suas observações extremamente significativas.

Agradeço ainda à professora Tania Regina de Luca, exemplo de dedicação e competência intelectual, que sempre se mostrou disposta a colaborar comigo, de maneira extremamente generosa, e que incentivou meu trabalho desde o início. A ela devo agradecimentos por sua incomensurável contribuição nos momentos profissionais decisivos com os quais me defrontei nos últimos tempos.

Agradecimento especial devo aos meus amigos, a maior parte deles caminhando ao meu lado nesta empreitada penosa mas apaixonante da pesquisa histórica. Sou profundamente grato, entre outros, a Luis Ernesto Barnabé, Rodrigo Modesto Nascimento, André Lopes Ferreira, Josinei Lopes da Silva, Jaime Estevão dos Reis, Celso Carvalho Jr., Luiz Antonio Albertti, Iuri Cavlak, Richard Gonçalves André, Jeyson Murayama, por nossas inúmeras conversas, comemorações e vários outros momentos especiais, ao longo de tantos anos de convivência, e pelos gestos de generosidade de cada um deles, que nunca esquecerei.

Meus tios, Solange e José Augusto, foram pessoas fundamentais para a conclusão desta dissertação. A eles devo, em primeiro lugar, agradáveis períodos de permanência em São Paulo, que propiciaram e facilitaram a minha consulta aos arquivos localizados naquela cidade, além das inúmeras manifestações de carinho, apoio e respeito por meu trabalho, que antecedem os anos de duração de meu mestrado, e do suporte e dos incentivos nos outros âmbitos.

Agradeço aos funcionários dos arquivos onde realizei a pesquisa, especialmente aos amigos do Centro de Documentação e Apoio à Pesquisa (Cedap) da Unesp, *campus* de Assis, nas figuras de Marlene Gasque, Izabel Neme e Camila Matheus, e também aos funcionários do Arquivo do Estado de São Paulo e do Instituto Histórico e Geográfico de São Paulo (IHGSP). Agradeço também aos funcionários da seção de Pós-Graduação da Unesp, *campus* de Assis, e à Clarice, acima de tudo uma amiga com quem todos sempre podem contar na secretaria do Departamento de História desta faculdade.

Aos de casa, principalmente Vanessa e Arlete, pela paciência e benevolência com meus longos períodos de irritação, por conta dos percalços da pesquisa e das agruras pessoais e existenciais.

Por fim, agradeço à Fundação de Amparo à Pesquisa do Estado de São Paulo (Fapesp) pelo apoio material a mim concedido, no mestrado e na iniciação científica, sem o qual a realização deste trabalho não teria sido possível.

Porque ningún esfuerzo se pierde y ningún gesto es estéril; porque detrás de cada afirmación está la voluntad de resistir, porque en cada rebelión está presente el instinto de justicia, porque en tiempo de opresión la facultad de rebelarse es la única libertad que no se pierde, Sandino no ha pasado en vano por su Nicaragua ni muerto inútilmente por su Indoamérica.

Gregorio Selser,
Sandino, general de hombres libres.

SUMÁRIO

Prefácio   15
Introdução   19

1 O movimento sandinista na Nicarágua:
  história e interpretações de um projeto político   25
2 A imprensa: espaço de veiculação
  ideológica e atuação política   71
3 Pan-americanismo, imperialismo e intervenção:
  "registrando" e "comentando" o conflito   115
4 "Pátria e Liberdade": Sandino e o movimento
  sandinista na imprensa brasileira   221

Considerações finais   275
Referências bibliográficas   281
Anexos   289

Prefácio

A queda da ditadura da família Somoza por meio da vitória da Frente Sandinista de Libertação Nacional teve um significado muito especial na vida política latino-americana no fim dos anos 1970. A derrubada do somozismo por um movimento de centro-esquerda mostrava que era possível não só pôr abaixo os regimes autoritários mais ferozes, como ir além da histórica tutela norte-americana sobre a Nicarágua e os pequenos países centro-americanos. No Brasil, o interesse da sociedade pela experiência sandinista foi alimentado principalmente por meio da edição de obras de teor militante, sendo raras as publicações com uma perspectiva francamente analítica. Acossados por inúmeras dificuldades internas e externas, os sandinistas acabaram por deixar o poder mediante eleições em 1990 e o interesse pela Nicarágua pareceu retroagir, deixando o mercado editorial brasileiro carente de novos lançamentos.

O primeiro motivo para saudar a publicação deste minucioso trabalho de pesquisa é justamente o empenho e sucesso de Raphael Sebrian em oferecer uma análise historicamente sólida do "primeiro sandinismo". Além disso, a sua opção de estudar o tema a partir de fontes brasileiras constitui uma abordagem original que permite formular novas questões sobre esse movimento. O autor coloca em questão a visão convencional, mesmo no meio acadêmico, de que a sociedade brasileira viveu sempre alienada dos assuntos latino-americanos. A repercussão do movimento sandinista na imprensa nacional exemplifica não só como os acontecimentos de um distante país centro-americano podiam ser acompanhados com atenção no Brasil dos anos 1920 e 1930, mas também como se formou uma corrente de opinião pública que chegou a abalar os tradicionais vínculos de lealdade internacional dos meios impressos.

Augusto César Sandino foi um líder de extração popular, cuja formação política, a exemplo de outros personagens de similar condição social, deu-se de forma prática. Os problemas familiares e a sua precariedade econômica o levaram a exercer os mais variados trabalhos e a viver no México, país que se tornou uma escola política e fonte de inspiração para as transformações a realizar no seu país natal. De volta à Nicarágua, incorporou-se ao recém-criado Exército Constitucionalista em prol de reformas políticas e contra o intervencionismo norte-americano. Os setores liberais tradicionais foram cooptados por um acordo oferecido pelos Estados Unidos, mas não aceito por Sandino, que desse modo converteu-se no principal líder de um movimento visto com temor pelos setores mais reacionários da oligarquia nicaraguense e mesmo pelos setores liberais que anteriormente o apoiavam. Do ponto de vista político, as suas ações orientaram-se essencialmente na direção de um efetivo programa democrático, antioligárquico e anti-imperialista, aliado à defesa da reforma agrária e dos direitos sociais dos trabalhadores. Logrou articular um numeroso e bem organizado exército guerrilheiro dotado de forte base popular que se converteu no alvo privilegiado da ação dos *marines* dos Estados Unidos. A desigualdade de recursos era imensa e, sem condições de impor uma derrota militar aos adversários, Sandino aceitou um acordo de paz e buscou trilhar um caminho pacífico e institucional para as reformas, enquanto os Estados Unidos se retiraram da Nicarágua, mas não antes de deixar organizada uma força militar, a Guarda Nacional, para assegurar a ordem política interna. Pouco depois, o chefe dessa organização, Anastasio Somoza García, seria o artífice do assassinato de

Sandino e da criação de uma das mais longas e perversas ditaduras latino-americanas. As características e as circunstâncias geradoras do sandinismo são analisadas de forma exemplar por meio da imprensa, mediante o estudo de jornais diários paulistanos e cariocas: *O Estado de S. Paulo, Correio da Manhã, Folha da Manhã, Folha da Noite* e *O Tempo*. Baseado em um levantamento exaustivo, Sebrian estabelece uma tipologia das matérias e a sua frequência, assim como uma análise dos conteúdos veiculados. Ele assinala que no período a esmagadora maioria das informações exteriores era proveniente das agências de notícias internacionais. A sua análise da história de tais agências é estratégica para demonstrar como elas não eram nada imparciais nas questões internacionais, pois veiculavam as informações em consonância com os interesses dos seus países de origem, no caso dos Estados Unidos, a *Associated Press* e a *United Press*. No entanto, a pesquisa também revela que o conteúdo dos informes telegráficos era filtrado pelos jornais e que estes expressavam suas posições de forma autônoma, em função de outros fatores que iam da posição ideológica de seus dirigentes à interpretação das relações entre as nações no campo internacional.

É sabido que a diplomacia brasileira buscou cultivar excelentes relações com os Estados Unidos a partir da gestão do Barão do Rio Branco. Mas qual era a posição dos jornais enquanto importantes suportes da opinião pública nacional? Os resultados da pesquisa evidenciam claramente que as posições oficiais do Itamaraty não impediram que certos veículos da imprensa escrita manifestassem uma veemente posição crítica à intervenção armada de Washington e em favor dos rebeldes nicaraguenses. Portanto, ficava patente a existência de uma esfera de autonomia da imprensa, que, no caso aqui estudado, traduziu-se na formação de uma corrente de opinião sensível às questões latino-americanas. *O Estado de S. Paulo* foi um firme entusiasta de Sandino e crítico das acusações que buscavam detratá-lo. *O Correio da Manhã* comparava esse líder ao libertador Simon Bolívar, definindo-o como uma das "principais figuras da história da América". Por sua vez, o jornal tenentista *O*

Tempo identificava a sua causa com as bandeiras da Coluna Prestes, exortando os leitores à solidariedade ibero-americana. Destaque-se ainda que os elementos aportados pelos jornais para o conhecimento do sandinismo são articulados ao estudo da imprensa em si mesma, como ator social e formador da opinião pública. Com inteligência, Sebrian oferece pistas para explicar o efeito das questões brasileiras e das posições político-ideológicas dos jornais sobre a veiculação dos fenômenos internacionais, a exemplo do debate sobre a atuação diplomática e militar dos Estados Unidos na América Latina.

Em suma, a relevância dos problemas tratados, a criatividade da abordagem e a consistência dos resultados formam um estimulante convite para os estudiosos dos assuntos latino-americanos e da imprensa brasileira.

José Luis Bendicho Beired
Departamento de História
Faculdade de Ciências
e Letras da Unesp, *campus* de Assis

Introdução

Há algum tempo, pesquisadores declaravam que a imprensa escrita estava sendo revisitada enquanto fonte para os trabalhos historiográficos. O preconceito com relação aos periódicos vinha diminuindo e os prognósticos eram os melhores possíveis.[1] O historiador, naquele momento, já havia compreendido que a imprensa "registra, comenta e participa da história" e que através dela se trava uma constante disputa pela "conquista dos corações e mentes". Caberia então ao pesquisador tentar reconstituir as particularidades dessa batalha cotidiana.

Anos depois, as previsões se confirmaram. Desde então, os jornais têm sido cada vez mais utilizados nos trabalhos historiográficos, não somente os vinculados à história política, mas também a análises com temáticas culturais, econômicas e religiosas. Em que pesem as dificuldades específicas de determinadas análises, o arcabouço documental formado pelos periódicos sedimentou-se como uma fonte de grande riqueza para o estudo da história.[2]

---

1 Refiro-me particularmente à afirmação de Capelato (1988), mas existem outros exemplos.
2 Jeanneney (1996) apresenta obstáculos à utilização da imprensa escrita nos estudos históricos, especificamente no caso francês, em razão do grande número de periódicos existentes naquele país. No caso brasileiro esse problema não se

Hoje, a discussão reside no tipo de abordagem metodológica que se deve conferir aos documentos. Pode-se dizer que há três grandes "caminhos" a escolher: a análise sociológica das fontes; a análise discursiva das fontes; e, por fim, a análise histórica das fontes.[3] Alguns pesquisadores acreditam que esses três caminhos são excludentes entre si, o que impossibilitaria sua conjugação. Contudo, outros mostraram que é plenamente possível questionar os periódicos tendo em vista as indagações propostas por pelo menos duas dessas vertentes explicativas, deixando-se de lado a análise discursiva, para enriquecer o trabalho historiográfico.[4] É dentro dessa perspectiva metodológica que este trabalho se insere.[5]

Como ressalta Zicman (1981, p. 89), nas relações da história com a imprensa podem ser destacadas duas grandes correntes interpretativas. A primeira, chamada de "História da Imprensa", busca reconstruir a evolução histórica dos órgãos de imprensa e levantar suas principais características, para um determinado período. A segunda perspectiva é aquela conhecida como "História Através da Imprensa", que engloba os trabalhos que tomam a imprensa como fonte primária para a pesquisa histórica.

---

delineou, até mesmo porque não existe correspondente entre a amplitude da imprensa escrita francesa e sua correlata brasileira, sobretudo no que se refere à quantidade de periódicos criados nos dois países ao longo da história. No Brasil, as dificuldades no trato com a documentação periodística são outras, como, por exemplo, o desaparecimento de alguns títulos ou a impossibilidade de consulta a outros.

3 Pode-se também encontrar subdivisões dentro dessas três perspectivas, cada vez mais particularizadas.

4 Dentre as inúmeras obras produzidas a respeito de questões metodológicas na utilização da imprensa escrita, e mais particularmente do jornal como fonte, destacaríamos a coletânea de trabalhos recentemente atualizada e reeditada, organizada por Sérgio D. Porto (2002), com a colaboração de Maurice Mouillaud, esse último um dos mais expressivos pesquisadores da área de imprensa da atualidade, vinculado a *Université de Lyon-2* e ao *Institut Français de Presse*, da *Université de Paris-2*. Os artigos dessa coletânea apresentam um panorama das inúmeras possibilidades de utilização dos jornais, desde as análises semiológicas ou linguísticas até as históricas.

5 Ressalte-se que existem diversos trabalhos baseados na análise do discurso do material jornalístico, mas nesses, em geral, essa perspectiva é privilegiada, em detrimento das outras.

Neste trabalho apresentar-se-á um estudo de um determinado objeto "através da imprensa", mais especificamente através de cinco periódicos – *O Estado de S. Paulo, Correio da Manhã, Folha da Manhã, Folha da Noite* e *O Tempo* – levando-se em conta as dimensões sociológicas, políticas e, principalmente, históricas desses órgãos. Conforme propõe Zicman (1981, p. 90),

> [...] toda pesquisa realizada a partir da análise de jornais e periódicos deve necessariamente traçar as principais características dos órgãos de Imprensa consultados. Mesmo quando não se faz História da Imprensa propriamente dita – mas antes o que chamamos História Através da Imprensa – está-se sempre "esbarrando" nela, pela necessidade de historicizar os jornais.

No estudo de determinado tema através de jornais, há que se ter em mente que, na imprensa escrita, a apresentação das notícias não pode ser tomada como mera repetição de ocorrências e registros, mas como uma causa direta dos acontecimentos, em que as informações podem denotar muitas das atitudes próprias de cada veículo de informação.

A imprensa constitui uma realidade muito específica, com formas e até mesmo com uma escrita própria, expressa em artigos, títulos, manchetes etc. Há uma linguagem particular, composta por três elementos principais: a expressão escrita (textos, manchetes), a expressão icônica (fotos, desenhos) e a composição do jornal (distribuição dos artigos e colunas pelas páginas do jornal).

Segundo Pierre Albert (1976 apud Zicman, 1981), no estudo da imprensa três aspectos devem ser levados em conta pelo pesquisador: "atrás", "dentro" e "em frente" do jornal. O "atrás" do jornal é tudo aquilo que contribui à sua realização e intervém no seu controle – sociedade proprietária, empresa editora e corpo de redatores e jornalistas. Por "dentro" do jornal entende-se as características formais da publicação, o estilo de apresentação dos artigos e notícias, o quadro redacional (distribuição dos artigos pelas várias colunas e seções do jornal), a publicidade, a parte redacional (colunas e seções mais importantes) e as principais tendências da publicação. Por fim, o "em frente" diz respeito à audiência da publicação, ou ainda seu público-leitor alvo.

Para Zicman (1981, p. 91), esses três campos definem dois grandes momentos de análise: a caracterização geral dos jornais consultados; e a análise de conteúdo do discurso de imprensa. Esses dois momentos, que comportam a forma e o conteúdo da imprensa – os dois elementos constitutivos da natureza própria da imprensa –, caminham sempre paralelos, com relações de interdependência e interdeterminação.

Dentre essa gama possível de abordagens, adotaremos uma perspectiva de análise temática. Nessa perspectiva são valorizados os discursos, independentemente de sua forma linguística, centrando-se na análise de seu conteúdo. Procuraremos desenvolver a análise dos jornais a partir de temas ou itens de significação relativos a um determinado objeto de estudo, e estes serão analisados em termos de sua presença e frequência de aparecimento nos textos analisados. A análise temática pode revelar-se particularmente interessante quando se trabalha com uma grande quantidade de documentos e em estudos sobre motivações, opiniões, atitudes e tendências, como, por exemplo, num estudo sobre as atitudes de jornais diante de um determinado fato, caso específico deste trabalho.

O objetivo deste trabalho é analisar, através da produção jornalística dos cinco periódicos anteriormente citados,[6] e no período compreendido entre os anos de 1926 e 1934,[7] a repercussão do movimento sandinista na imprensa brasileira. Pretende-se analisar de

---

6 A saber, *O Estado de S. Paulo*, *Correio da Manhã*, *Folha da Manhã*, *Folha da Noite* e *O Tempo*. A delimitação da escolha dos periódicos deveu-se fundamentalmente à sua representatividade política e à sabida preocupação em relação ao conflito na Nicarágua.

7 As balizas temporais foram delimitadas levando-se em conta o início das atividades, na Nicarágua, da chamada "reação liberal" (1926), que desencadeou uma guerra civil, também chamada "guerra constitucionalista"; e 1934, ano em que Sandino foi assassinado, e marco temporal limítrofe para este trabalho.

forma comparativa a produção jornalística a respeito do conflito entre Nicarágua e EUA e suas diversas configurações e desdobramentos. Procuraremos fundamentalmente acompanhar como cada periódico se posicionou em relação à questão, quais foram os aspectos que cada um dos órgãos privilegiou, se houve mudanças no posicionamento destes em relação ao conflito. Para tanto, serão elencados os componentes ideológicos em torno de cada um dos periódicos, de modo a obter o maior número possível de referências que possibilitem a melhor compreensão das ideias dos jornais expressas em relação ao conflito.

Por meio da comparação entre as fontes, tencionamos analisar as peculiaridades no processo de construção de representações acerca do conflito, quais as diferentes abordagens, bem como procurar acompanhar como as questões externas e internas brasileiras podiam "influenciar" estes artigos.

Além disso, intenta-se investigar em que medida, através dos posicionamentos destes jornais, é possível encontrar propostas e/ou opiniões acerca da inserção do Brasil no âmbito das relações políticas internacionais, sobretudo americanas. Tendo como referência as relações políticas internacionais, procederemos também à análise do papel que os Estados Unidos possuíam nas relações interamericanas, suas concepções em relação à política externa – que variaram durante o período compreendido nesta pesquisa –, sempre tendo como parâmetro o desenrolar dos acontecimentos referentes ao conflito entre Nicarágua e EUA.

Não obstante, o objetivo essencial deste trabalho é analisar qual foi o posicionamento da imprensa em relação à proposta de luta armada de Sandino e em relação às propostas do "Exército Defensor da Soberania Nacional da Nicarágua", atentando se houve convergência ou divergência nesse posicionamento.

* * *

Optamos por dividir o trabalho da seguinte maneira. No primeiro capítulo, intitulado "O movimento sandinista na Nicarágua:

história e interpretações de um projeto político", apresentaremos uma síntese da história contemporânea da Nicarágua, da formação do estado nacional desse país e das condições que propiciaram o surgimento do movimento sandinista. Examinaremos algumas características da formação pessoal e ideológica do chefe revolucionário, do exército criado e liderado por ele e dos "usos" da imagem de Sandino ao longo de sua luta e após sua morte.

No segundo capítulo, intitulado "A imprensa: espaço de veiculação ideológica e atuação política", apresentaremos considerações acerca da história dos jornais que utilizamos como fontes documentais neste trabalho, procurando destacar, dentre outros possíveis, os aspectos ideológicos e os projetos políticos desses periódicos, além de discorrer a respeito da história das agências internacionais de notícias, as "fornecedoras" de informações do conflito na Nicarágua para os periódicos brasileiros, e a respeito de alguns dos temas principais, presentes na época, da discussão da intelectualidade brasileira acerca da "outra América".

No terceiro capítulo, "Pan-americanismo, imperialismo e intervenção: 'registrando' e 'comentando' o conflito", analisaremos o material jornalístico que contempla uma das faces da abordagem – o debate acerca da contradição entre o imperialismo praticado e o pan-americanismo propugnado –, nos jornais, do conflito entre Nicarágua e Estados Unidos. O momento em que essa abordagem se dá de maneira mais evidente está localizado entre os anos de 1926 e 1929, mas a produção enfocando esses temas se estendeu até o fim do conflito. Num primeiro momento, a produção está focada, sobretudo, na questão da intervenção militar das tropas de fuzileiros na Nicarágua e, num segundo e terceiro momentos, as notícias publicadas passam a tratar do debate entre a prática imperialista e o discurso pan-americanista dos norte-americanos, tendência que permanecerá até o fim do período.

Por fim, no quarto e último capítulo, "'Pátria e Liberdade': Sandino e o movimento sandinista na imprensa brasileira", nos dedicaremos à apresentação e discussão da produção jornalística que analisou e comentou aspectos especificamente ligados ao movimento sandinista e seu líder.

1
O MOVIMENTO SANDINISTA NA NICARÁGUA: HISTÓRIA E INTERPRETAÇÕES DE UM PROJETO POLÍTICO

Ao empreendermos um esforço para interpretar um movimento revolucionário ou questões relacionadas a ele inevitavelmente nos deparamos com uma questão crucial: em geral, a maior parte da produção bibliográfica acerca do movimento foi elaborada por seus militantes que, vitoriosos ou não, procuraram expressar, através de seus textos, o seu ponto de vista com relação aos acontecimentos, conferindo uma interpretação muito particular aos conflitos.

Tratando-se de um movimento não vitorioso, o peso da interpretação de seus "herdeiros" ou "sucessores" confere a esses textos, geralmente, um caráter apologético, tornando imperativo que o historiador trabalhe com cuidado essa bibliografia/historiografia, pois se ela, evidentemente, fornece-lhe informações de suma importância para a compreensão de sua problemática, em contrapartida traz consigo toda a carga ideológica daqueles que decidiram se reapropriar de elementos de uma determinada causa para a defesa de outra.

No caso do movimento sandinista, essa problemática não poderia se dar de maneira mais evidente. Ainda mais se pensarmos que os "herdeiros diretos de Sandino" foram os comandantes da Frente Sandinista de Libertação Nacional (FSLN), que livraram a Nicarágua de uma ditadura instaurada pelo assassino do seu inspirador. Tendo sido a causa de Sandino derrotada, cabia então à FSLN cumprir a missão legada pelo líder covardemente assassinado em 1934: libertar a Nicarágua da opressão, proveniente de uma intervenção militar norte-americana, de uma ditadura cruel, de uma combinação entre esses dois fatores e muitos outros, como foi o caso da chamada "Dinastia Somoza".

Neste capítulo, procuraremos apresentar uma síntese da história contemporânea da Nicarágua, da formação do estado nacional desse país e das condições que propiciaram o surgimento do movimento liderado por Sandino, estabelecendo um diálogo com as correntes de interpretação historiográficas mais recentes,[1] que têm "revisitado" temas antes apenas discutidos por militantes políticos. Examinaremos também algumas características da formação pessoal e ideológica do "General de Homens Livres", e do exército criado e liderado por ele e, por fim, apresentaremos algumas considerações acerca dos "usos" da imagem de Sandino, antes e depois de sua morte.

Breve resumo da história contemporânea da Nicarágua[2]

O destino da Nicarágua tem sido marcado por sua posição geográfica e pelas características de seu território desde os tempos

---

1 Existe uma produção bibliográfica bastante significativa acerca do movimento sandinista e da biografia de Sandino, mas nem toda ela é fruto de pesquisas desenvolvidas com o aprofundamento e critérios necessários, como é o caso da bibliografia com a qual aqui procuraremos dialogar. Há ainda uma parcela dessa bibliografia à qual o acesso é muito difícil, pois são livros, na maioria dos casos, publicados pelo Editorial Nueva Nicarágua há muitos anos – foi uma editora subsidiada e apoiada durante o governo sandinista, de 1979 a 1990 –, em geral esgotados e de difícil aquisição.

2 As informações deste trecho foram retiradas de diversas obras, dentre as quais as principais foram Barahona Portocarrero (1984), Fonseca (1985), Gil (1975), Gobat (1995), Lozano (1985), Mahoney (2001), Marega (1981), Mires (1988), Ortega Saavedra (1978), Ramírez (1988), Schoultz (2000), Selser (1979), Torres Rivas (1977), Vives (1986) e Wasserman (1992). Para não sobrecarregar o texto com notas e citações, preferimos apresentar aqui sumariamente a indicação da bibliografia utilizada. Quando necessário, faremos menção específica às obras ao longo do texto.

da conquista espanhola. Localizada entre os Oceanos Atlântico e Pacífico, a comunicação natural entre o Rio San Juan e o "Grande Lago de Nicarágua" despertou nos espanhóis, desde o primeiro momento, a ambição de estabelecer uma ligação entre os dois oceanos.

Diante da expansão mundial do capitalismo, no século XIX, e o declínio do poderio colonial da Espanha na América, a necessidade de contar com vias marítimas mais econômicas e rápidas para o transporte de matérias primas fez com que a Inglaterra passasse a se interessar pela construção de um canal interoceânico através da Nicarágua. Essa questão estava intrinsecamente ligada aos interesses ingleses no Mar do Caribe, já que esse era, naquele momento, um espaço de disputas entre os ingleses e o crescente poder norte-americano.

Assim, a partir do momento em que as cinco províncias que formavam o Reino da Guatemala, sob o regime colonial espanhol, declararam sua independência no ano de 1821, a disputa entre Inglaterra e Estados Unidos começou a afetar o curso da política interna dessas províncias. Anexadas fugazmente ao império de Iturbide no México, logo essas se proclamaram como uma República Federal Centroamericana,[3] nos moldes da constituição política dos Estados Unidos, iniciando-se, em seguida, uma sequência de guerras civis, o que fez com que a República Federal não passasse de um experimento efêmero.

É importante lembrar que no momento de sua ruptura com a Federação Centroamericana, em 1838, a Nicarágua empreendeu iniciativas em busca de interessados em construir o canal interoceânico, atraindo, em vez de capital e tecnologia, ambições geopolíticas ainda maiores das grandes potências. Essas iniciativas contaram, desde o início, com o repúdio de segmentos da população nicaraguense, como se pode ver num trecho de um editorial do periódico

---

3 Para mais informações a respeito da Federação Centroamericana, ver Taracena Arriola (1993).

granadino *El Ojo del Pueblo*, do dia 4 de maio de 1844, de tom marcadamente patriótico:

> *Pero escuchad, atended... no contaréis jamas al Pueblo de Nicaragua entre vuestras conquistas.* [...] *los Nicaraguenses sabrémos transijir nuéstras discórdias en caso de que las tuviesemos, por volver nuestras armas contra vosotros: mientras quede uno solo de nosotros parado, no hai sumisión, no hai mas que guerra á muerte.*[4] (apud Tijerino, 2002, p.165)

A Nicarágua foi um dos países desmembrados da federação que mais sofreram com as guerras. Os espanhóis haviam fundado em seu território duas cidades: Granada, nas proximidades do grande lago da Nicarágua, aberta à comunicação com o Atlântico através do Rio San Juan; e León, erigida primeiramente junto ao Lago Xolotlán e trasladada no século XVII um pouco mais para o ocidente, por conta de violentos abalos sísmicos, e cuja saída para o Pacífico era o importante porto colonial de El Realejo.

Essas duas cidades, com pouca comunicação entre si, terminaram por organizar sua vida econômica de forma autônoma, com a realização de seu comércio de forma independente através de seus portos. Exerciam seu controle político de forma independente sobre as regiões de cuja agricultura eram proprietárias, criando-se assim uma divisão ao mesmo tempo rural e política, de maneira que ambas as cidades apareciam como substitutas de um Estado nacional praticamente inexistente.[5]

---

4 A grafia foi mantida, no artigo onde se encontra esse trecho, de acordo com as características da língua na época.
5 Tijerino (2002, p.163) afirma que se deve abordar o tema da formação do Estado-nação na Nicarágua, procurando ir além da explicação tradicional dada pela historiografia, que atribui o surgimento de uma consciência nacionalista nicaraguense apenas a uma resposta à constante ameaça externa, derivada do interesse de diversas potências, em distintas épocas, em controlar a estratégica rota interoceânica oferecida por sua singular geografia. Para ela, a relação entre o nacional e o estrangeiro não pode ser reduzida a uma simples reação em cadeia de dominação e resistência, na qual os únicos atores sociais visíveis são

O resto do país não era mais do que uma inexplorada extensão territorial,[6] pois as únicas faixas de terra cultivadas eram as da costa do Pacífico, local onde existiam os assentamentos coloniais e onde também havia se congregado a maioria da população mestiça e pobre que vendia sua mão de obra nas fazendas de anil e de cacau, produtos introduzidos durante a colonização e que permaneciam então como a base da economia nicaraguense, junto com a exploração do gado.

Em fins do século XIX, a Nicarágua passou a se integrar de maneira mais estável ao mercado mundial, por intermédio do comércio do café, depois de manter uma vinculação extremamente débil e irregular com produtos de origem colonial, como anil, algodão, ouro e prata, madeira, açúcar e tabaco, entre outros.

Os ricos comerciantes de Granada, respaldados pelo clero, haviam se oposto primeiro à independência e depois aos liberais de León, sobretudo agricultores. Essas divergências e disputas hegemônicas fizeram com que, ao se romper a federação, as duas cidades reclamassem para si o direito de se tornar a nova capital, como forma de afirmar seu domínio político. No ano de 1854, o partido conservador dos granadinos (da cidade de Granada), chamado de "legitimista", e o partido liberal dos leoneses (da cidade de León),

---

agressores ou vítimas, e em seu artigo destaca a complexidade das relações entre os atores locais e os agentes das potências externas, seus modos de cooperação, submissão e resistência sob diversos contextos sociais, assim como apresenta os resultados imprevistos ou paradoxais das intervenções estrangeiras na construção da ideia nacional na Nicarágua.

Seu estudo revela o caráter complexo e paradoxal do processo de construção da identidade nacional nicaraguense, contradizendo as narrativas teleológicas que apresentam dita identidade como um produto maduro, acabado, compacto, de uma sequência de choques entre patriotas e agressores externos.

6 De acordo com Neiderling (1898 apud Barahona Portocarrero, 1984, p.377), por volta dos anos de 1890, a população nicaraguense girava em torno de 400 mil habitantes, distribuída muito irregularmente pelo território da Nicarágua, que atualmente conta com uma extensão territorial de 130 mil quilômetros quadrados. Tradicionalmente, a população se estabeleceu na região da Costa Pacífica e nas altas terras centrais, permanecendo a área mais baixa próxima ao Mar do Caribe escassamente povoada até os dias de hoje.

chamado de "democrático", entraram num novo conflito, cujas consequências seriam trágicas.[7]

Apesar da expansão imperial inglesa, começava a consolidar-se o poder dos Estados Unidos; interessado, sobretudo, no *mare nostrum* inglês, o Caribe, o presidente norte-americano James Monroe proferiu, em 1823, um discurso que tornaria célebre a expressão *America for the americans*, passando a ser conhecido como Doutrina Monroe,[8] e que viria a ser utilizado como "justificativa" para proteger esse espaço.

Dentro dessa pretendida exclusividade de domínio, que levaria mais tarde ao despojo territorial do México e também à guerra contra a Espanha pela posse de Cuba, estava compreendida a construção de um canal interoceânico, cujas opções para a implantação eram Nicarágua e Panamá. A Inglaterra reconheceu oficialmente esse direito de construção do canal na Nicarágua pelos Estados Unidos por meio do Tratado Clayton-Bulwer, firmado em 1850, sem que o governo da Nicarágua fosse consultado ou convidado a participar de tal acordo.

---

7 Barahona Portocarrero (1984, p.380) atenta para o fato de que na Nicarágua, assim como em certos países da América Latina, as concepções "liberal" e "conservador", que com frequência nomearam os grupos sociais em conflito, em alguns casos foram mais que um produto das relações sociais existentes, uma roupagem ideológica importada que se transmitiu através de mecanismos como a tradição regional ou familiar e a sujeição caudilhesca. Por essa razão, seria um erro querer ver nessas ideologias uma expressão clara de interesses de classe contraditórios, sendo mais importante, para seguir o exemplo dos enfrentamentos de classe, analisar como se projeta socialmente a ação dos grupos e indivíduos, do que levar em conta sua identificação com uma ou outra concepção política. Historicamente, é possível visualizar alianças de conservadores com liberais contra outros conservadores ou liberais; conservadores colaborando com governos liberais e vice-versa; famílias e indivíduos que aparecem primeiro como conservadores e depois como liberais, ou o inverso. Contudo, essas ressalvas não invalidam que, em longo prazo, se observem na história dos partidos conservador e liberal nicaraguenses algumas tendências que, mesmo de maneira rudimentar, expressam interesses de grupos sociais diferentes.

8 A respeito da Doutrina Monroe, ver Schilling, 1984, p.12-19.

No ano de 1849, o Comodoro Cornelius Vanderbilt obteve do governo da Nicarágua uma concessão para operar em seu território, nas águas da disputada "rota canaleira", oferecendo um serviço de transporte para cargas e passageiros. Fundou sua companhia, a *The Accessory Transit Company*, com barcos que partiam de Nova York e desembarcavam no porto de San Juan del Norte, na desembocadura atlântica do Rio San Juan. Daquele ponto embarcações de pequeno porte navegavam pelo rio e pelo grande lago.

Com base no contrato negociado com as autoridades nicaraguenses, Vanderbilt conseguiu acumular em pouco tempo uma fortuna de milhões de dólares. No entanto, enquanto se encontrava na Europa, seus sócios conseguiram tomar o controle da companhia por meio de uma manobra financeira. O conflito entre o Comodoro e seus sócios pelo controle das rotas que partiam da Califórnia alimentou, ainda mais, a contenda entre liberais e conservadores; os liberais de León haviam negado reconhecimento ao governo conservador estabelecido em Granada, e em seu empenho para derrubá-lo lançaram a ideia de contratar um bando de mercenários norte-americanos. Através de um intermediário, os leoneses contrataram um grupo chefiado por ninguém menos do que William Walker.

Walker, que havia lutado no México em favor da anexação do território de Sonora aos Estados Unidos, era partidário de uma política expansionista dos estados escravistas do Sul dos Estados Unidos. Em 1855, desembarcou com seu bando na Nicarágua, sendo efusivamente recebido pelo governo liberal estabelecido em León, que lhe concedeu a patente de General.

Partiu imediatamente para tomar a Plaza de Rivas das mãos dos conservadores, mas foi rechaçado, conseguindo, entretanto, apoderar-se da cidade de Granada em uma operação surpresa. Fuzilando dirigentes políticos de ambos os partidos, aumentou o número de suas tropas e seu armamento por meio de suprimentos enviados dos Estados Unidos e, em julho de 1856, proclamou-se presidente da Nicarágua, decretando o inglês como língua oficial e o restabelecimento da escravidão. Os Estados Unidos reconheceram seu governo e prontamente estabeleceram relações diplomáticas com ele.

Como parte fundamental de seu empreendimento de conquista, o filibusteiro declarou nula a concessão outorgada a Vanderbilt, elaborando uma nova em favor dos empresários navais Morgan e Garrison, em fevereiro de 1856. Essa atitude motivou uma reação do Comodoro e do governo inglês, que forneceram dinheiro e armamentos aos exércitos dos outros países centro-americanos. Esses se uniram aos nicaraguenses em uma campanha militar de expulsão do invasor, pois este pretendia não apenas dominar a Nicarágua, mas toda a América Central. *Five or none* era seu lema.

Seis meses depois de ter-se proclamado presidente da Nicarágua, os exércitos centro-americanos conseguiram derrotar os mercenários, e Walker se retirou sob a proteção dos Estados Unidos, sendo aclamado como herói por alguns periódicos quando chegou a Nova York. Estimulado pelas demonstrações de apoio, tentou várias vezes novos desembarques na América Central, até que, em 1860, foi capturado em Trujillo, Honduras, e fuzilado. Ressalte-se que, apesar das expressões de intenso repúdio aos invasores e da resistência às pressões da política externa norte-americana, a identificação da "potência do Norte" com o ideal de progresso se conservou praticamente incólume depois da chamada "Guerra Nacional Antifilibusteira".[9]

Assim, não é possível reconhecer uma reação defensiva perante o mundo anglo-saxão que pudesse se traduzir na construção de uma autoimagem a partir de valores hispano-americanos. Pelo contrário, segundo alguns periódicos, a experiência da guerra exigia, de maneira urgente, que fossem erradicados os costumes e a forma de vida, ambos moldados tendo como referência o período colonial.

Contudo, apesar de sua admiração em relação ao universo representado pelos Estados Unidos, os intelectuais e governantes nicaraguenses não podiam esquecer a possibilidade de serem derrubados

---

9 Cf. Tijerino, op. cit., p.170. Para mais informações acerca desse conflito, e de aspectos da historiografia elaborada a respeito dele, ver Herrera C. (1993).

de seus cargos a qualquer momento, o temor de serem subjugados pelos norte-americanos, tão laboriosos e diligentes quanto implacáveis em seu empenho no sentido de dominar territórios, sob o conhecido argumento de difundir os "benefícios" de sua civilização.[10] Esses temores da elite nicaraguense se viam agravados pelos artigos publicados em periódicos europeus e norte-americanos, que prognosticavam a absorção dos territórios do México, América Central e Nova Granada pelos Estados Unidos, em virtude da natural "decadência" dos povos hispano-americanos.[11]

As facções em disputa na Nicarágua firmaram então um acordo de paz e permaneceram em uma longa trégua depois do fim daquela guerra. Os políticos de Granada governaram o país por um período de quase trinta anos; período que coincidiu também com uma relativa trégua das investidas de outros países com relação à questão do canal, na medida em que, nesse período, os Estados Unidos estavam envolvidos na Guerra de Secessão e a Inglaterra encontrava-se às voltas com as lutas coloniais na África.

Por volta de 1870, o sistema capitalista mundial teve um novo impulso, que envolveu mais do que nunca os países centro-americanos, dentre muitos outros, na produção de matérias-primas para as indústrias metropolitanas. Nesse novo panorama internacional, a América Central produziu e exportou, primeiramente, café e, mais tarde, bananas.

No primeiro caso, como a produção de café requeria uma nova ordem no campo, com a concentração da terra e a necessidade de mão de obra abundante, essa nova ordem proporcionava aos grupos liberais a oportunidade de derrubar os governos conservadores, através de "revoluções" chefiadas por militares, por meio das quais também expropriavam as terras da Igreja Católica.[12]

---

10 Argumento proveniente da ideologia contida no "Destino Manifesto", que servia de "desculpa" para converter o imperialismo em uma missão altruísta.
11 Cf. Tijerino, op. cit., p.172.
12 Segundo Camacho Navarro (1991, p.22), em 1926 o café ocupava uma superfície de cultivo de 30 mil hectares e representava 62,2% do total das exportações.

No que se refere à produção de bananas, esta se realizou por meio da ocupação de enormes porções de terra pelas companhias norte--americanas que, no início do século XX, já cultivavam, exportavam e comercializavam a fruta, como, por exemplo, a United Fruit Company. As plantações bananeiras chegaram a ser verdadeiros estados, com leis, cidades, armazéns, moeda e forças policiais próprias, e os países onde estas companhias se estabeleceram não receberam mais que pálidos benefícios com a presença delas em seus territórios.

Pode-se dizer que, por volta de 1870, quando o presidente Ulises Grant organizou uma missão científica encarregada de identificar o local mais conveniente para a abertura do canal interoceânico, ocorreu uma mudança na maneira dos governantes nicaraguenses perceberem os Estados Unidos; não mais como uma ameaça, mas como um possível aliado diante de seus vizinhos do istmo.

A certeza de que o projeto para a construção do canal era uma possibilidade real num curto prazo fortaleceu a confiança da elite no futuro de sua pátria. Uma das primeiras ações do presidente Pedro Joaquín Chamorro Alfaro foi garantir a soberania da Nicarágua sobre a rota canaleira, rechaçando os reclames de seus vizinhos, como, por exemplo, da Costa Rica. Em uma carta dirigida ao presidente Tomás Guardia, em 27 de janeiro de 1876, afirmou sua posição oficial:

> Desde que los cinco Estados de la antigua Federación rompieron fatalmente el lazo que los unía y se constituyeron en naciones soberanas e independientes, desapareció la mancomunidad de derecho que antes existía, y cada uno posee exclusivamente lo que le da la naturaleza o adquiere por la industria; y la única herencia que pudiéramos reclamar los centroamericanos, unos de otros, es la de una fraternidad emancipada, sin otros derechos que los que recíprocamente quieran concederse [...]. (apud Tijerino, 2002, p.175)

No início de 1878, Chamorro Alfaro, em resposta a alguns protestos contra os elevados custos da obra para canalizar o Rio San Juan, assegurou que ela significaria a conservação do "destino providencial" da Nicarágua, base de sua futura grandeza:

> El dedo de Dios está señalando en esta tierra la ruta del comercio de ambos mundos... Hombres de poca fé, que os habeis asustado de la actividad progresista del Gobierno [...] habiendo una voluntad decidida i fé en el progreso, todos los caminos son fáciles, todos los obstáculos son efímeros. El país ha escuchado una voz que le dice: Has dormido mucho tiempo el sueño de la ignorancia sufriendo crueles caidas, muchas angustias i terrores. Despierta á la luz, á la vida del deber para que naciste, i en cuyo cumplimiento no más está la suspirada venturanza. Levántate i sígueme. (apud Tijerino, 2002, p.176)

Os sucessores de Chamorro se esforçaram em aprofundar os impulsos modernizantes. A empatia com relação aos Estados Unidos cresceu, e a elite começou inclusive a enviar seus filhos para estudar nas universidades norte-americanas. Entretanto, a sombra da guerra civil reapareceu no horizonte, assim como recrudesceram os conflitos, e, mais uma vez, foi adiada a execução do projeto do canal de maneira definitiva. A esperada aliança com os Estados Unidos não iria se produzir senão no ano de 1909.

Seguindo uma tendência que se repetiu em outros países centro-americanos, formou-se, primeiramente na Guatemala, um governo de cafeicultores liberais ligados ao Exército, cuja correspondente provocou, na Nicarágua, em 1893, a derrocada dos conservadores granadinos e o estabelecimento de um governo militar liberal, com feições ditatoriais, presidido pelo General José Santos Zelaya. Pode-se dizer que essa foi a primeira – e última – expressão política relativamente coerente derivada da facção de produtores de café.

Zelaya governou a Nicarágua por dezesseis anos (1893-1909), durante os quais implementou medidas visando ao progresso e à consolidação nacional, como, por exemplo, a reincorporação do território que havia estado sob posse dos ingleses.[13] Entre seus planos, nunca deixou de estar a construção do canal, dado que o presidente compartilhava da ideia de que o progresso somente poderia ser conquistado por meio da inclusão no sistema capitalista mundial

---

13 Algumas porções da costa atlântica da Nicarágua.

em expansão. Para ele, como para outros, o canal seria uma fonte de riqueza e de transformação do país.

Além de consolidar esse conjunto de medidas de índole econômica que permitiram o desenvolvimento da produção cafeeira, fortaleceu o aparato de estado – criando o primeiro exército profissional na história do país – e promulgou uma série de leis com o intuito de limitar, ainda que de maneira restrita, o poder da igreja no seio da sociedade.

No âmbito internacional, o governo de Zelaya coincidiu com o processo de agravamento da luta entre as potências imperialistas pelo repartimento do mundo em zonas de dominação que, em determinados casos, adquiriram forma colonial ou neocolonial, e em outros, assistiram a substituição de uma potência por outra, em determinadas regiões. Como exemplo disto, na América Central e no Caribe, ocorreu a derrocada da Inglaterra, e a posterior instauração dos Estados Unidos como potência hegemônica.

A Doutrina Monroe começou a sofrer alterações impostas por essa nova etapa da expansão territorial dos Estados Unidos, simbolizada pela guerra contra Espanha pelo domínio de Cuba e pela tomada do território do Panamá por Theodore Roosevelt, que separou a área da Colômbia de maneira a garantir a construção de um canal interoceânico. A Doutrina Monroe adquiriu os contornos da política do *Big Stick* (Grande Porrete), sob a qual os norte-americanos ocuparam militarmente Haiti, Santo Domingo, Cuba, Honduras, México e Nicarágua.[14]

Ao perceber que os Estados Unidos não estavam mais interessados em construir um canal através da Nicarágua, pois haviam se

---

14 O período conhecido por *Big Stick Policy* é aquele iniciado com o chamado "Corolário Roosevelt" à Doutrina Monroe, em 1904. O "Corolário" não trazia implícitas quaisquer reivindicações territoriais sobre a América Latina, mas assegurava aos Estados Unidos o direito de intervenção e interferência nos assuntos hemisféricos. Conforme ressalta Pecequilo (1999, p.51), tal direito e o papel de "polícia hemisférica" seria exercido caso fosse comprovado que uma nação era "incapaz" ou "não desejava conduzir sua política de forma responsável, ameaçando a estabilidade do hemisfério".

decidido pelo Panamá, Zelaya procurou negociar uma concessão com outras potências estrangeiras, buscando contatos sobretudo com a Alemanha e o Japão. Essa iniciativa foi um dos motivos pelos quais ele foi forçado a deixar a presidência em 1909, com a subsequente ocupação da Nicarágua pela Marinha de Guerra dos Estados Unidos, os *marines*.

Sua crescente hostilidade, com relação aos Estados Unidos, o colocou sob a mira da recém-inaugurada *Dollar diplomacy* (Diplomacia do dólar),[15] iniciativa que transformou o Departamento de Estado norte-americano num dos financiadores das forças locais, efetuando empréstimos e hipotecas para banqueiros ou para aqueles que interessavam por algum motivo. Os *marines* passaram a ser a polícia desses banqueiros, vigiando também para que ninguém causasse nenhum tipo de aborrecimento ou perturbasse os negócios bananeiros.

Nesse momento, companhias como a *United Fruit Company* ou a *Baccaro Brothers & Co.* já possuíam poder suficiente para depor presidentes, comprar deputados, criar e acabar com leis, além de promover guerras. Essas companhias transformaram os países centro-americanos no que se chamou pejorativamente de *banana republics*.

No fim de 1909, os conservadores, com grande apoio do Departamento de Estado, levantaram-se contra Zelaya na Costa Atlântica do país, uma região de enorme extensão coberta pela selva e propícia para revoltas. O exército insurgente foi financiado pela *The Rosario and Light Mines Co.*, empresa norte-americana de exploração de minérios pertencente à família Buchanan, à qual Zelaya reclamava impostos não pagos.

Dois mercenários norte-americanos, que estavam em meio às forças conservadoras, foram fuzilados pelo governo, o que serviu

---

15 A chamada "Diplomacia do dólar" envolvia duplo objetivo: afastar em definitivo os interesses europeus ainda existentes na área caribenha e dominar economicamente as pequenas repúblicas em crônico estado falimentar. Cf. Schilling, 1984, p.27.

de pretexto para o Secretário de Estado norte-americano, Philander C. Knox – advogado da *The Rosario and Light Mines Co.* e conselheiro legal da família Buchanan –, desconhecer o regime de Zelaya por meio de nota diplomática, que ao chegar às mãos do presidente nicaraguense, em 09 de dezembro de 1909, provocou sua renúncia vinte e quatro horas depois. Naquele momento uma nota como aquela equivalia a uma destituição, tamanha era a força dos Estados Unidos na América Central. Com a queda de Zelaya se iniciou uma nova era de ocupação militar da Nicarágua pelos Estados Unidos.

Assumiu o governo o vice, José Madriz, que não sustentou seu mandato por muito tempo, pois os navios de guerra norte-americanos patrulhavam a costa do país, levando armas aos aliados e detendo o avanço das forças governamentais, declarando "zonas neutras" os territórios em seu poder. Os generais conservadores entraram em Manágua e formaram, em acordo com os Estados Unidos, um governo que seria pouco tempo depois encabeçado pelo contador-chefe da *The Rosario and Light Mines Co.*, Adolfo Díaz.

Knox enviou um de seus advogados, Mr. Dawson, para que impusesse ao governo conservador uma série de condições que são conhecidas como "Pactos Dawson": contratação de empréstimos para "salvar as finanças do país", exclusivamente com banqueiros norte-americanos; proibição de concessões de qualquer espécie para outros países – sobretudo que se referissem à construção do canal – etc. A Nicarágua passou a ser, como a conheciam nos círculos financeiros internacionais, a *Brown Brothers Republic*, pois essa companhia, junto com *J. & W. Seligman, U.S. Morgage Trust Company* e outras mais, dividia os investimentos no país, tomando suas estradas de ferro, as aduanas e apoderando-se dos bancos e das minas.

No ano de 1912, o "contador-chefe" Díaz foi derrubado do poder por um de seus antigos aliados, e atendendo à solicitação dele desembarcou, em terras nicaraguenses, a Marinha de Guerra dos Estados Unidos, bombardeando a cidade de Masaya. Os *marines* entraram em combate e capturaram o chefe rebelde, prendendo-o na Zona do Canal do Panamá. Nessa ocasião surgiu, como herói nacional, o General Benjamin Zeledón, "*el indio Zeledón*", que não se rendeu aos ocupantes, foi perseguido e assassinado, e teve seu cadáver colocado num lombo de cavalo para que todos pudessem ver.

Desde essa ocasião, as forças de ocupação norte-americanas permaneceram no país, sustentando com suas armas os governos conservadores que se sucederam até 1928; tais governos continuaram submetendo os interesses nacionais aos estrangeiros, adquirindo dívidas e dando bens e recursos em troca dessas.

O ponto culminante dessa situação foi 1914. Com o início da Primeira Guerra Mundial, as rotas comerciais europeias se viram interrompidas, o que reforçou a dependência nicaraguense com relação aos Estados Unidos, repercutindo inclusive no estilo de vida e nos costumes de determinados setores da elite, inspirados nos correspondentes em vigência na potência do Norte. A oligarquia granadina rechaçou as inovações, abandonando os valores cosmopolitas e modernizantes que vinham sendo gestados desde o século XIX, resgatando inclusive postulados católicos destinados a frear a "imoralidade".[16]

---

16 Um estudo de Michel Gobat, de 1999, citado por Tijerino (2002, p.182), demonstra como a ingerência norte-americana, em interação com a dinâmica local, provocou um giro antiburguês em um setor da elite até aquele momento caracterizado por sua valorização do desenvolvimento empresarial e por seus valores cosmopolitas. Em resposta à intromissão dos agentes da *Dollar Diplomacy*, e à irrupção de práticas culturais norte-americanas, esse grupo desenvolveu uma visão endógena da nação e passou a exaltar a santidade da vida rural. Essa visão foi assumida com beligerância por um grupo de jovens intelectuais granadinos, o chamado "Movimento de Vanguarda". A intenção desse setor da elite de estabelecer uma aliança política com Sandino, calcada nesse imaginário nacionalista agrário e endógeno, sem dúvida representa o aspecto mais inesperado da intervenção militar estrangeira naquele período histórico. O imaginário nacionalista, agrário e anticapitalista, gestado ao longo dos anos e defendido por esse grupo, apresentava algumas afinidades com o programa de luta sandinista. Essa convergência desembocou em um notável paradoxo: a tentativa – ainda que frustrada – de estabelecimento de uma aliança política entre um setor da elite que solicitou a intervenção norte-americana, em 1912, e o dirigente popular guerrilheiro que a combateu entre 1926 e 1934.

Foi nessa circunstância de instabilidade que o General Emiliano Chamorro, então embaixador de Adolfo Díaz em Washington, firmou com o Secretário de Estado, Jennis Bryan, um tratado que permitiria ao governo dos Estados Unidos a construção do canal interoceânico. Com o exercício da soberania sobre as áreas do território envolvidas na construção e com a opção de erguer bases navais no Golfo de Fonseca e nas Ilhas de Maiz, os Estados Unidos compraram, por 3 milhões de dólares, a soberania de uma nação, dólares que de imediato foram entregues aos banqueiros dos Estados Unidos para quitar as velhas dívidas, numa operação que o Senado norte-americano se negou a ratificar por muitos anos. Um trecho do tratado demonstra bem as condições do acordo:

> El Gobierno de los Estados Unidos tendrá la opción de renova, por otro lapso de noventa y nueve años, el arriendo y concesiones referidos, a la expiración de los respectivos plazos; *siendo expresamente convenido que el territorio que por el presente se arrienda y la base naval que puede ser establecida en virtud de la concesión ya mencionada, estarán sujetos exclusivamente a las leyes y soberana autoridad de los Estados Unidos.*[17] (apud Ramírez, 1988, p.XVI, grifo nosso)

Na verdade, o que os Estados Unidos obtiveram através desse tratado foi uma garantia de que ninguém mais poderia construir

---

17 Este Tratado consta, na íntegra, da página eletrônica do Ministério de Relações Exteriores da Nicarágua. Disponível em: <http://www.cancilleria.gob.ni/docs/files/us_2canal14.pdf>. Há ainda, nessa mesma página, um outro documento, de 1901, versando sobre a construção do canal interoceânico, intitulado "Protócolo de un Convenio entre la República de Nicaragua y los Estados Unidos de América, relativo a la Construcción de un Canal a través de Nicaragua" (Sánchez-Merry). Disponível em: <http://www.cancilleria.gob.ni/docs/files/us_canal01.pdf>, em que se pode ler, no artigo VII, a seguinte passagem: "La soberanía de Nicaragua y las leyes de la República tendrán pleno vigor en el Distrito del Canal; *pero los Estados Unidos están autorizados y tienen facultad de usar en él su policía civil, y cuando fuere necesario, sus fuerzas navales y militares para la protección del Distrito del Canal y de todas las personas y buques que en él naveguen o estén a su servicio, lo mismo que para la conservación de la paz y el orden*" (grifo nosso).

o canal, pois, concluído o do Panamá nesse mesmo ano, os norte-americanos não estavam interessados em um novo empreendimento, que demandaria muitos milhões de dólares. Ademais, tinham, em terras nicaraguenses, Díaz, Chamorro e os *marines*, para garantir essa exclusividade.

Em 1923, um dos presidentes da "família" morre repentinamente, e o cargo passa para Don Bartolomé Martinez, o primeiro dos presidentes conservadores que não pertencia por parentesco à oligarquia, e, portanto, em tese, tinha possibilidade de atuar com alguma independência. Este quitou dívidas com muitos banqueiros norte-americanos, resgatou as ações do Banco Nacional, que passou a ser propriedade estatal, e buscou uma aliança com os liberais para se opor a grupos da oligarquia conservadora granadina nas eleições que seriam realizadas em 1925; os Estados Unidos haviam anunciado que, depois dessas eleições, retirariam do país as forças de ocupação, pois uma vez garantida a opção do canal através do Tratado Bryan-Chamorro – ou Chamorro-Bryan – sua permanência não se fazia tão necessária.

A coalizão dirigida pelo presidente Martinez saiu triunfante das eleições, com a vitória de Carlos Solórzano, tendo como vice-presidente Juan Bautista Sacasa, políticos respectivamente ligados aos partidos conservador e liberal. Foi derrotado Emiliano Chamorro, a quem, anteriormente, os norte-americanos haviam "dado" um período presidencial como prêmio pela assinatura do tratado, e que não se conformou com a derrota para Solórzano.

Os Estados Unidos haviam aprovado a eleição de Solórzano, uma figura sem maior expressão, cujo medo de governar sem o apoio dos *marines* o fez suplicar para que não deixassem o país. Contudo, as forças de ocupação partiram em agosto de 1925, ainda que para retornar poucos meses depois.

Chamorro conseguiu, através de um golpe, derrubar Solórzano em outubro de 1925 e, em janeiro de 1926, fez o Congresso Nacional proclamá-lo Presidente da República. No entanto, sua previsão de que os Estados Unidos aprovariam imediatamente seu governo não se concretizou prontamente por causa de um erro crucial: anos antes os norte-americanos haviam firmado com os países centro-americanos um tratado chamado de "Tratado de Paz e Amizade", cuja cláusula mais importante era aquela que não se podia reconhecer diplomaticamente entre as partes contratantes os governos surgidos de golpes de Estado.

Representantes dos liberais reclamaram então que, de acordo com a constituição, a presidência caberia ao vice-presidente Sacasa, e para amparar essa demanda provocaram, na Costa Atlântica, um primeiro levantamento, rapidamente controlado e rechaçado por barcos de guerra norte-americanos em maio de 1926.

A despeito do "Tratado de Paz e Amizade", os EUA reconheceram o governo Chamorro, e mesmo tendo ficado demasiadamente exposto o abuso de poder, do Departamento de Estado, neste caso, em outubro de 1926, os norte-americanos levaram até o Porto de Corinto, no Oceano Pacífico, um barco de guerra chamado *The Denver* e convidaram os representantes dos dois partidos nicaraguenses para que firmassem um acordo de paz a bordo. Fracassada a tentativa, os Estados Unidos obrigaram Chamorro a deixar a presidência, apaziguando os ânimos e colocando em seu lugar outro *"viejo amigo"*, Adolfo Díaz.

Os liberais tinham feito um novo desembarque na Costa Atlântica em agosto do mesmo ano, com ajuda e armamentos provenientes do governo do México que estava naquele momento em disputa com os Estados Unidos. Sacasa instalou um governo liberal em Puerto Cabezas em dezembro, e seu Ministro de Guerra, o General José Maria Moncada, iniciou as operações de avanço do exército revolucionário em direção ao Pacífico, dando início ao que se costuma chamar de "Guerra Constitucionalista".

A ajuda mexicana aos revoltosos serviu de pretexto aos Estados Unidos para justificar seu apoio a Adolfo Díaz e para mobilizar de imediato inúmeros barcos de guerra, realizando volumosos desembarques de tropas destinados a criar obstáculos à marcha do "Exército Constitucionalista".

Não se deve esquecer que já havia terminado uma primeira fase da Revolução Mexicana, iniciada em 1911, que colocara em marcha nesse país um movimento pela Reforma Agrária, além do fato de que seus governos já defendiam uma política nacionalista, que incluía como reivindicação a nacionalização dos recursos naturais. Por exemplo, o petróleo mexicano da Costa do Golfo, em Veracruz e Tamaulipas, estava nas mãos de poderosos consórcios norte-americanos – anos depois Lázaro Cárdenas recuperaria essas reservas. Em Washington, o Secretário de Estado Frank B. Kellog acusou os "bolcheviques mexicanos" de fomentar a desordem e a intranquilidade num país de "governos exemplares" como a Nicarágua.

Rapidamente a situação militar se deteriorou, e a Marinha de Guerra norte-americana percebeu que o Presidente Díaz já não podia se sustentar sem seu apoio, fazendo que tropas de *marines* desembarcassem em dezembro de 1926, para cercar Sacasa e seus ministros. Em janeiro de 1927, os *marines* ocuparam a Costa do Pacífico, apoderando-se dos portos, da ferrovia e das principais cidades. Em 9 de janeiro, participaram com seus aviões da batalha de Chinandega, deixando a cidade em chamas.

O "Exército Constitucionalista", no entanto, marchava pelas selvas, através das montanhas de Las Segovias, pelos planaltos de Chontales e Boaco em direção ao Pacífico, e mesmo com a presença dos *marines*, os avanços os levaram, no mês de abril de 1927, a estar em posição para atacar prontamente a capital Manágua.

O presidente norte-americano Calvin Coolidge, naquele momento, pediu a seu amigo, o futuro Secretário de Estado Henry Stimson,[18] que viajasse à Nicarágua para que lá, com plenos poderes, resolvesse a situação de qualquer maneira e a qualquer preço. Chegou à Nicarágua em fins de abril de 1927, e, em 4 de maio, Stimson se encontrou com o General Moncada na vila de Tipitapa, a poucos quilômetros da capital.

Naquele momento, Stimson deu a Moncada apenas duas alternativas: firmar um armistício, permitindo a Díaz continuar na presidência até as eleições que se realizariam em 1928, com a supervisão norte-americana e a proteção dos *marines*, que permaneceriam no

---

18 Em alguns autores esse sobrenome aparece grafado como "Stimpson".

país até aquela data; ou, então, enfrentar as forças de ocupação que de imediato entrariam em guerra com os rebeldes para desarmá-los.

Moncada escolheu a primeira alternativa, e retornou a Boaco para reunir seu conselho de generais, apresentando-lhes o pacto firmado – conhecido como Pacto Stimson-Moncada – e recomendando-lhes que aceitassem a rendição. Estando todos de acordo, se faria uma repartição de postos públicos entre os chefes liberais guerrilheiros e a cada um seriam destinados as mulas e os cavalos de sua coluna, remunerando-os também com dez dólares por soldado.

Exceto para Moncada o preço da rendição não era elevado, mas todos os comandantes aceitaram, por meio de um telegrama que se transmitiu ao Comando Militar norte-americano, em 8 de maio de 1927. Todos, menos um. Aqui começa a história do General Augusto Sandino.

Augusto César Sandino: el muchacho de Niquinohomo[19]

Augusto Nicolás Calderón Sandino[20] nasceu em Niquinohomo, uma vila do departamento de Masaya, 30 quilômetros a sudoeste de Manágua, em 18 de maio de 1895, carregando muitos dos "estigmas" de um camponês centro-americano. Era filho natural de Don Gregorio Sandino, um pequeno proprietário de terras, e de Margarita Calderón, empregada nas tarefas domésticas na casa de Don Gregorio. Foi registrado por Don Gregorio numa condição excepcional naquela circunstância – contou com o reconhecimento

---

19 O nome dessa vila também aparece grafado como Niquinihomo em alguns autores. Diversos termos, nomes de cidades ou nomes próprios nicaraguenses variam de grafia entre os autores.

20 Não há, de acordo com nosso ponto de vista, na bibliografia consultada, consenso a respeito do nome com o qual Sandino foi registrado. A partir de diversas referências, acreditamos que deva ser este, ou talvez apenas Augusto Nicolás Calderón, pois só passou a utilizar o sobrenome Sandino mais tarde, quando foi viver junto do pai.

paterno – e posteriormente utilizou o nome "César"[21] para ocultar o sobrenome Calderón, que utilizou durante a juventude.

Sua infância e início da mocidade se passaram como para as demais crianças de Masaya: trabalhando nas plantações de café, cercado de privações. O contraste entre sua existência humilde, e a vida desfrutada por seu meio-irmão Sócrates, tornou-se para o jovem Augusto um exemplo das "injustiças da vida", fazendo que um dia, ao encontrar seu pai na rua, tenha perguntado a ele se era mesmo seu filho. Depois desse acontecimento, Don Gregorio o levou para viver junto dele. Nesse momento, adotou o sobrenome do pai.

Durante esse período, graças aos problemas e desentendimentos com sua madrasta, desempenhou todo tipo de tarefas domésticas na casa de seu pai, e foi obrigado muitas vezes a comer com os empregados, sem contar as inúmeras humilhações às quais foi submetido. Ajudou posteriormente na administração das propriedades, e aos quinze anos foi encarregado pela distribuição de cereais e feijão por toda a região, conseguindo inclusive dobrar o capital paterno.

Não teve acesso a estudos de qualidade superior, como seus irmãos legítimos, mas conseguiu adquirir instrução suficiente para que pudesse conciliar o estudo às demais tarefas, e aos treze anos chegou a ser enviado pelo pai para estudar em Granada, quando já possuía noções de mecânica e comércio. Segundo seus biógrafos, seus primeiros anos de vida se pareceram muito com os de José Maria Moncada ou Anastasio Somoza García, seus futuros adversários.

---

21 Navarro-Génie (2001, p.9) citando trechos de cartas e documentos, discorre a respeito da peculiaridade da utilização do nome "César" por Sandino. Segundo o autor, as trocas de nome – tanto quanto a criação e autoconcessão de títulos e patentes militares –, para além das questões pessoais – obliterar o sobrenome da mãe – são símbolos expressivos desse esforço do líder revolucionário de "autoconstruir" sua imagem. Sandino iniciou a luta assinando "Augusto C. Sandino", alterou posteriormente para "Augusto 'César' Sandino" e, mais tarde, ainda readaptou sua identificação mais uma vez, concedendo-a uma sonoridade mais "imperial": "Meu nome é César Augusto Sandino, mas eu tenho usualmente assinado como A. C. Sandino".

Contudo, uma experiência vivenciada quando ainda era muito jovem foi talvez a primeira marca profunda na personalidade do então menino Augusto, que repercutiria em suas concepções de Deus e de religião, posteriormente amadurecidas durante sua passagem pelo México.[22] Antes de viver com seu pai, Sandino vivia junto de sua mãe, que tinha dificuldades para conseguir sustentar a si própria e ao filho.

Quando o menino tinha entre nove e dez anos, as dívidas contraídas por Margarita fizeram que ela acabasse presa e, como era comum em tais casos, seu filho teve que acompanhá-la no cárcere. Entre miséria, fome e diversas privações, Margarita chegou até mesmo a abortar na presença do filho, que viu o sofrimento da mãe num momento no qual ele foi o único auxílio com que ela podia contar. Nesse instante, segundo contou anos depois, ele "percebeu pela primeira vez como a vida era amarga".[23] Depois do episódio do cárcere, a mãe decidiu ir viver em Granada com outro homem, e deixou o filho aos cuidados da avó. Entretanto, nessa circunstância se deu o encontro com Don Gregorio citado anteriormente, fato que o levou para a casa do pai e que marcou o abandono do sobrenome da mãe.

A Nicarágua em que Sandino nasceu era partícipe do auge das exportações de café em toda a América Central. O tipo de vida camponesa que conheceu em sua infância teve suas origens no aparecimento dos primeiros projetos de latifúndios durante a década de 1870-80. Naqueles anos, várias leis agrárias iniciaram um lento e irregular

---

22 Selser (1979), Hodges (1988), Dospital (1994), Navarro-Génie (2001) e a maior parte dos pesquisadores e biógrafos de Sandino fazem questão de enfatizar a importância da estada dele no México – tanto em sua primeira estada, no período anterior a 1926, quanto na segunda, durante os anos de 1929 e 1930 – para a sua formação intelectual, onde pôde assimilar noções fundamentais do comportamento dos revolucionários e absorver elementos de ideologias diversas, que contribuíram decisivamente para a sedimentação de seu ideário revolucionário. Em terras mexicanas ele não apenas compartilhou de um ambiente político eclético, impregnado por elementos de filosofia e religião, mas teve sua primeira experiência e impressões a respeito da Revolução Mexicana, extremamente importantes para a posterior elaboração de um modelo de luta a ser utilizado na Nicarágua. Procuraremos apresentar alguns desses elementos a seguir.
23 Cf. Vives, 1987, p.10.

processo de liquidação dos *ejidos* indígenas, com o intuito de incorporar a agricultura nicaraguense às grandes correntes exportadoras. As duras mudanças impostas pela cafeicultura nas terras nicaraguenses foram responsáveis, em 1881, pelo início da chamada *Guerra Olvidada*. Aos gritos contra o governo, os indígenas da região de Matagalpa levaram a cabo uma guerra que custou mais de 7 mil vidas em pouco mais de sete meses. Depois da derrota, as montanhas de Matagalpa e parte das selvas de Las Segovias se converteram em refúgio daqueles que conseguiram se salvar, e que mantiveram acesa a chama da revolta até os primeiros anos do século XX.

As primeiras cenas de guerra que marcaram a memória de Sandino foram aquelas do conflito travado em 1912, chefiado por Luis Mena contra o governo de Adolfo Díaz – naquele momento apoiado prontamente pelos *marines* – no qual se engajou Benjamin Zeledón, um patriota liberal que dirigiu parte das forças dos cafeicultores contra as tropas governamentais. Vencido e assassinado, o corpo de Zeledón foi exibido ao público jogado sobre o lombo de um cavalo, e uma das pessoas que viram essa cena foi Sandino, que regressava das proximidades da fronteira com a Costa Rica, onde estava desde os dezesseis anos. As cenas brutais se somaram então às experiências de opressão vivenciadas anteriormente, para formar gradativamente em Sandino uma consciência a respeito de seu país.

Assim, os anos de infância e adolescência de Sandino coincidiram com o arranque de uma nova etapa para a Nicarágua. Enquanto era criança, o país conheceu a aparição de seu primeiro exército regular, e vivenciou outras mudanças empreendidas pelo presidente José Santos Zelaya. Mais à frente, com dezenove anos, vivenciou a circunstância da assinatura do Tratado Bryan-Chamorro e trabalhou em outros lugares além das propriedades paternas. Logo depois retornou a Niquinohomo, onde uma nova figura adquiriu importância em sua vida: sua prima Mercedes.

A despeito de Mercedes ter sido um grande amor ao longo de muitos anos, em 1920, Sandino se envolveu em um conflito por conta de uma jovem com quem havia flertado, e acabou ferindo o irmão da moça, tendo que fugir de seu povoado e de seu país, indo primeiro à cidade de Bluefields, e depois a Honduras. Trabalhou, aos 26 anos, em La Ceiba, um porto hondurenho, como zelador do engenho Montecristo. Na ocasião da terceira intervenção norte-americana em Honduras, no ano de 1924, Sandino já estava em terras mexicanas, tendo passado antes pela Guatemala, onde trabalhou como mecânico nas oficinas da *United Fruit Company*, em Quirigá.

As referências a respeito da localização de Sandino em território mexicano não são muito precisas, mas sabe-se que ele esteve empregado na *South Pennsylvania Oil Co.*, num dos campos petrolíferos da cidade portuária de Tampico e que, antes disso, teria trabalhado em minas de Durango e Hidalgo, e em Veracruz, numa casa de comércio. Contudo, há registros – em sua maioria sindicais – mostrando que, durante o período compreendido entre agosto de 1925 e maio de 1926, permaneceu em Cerro Azul, servindo à *Huasteca Petroleum Company*.

Naquele momento, o México se encontrava convulsionado pelas consequências da guerra civil decorrente da Revolução Mexicana, ambiente no qual Sandino teve suas primeiras experiências políticas mais diretas, e a partir do qual é possível rastrear algumas das "influências" as quais foi submetido, e que marcaram seu ideário no futuro. Segundo Hodges (1988, p.24):

> The intellectual foundations of Sandino's philosophy may be found in Mexican anarchism, Spiritualism, Freemasonry, and theosophy, and in the Magnetic-Spiritual School of the Universal Commune's custom-made fusion of anarchism and Spiritism [...].[24]

O porto da cidade de Tampico, por onde Sandino também passou, era um dos locais onde pulsava com maior força a disputa entre os Estados Unidos e o México pelas reservas petrolíferas. Para que

---

24 "Os fundamentos intelectuais da filosofia de Sandino podem ser encontrados no anarquismo mexicano, espiritualismo, maçonaria, e teosofia, e na combinação específica de anarquismo e espiritismo da Escola Magnético-Espiritual da Comuna Universal [...]" (tradução nossa).

se tenha noção das dimensões dos negócios naquele local, o porto tinha um movimento mensal de 200 barcos, e a população da cidade era de 100 mil habitantes, números suficientes para se perceber a importância do porto. A cidade foi também um dos mais férteis espaços de disseminação das ideias, próximas do anarquismo, imensamente populares dos irmãos Magón, e dos comunistas representados por Melquíades Tobias.

Apesar da acolhida dada por Sandino às ideias magonistas, ele assimilou também ideias comunistas e socialistas junto dos representantes dos trabalhadores. Dos anarquistas, assimilou uma significativa dose de antiautoritarismo, anticlericalismo e anticapitalismo; dos socialistas, seu programa de legislação social e sua estratégia de alianças com outras forças progressivas; e dos comunistas, seu compromisso com uma luta de vida ou morte contra o imperialismo, luta que deveria acontecer através de uma revolução proletária ao redor do mundo.[25]

Na ocasião em que a disputa pelo petróleo atingiu seu ponto crucial, com as empresas norte-americanas ameaçando fechar seus poços, a população das localidades onde o conflito se dava de maneira mais incisiva sentia-se em perigo de morte. Os operários discutiam qual seria seu comportamento perante a situação, com evidente carga nacionalista em suas propostas anti-imperialistas e, sobretudo, antinorte-americanas. Sandino vivenciou todo esse processo. Seus companheiros o insultavam, por conta dos acontecimentos na Nicarágua, depositando sobre ele a carga da repulsa que sentiam pelo comportamento das classes dirigentes da Nicarágua. Chamavam-no "vendepátria", "traidor sem-vergonha".[26]

No México, Sandino também adquiriu simpatia pelas correntes religiosas que deram sustentação à Revolução Mexicana. César Escobar Morales (apud Hodges, 1988, p.6) registrou que, entre 1923 e 1926, Sandino atendeu aos convites dos maçons e participou de algumas reuniões, absorvendo algumas de suas ideias revolucionárias.

---

25 Cf. Hodges, op. cit., p.6.
26 Cf. Selser, 1979, p.27.

Assim como a maçonaria mexicana, o espiritualismo mexicano também se caracterizou como uma seita organizada em templos e lojas, como núcleos ou irmandades. Em 1925, Sandino conheceu algumas pessoas com as quais passou a discutir diariamente a questão da submissão dos povos na América Latina e as violentas intervenções norte-americanas. Essas pessoas eram espiritualistas, e com elas Sandino adquiriu conhecimento acerca desse movimento contracultural surgido no século XIX, crente na unidade divina e na redenção humana no fim dos dias, tal como os maçons.

Contudo, em outros aspectos esses dois grupos diferiam. Da maçonaria, Sandino adquiriu a crença num Deus impessoal, que supervisiona os destinos humanos a distância, enquanto através do espiritualismo ele passou a crer na possibilidade de comunicação com espíritos, na reencarnação, em percepção extrassensorial, no poder da profecia e, acima de tudo, na luta contínua entre bons e maus espíritos pelo controle do universo.[27]

Esse contato com os dois grupos foi significativo sobretudo porque ambos tinham por princípio valorizar a irmandade entre os homens, todos filhos do mesmo "espírito sagrado". Entretanto, "irmão" e "camarada" eram termos usados também pelos anarquistas, socialistas, comunistas, por conta de sua organização em estruturas sociais fraternais ou que se pretendiam sem divisão de classes. Esse foi um denominador comum entre as crenças políticas e espirituais adquiridas por Sandino, formadoras de uma bagagem ideológica através da qual ele estabeleceu uma combinação peculiar entre política e teologia, com a qual estava munido quando retornou à Nicarágua, em 1926.

Sandino foi cauteloso ao revelar suas convicções "teosóficas"[28] em público, preocupando-se em não afetar sua credibilidade polí-

---

27 Cf. Hodges, op. cit., p.29-40.
28 Termo proveniente da união entre as palavras "teologia" e "filosofia". O termo "teosofia" é passível de interpretação, segundo os dicionários, como um "conjunto de doutrinas religioso-filosóficas que têm por objeto a união do homem com a divindade, mediante a elevação progressiva do espírito até à iluminação".

tica. Mas, em fevereiro de 1931, apresentou uma declaração pública de seu "anarco-espiritismo", em seu famoso "Manifesto da Luz e da Verdade" (15 de fevereiro de 1931), que aparentemente teve um efeito notável, passando de mão em mão ao longo do crescimento da luta sandinista, e atingindo os mais remotos lugares da Nicarágua. Seus soldados reconheceram a espiritualidade do "homem notável", que se tornou para eles um professor, além de seu general.[29]

Quando no fim de maio de 1926 regressou à Nicarágua, visitou rapidamente a capital Manágua e continuou a viagem até a mina de San Albino, passando por sua vila natal. Começou a trabalhar, em San Albino, nas minas de ouro da família Fletcher, e ali recrutou seus primeiros companheiros de luta. O regresso "súbito" de Sandino tem duas explicações.

Tal como ele mesmo expressou na famosa entrevista concedida a José Román, nos seis anos de "exílio" seu desejo mais profundo era regressar à sua pátria, casar-se com sua prima e dedicar-se ao comércio.[30] Além disso, nessa mesma época, uma carta de seu pai o convidou a retornar, pois as buscas judiciais contra ele haviam vencido e sua "noiva" Mercedes o esperava. Ademais, Sandino ainda disse a José Román que teria um outro motivo para seu retorno: as reflexões junto dos seus companheiros mexicanos, os quais, ao ferir sua honra, tinham feito que ele decidisse combater em seu país.[31]

As duas explicações não são contraditórias: ainda que sua primeira intenção tenha sido retornar e instalar-se novamente em seu povoado natal, a sorte política de seu país não lhe era indiferente; sendo adolescente já era um fiel seguidor de seu pai, um ardoroso liberal anti-intervencionista. Em 1912, havia se impressionado com o assassinato de Benjamin Zeledón, e os acontecimentos políticos que presenciou posteriormente no México reforçaram indubitavelmente seu sentimento patriótico.

---

29 Cf. Hodges, 1988, p.16.
30 Cf. Román apud Dospital, 1994, p.123.
31 Ibidem, p.123.

É pouco provável que conseguíssemos apresentar aqui todas as experiências vivenciadas por Sandino em seus anos de exílio, particularmente no México. Parece mais importante historicamente decifrar os elementos de seu pensamento político que possam ter se originado em seu exílio mexicano. Para tanto, dois pontos parecem ser os mais significativos, não apenas por colocarem em destaque a influência que teve a Revolução Mexicana, mas principalmente por mostrarem como Sandino soube adaptar e inclusive reorientar as ideias adquiridas para a situação particular de seu país.

A respeito do tema nacional, o que Sandino captou no México foi, como ele mesmo disse em algumas de suas cartas, escritos e manifestos, a atitude de seus governantes, sua capacidade de enfrentar a intervenção estrangeira e de fazer respeitar a Constituição. De todos os governos nicaraguenses, apenas um havia adotado uma atitude similar, o de Zelaya (1893-1909), enquanto os demais se submeteram às regras estipuladas pelo governo norte-americano. Durante os anos de guerrilha, Sandino sempre reivindicou que a construção do Estado nacional da Nicarágua deveria repousar sobre um governo legalmente eleito, respeitoso da Constituição, nacionalista e anti-imperialista. Essa era a essência da luta política de Sandino.[32]

Consciente do atraso ao qual estava submetido seu país, Sandino procurou propor os avanços sociais que havia experimentado no México, referentes sobretudo à legislação social do trabalho. Mas o terreno social no qual se desenvolveu a luta sandinista levou seu chefe a reorientar seu programa na direção das reivindicações camponesas e não operárias, de acordo com a realidade socioeconômica de Las Segovias.

A ideologia de Sandino foi fundamentalmente eclética. Ele combinou diversas tendências políticas para objetivos específicos e particulares, e ainda adicionou à sua concepção de anarquismo uma dimensão teosófica, vinda de seu contato, em 1929, com o espiritismo de Joaquim Trincado, fundador da "Escola Magnético-Espi-

---

32 Cf. Dospital, op. cit., p.128.

ritual da Comuna Universal".[33] Na ideologia de Sandino combinaram-se, de maneira específica, as ideias anarquistas e comunistas com o que ele assimilou junto dos maçons, adventistas, vegetarianos, budistas, espiritualistas e espíritas. Contudo, há que se dizer que, ainda que muitas vezes tenha procurado manter seus críticos na mais completa ignorância, através da obscuridade proposital de suas ideias, a incongruência entre determinados aspectos presentes nas crenças de Sandino é inquestionavelmente bizarra, e tornou sua ideologia por vezes inconsistente, mas não menos inconsistente do que a ideologia de alguns de seus contemporâneos, como Pancho Villa ou Emiliano Zapata.

Para além das idiossincrasias da ideologia cunhada por Sandino,[34] irrompeu sua ardorosa ofensiva para expulsão dos *marines* do território nicaraguense. Capitaneando tropas organizadas de maneira muito específica, mantidas coesas não só através da disciplina militar, mas – como os estudos mais recentes têm procurado mostrar[35] – também em virtude dos elementos religiosos aqui referidos, logrou combater as tropas norte-americanas de forma heroica e surpreendente. Essa resistência ferrenha, aliada a fatores externos

---

33 A "Escola Magnético-Espiritual da Comuna Universal" (Emecu) foi uma congregação pseudoteosófica à qual Sandino pertenceu. Fundada na Argentina pelo eletricista basco Joaquim Trincado, teve muito êxito no México. O contato de Sandino com a Emecu teve um impacto profundo e duradouro em sua personalidade.
Trincado construiu um sistema especulativo detalhado, ao qual chamava "magnetismo espiritual", que era entendido como uma substância onipresente que governaria o universo. A doutrina foi nomeada por ele como o "espiritismo de Luz e Verdade". Sandino estudou vários livros de Trincado com muita atenção, e compartilhava de seu ideal de criação de uma "sociedade de ajuda mútua e de fraternidade universal", que chegou a tentar implantar em Las Segovias, depois dos acordos de paz, em 1933.
34 As peculiaridades da ideologia de Sandino foram estudadas particularmente por Donald C. Hodges, em seu trabalho já citado de 1988 e em outros posteriores, e por Marco Aurélio Navarro-Génie, em seus trabalhos aqui citados e em outros, mas suas especificidades extrapolam os limites e objetivos deste trabalho.
35 Refiro-me aqui particularmente aos trabalhos de Navarro-Génie, dentre os quais alguns estão mencionados nas referências bibliográficas desta dissertação.

específicos, constituiu-se num dos motivos pelos quais o governo norte-americano decidiu retirar os *marines* da Nicarágua.

O "Exército Defensor da Soberania Nacional da Nicarágua"

No momento em que se engajou nas fileiras do "Exército Constitucionalista", em outubro de 1926, Sandino contava, em sua tropa, com cerca de 29 mineiros. Em março do ano seguinte esse número já havia se convertido em tropas móveis estratégicas mais numerosas, que conquistaram vitórias sobre os conservadores. Em abril de 1927, após os combates de Las Mercedes e El Bejuco, as tropas sandinistas romperam o equilíbrio militar, deixando o inimigo em situação francamente defensiva.

Sandino e as forças populares, no período entre 1926 e 1927, passaram por uma riquíssima experiência militar, que permitiu a todos se prepararem melhor para a etapa posterior da guerra, iniciada com a capitulação dos liberais. Adquiriram desenvoltura no trato com inúmeras questões ligadas à luta, tais como: abastecimento, informação, medidas conspirativas, noções de guerrilha, disciplina, estruturação e hierarquia militar, entre tantas outras. As experiências junto da condução firme e perspicaz de Sandino, foram alguns dos motivos através dos quais foi possível enfrentar e vencer o inimigo, em superioridade numérica e material.[36]

O comandante assimilou nessa contenda uma bagagem militar significativa, que soube adaptar sabiamente na luta contra as tropas norte-americanas. Dominava a estruturação de forças, sobretudo as das colunas – tanto grandes quanto pequenas, de infantaria ou cavalaria – as quais contavam com postos avançados, vanguarda, retaguarda, e todos os demais setores necessários para uma defesa

---

36 Cf. Mires (1988, p.392), "en un periodo relativamente corto, y pese a lo poco numeroso de se contingente, logró ligar sus acciones con una serie de reivindicaciones urbanas, rurales e indígenas de la población".

bem posicionada. As tropas dirigidas por Sandino, na guerra de posições, chegaram a enfrentar mais de mil homens, sob o comando de dez generais.[37]

Sandino experimentou, tanto no combate ofensivo quanto no defensivo, o contra-ataque de forças, a defesa, o ataque e a tomada de posições, a luta em circunstâncias de encurralamento, combates em linhas frontais. Experimentou também a concentração e dispersão de forças, chegando a desmembrar taticamente seus homens em 16 pelotões. Suas forças dependiam unicamente de seus próprios esforços e recursos; armaram-se fundamentalmente através da captura de armamentos durante o combate, e puderam contar com comida e abrigo proporcionados pelo povo. Desse mesmo povo surgiram os contingentes voluntários com os quais se formou a tropa regular, no momento de independência das forças sandinistas com relação às demais tropas liberais, e da criação do "Exército Defensor da Soberania Nacional da Nicarágua" (EDSNN), em setembro de 1927.

Perante a superioridade material do imperialismo norte-americano, Sandino e suas tropas adotaram uma estratégia de resistência em longo prazo, que conferiu à guerra um caráter eminentemente irregular, apoiada na ação das colunas guerrilheiras que operavam nos diversos pontos do país. As frentes de operações tornaram-se mais dispersas do que na guerra de 1926-27, e o combate desse momento evoluiu até alcançar, em 1933, formas de uma guerra de movimento, na qual uma guerra de posições se tornou muito difícil, senão impossível.[38]

Um terreno favorável, uma rebeldia popular anti-*yankee*, coragem e moral revolucionária elevadas, e a experiência militar adquirida pelo povo nicaraguense ao longo dos anos permitiram que a estratégia de desgaste traçada por Sandino, através de uma tática contínua de aniquilamentos parciais, lograsse êxito em enfraquecer

---

37 Cf. Ortega Saavedra, 1978, p.43.
38 É importante destacar que as tropas guerrilheiras irregulares chegaram a constituir, em determinado momento, uma força regular que permitiu realizar manobras e movimentações em estreita relação com as forças guerrilheiras menores.

as forças interventoras; um dos fatores pelos quais os *marines* deixaram posteriormente o território da Nicarágua.

Em 1927, Sandino começou a delinear o núcleo central da força guerrilheira que permitiu desenvolver a guerra de resistência, empreendendo esforços para que todos os grupos se organizassem em torno do "Exército Defensor da Soberania Nacional da Nicarágua", e que aceitassem os mesmos princípios gerais de estruturação e disciplina. O cargo máximo criado foi o de "Chefe Supremo da Revolução", que Sandino exerceu até sua morte, e o organismo superior era o "Estado Maior" do Exército anti-imperialista. Os outros cargos eram os de Chefes Expedicionários, Generais, Tenente-Coronel, Coronel-Capitão, Major, Sargento-Major e outras patentes para oficiais, chefes e soldados. Essa hierarquia se manteve praticamente inalterada durante toda a guerra.[39]

Essa estruturação se fez necessária, sobretudo, porque a instabilidade do conflito requeria uma sólida e preventiva definição militar, que pudesse garantir a continuidade das colunas em caso de baixa dos seus chefes. Em 1927, os exércitos inimigos estruturaram suas colunas obedecendo às leis da guerra regular, o que foi aproveitado pelos sandinistas para causar-lhes importantes danos. Naquele momento, Sandino realizou não apenas a estruturação militar do movimento, mas também a política, o que se pode notar através da criação do "Quartel General dos Defensores do Direito Nacional" e da designação de chefes políticos para os departamentos sob jugo sandinista.

Em 1929, os sandinistas já possuíam um relativo controle militar em quatro departamentos do norte do país: Nueva Segovia, Jinotega, Estelí e Matagalpa. As zonas rurais estavam sendo dominadas, enquanto as tropas governamentais e os *marines* mantinham seu poder nas principais cidades e capitais departamentais. No ano de 1931, Sandino controlou as áreas rurais de oito departamentos, com suas forças às portas dos pontos urbanos, sempre dentro da estratégia de sitiar as praças de povoados e cidades.

---

39 Cf. Ortega Saavedra, op. cit., p.46.

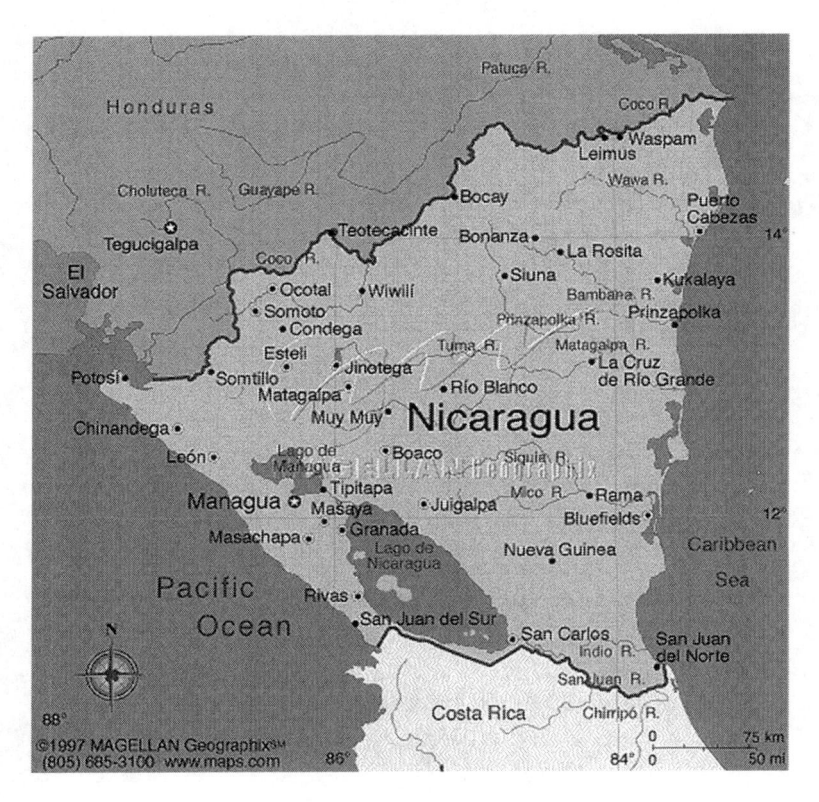

Figura 1 – Pequeno mapa político da Nicarágua, no qual é possível visualizar a localização de algumas cidades e regiões mencionadas ao longo deste trabalho.[40]
Mapa disponível em <http://www.maps.com>. Acesso em: 20 mar. 2004.

As colunas sandinistas operavam na Costa Atlântica, Chontales e Matagalpa, Jinotega, Estelí, Somoto, Ocotal, Quilalí, Jícaro, León e Chinandega, nomes de cidades e regiões que se tornaram muito familiares ao público leitor dos jornais brasileiros por conta das notas provenientes dos correspondentes das agências de notícias,

---

40 Disponibilizamos, nos anexos a este trabalho, outro mapa político da Nicarágua, em formato maior. Ressalte-se que são mapas contemporâneos, que não refletem a exata configuração política nicaraguense no momento do conflito (1926-1934), sobretudo no que se refere aos nomes de cidades e regiões.

que se encontravam em terras nicaraguenses. O Quartel General se encontrava no centro desses oito departamentos, e desse local o desenvolvimento militar era dirigido estrategicamente com grande precisão.

A disciplina sandinista se distinguiu por sua qualidade, que permitiu ter não somente um exército devidamente coordenado no âmbito militar, mas também procurou manter uma postura revolucionária inatacável no transcurso da contenda. As faltas disciplinares de cunho político, moral ou militar eram severamente punidas; em virtude de faltas graves, foram inclusive fuzilados alguns coronéis sandinistas, sob acusações de violência contra mulheres, embriaguez, desobediência e traição, entre outras.[41]

O "Exército Defensor da Soberania Nacional da Nicarágua", a despeito de constituir o cerne da luta político-militar, contou com a participação das massas na guerra, o que permitiu manter uma retaguarda efetiva, tanto nas áreas paramilitares como nas militares. Entre as tarefas paramilitares se destacavam a logística e a informação, e nas tarefas militares executadas pelas massas sobressaia a criação de destacamentos guerrilheiros de "tempo incompleto", ou também chamados "rebeldes de meio tempo", ou seja, com pequeno tempo de treinamento antes do combate. Também foi notória a integração de centenas de camponeses às forças guerrilheiras regulares, para determinadas ações militares. As massas de camponeses atuavam como apoio de ataque e se armavam rudimentarmente com o que dispunham. Passado o ataque, se desintegra-

---

41 Michael J. Schroeder (1996), em seu artigo "Horse Thieves to Rebels to Dogs: Political Gang Violence and the State in the Western Segovias, Nicaragua, in the Time of Sandino, 1926-1934", analisou um grupo de indivíduos infiltrados nas tropas sandinistas, a mando da família Chamorro, liderado por Anastacio Hernández, e responsável por muitos dos atos de violência atribuídos aos soldados de Sandino. Contudo, o autor mostra que tropas regulares, como, por exemplo, as do General Pedro Altamirano, cometeram inúmeras atrocidades em nome da causa revolucionária, práticas apropriadas por diversas outras colunas naquele momento, e que posteriormente puderam ser verificadas nas práticas da violência ao longo da história nicaraguense.

vam e regressavam às suas casas, continuando com suas ocupações comuns.[42]

Os "rebeldes de meio tempo" se organizavam em pequenos grupos, o que lhes permitia uma mobilização tática muito favorável. Atuavam em um terreno conhecido, que dominavam perfeitamente, pois eram originários das regiões onde lutavam. O raio de ação desses grupos não era extenso, o que favorecia a estratégia de "esticar e encolher" as ofensivas de maneira dinâmica. Suas ações eram, em geral, de abastecimento ou informação, nas quais eles eram muito eficazes.

Esses grupos foram arregimentados pelas forças guerrilheiras regulares, mas também surgiram por iniciativa das próprias massas, de maneira espontânea. No último caso, pode-se notar, como atenta Ortega Saavedra (1978, p.51), a capacidade da população de interpretar na prática as necessidades táticas da estratégia militar sandinista, e dessa maneira fortalecer a condição militar geral existente para golpear melhor o inimigo. Os adversários costumavam qualificar esses grupos de "pequenos grupos de saqueadores que infectavam a região e levavam a cabo constantes badernas".

Entre os fatores que contribuíram com o crescimento numérico das forças irregulares sandinistas estão também: a paralisação dos cortes e a consequente recessão provocada pela queda dos preços do café no mercado mundial, por cauda da crise econômica de 1929; o encerramento das operações das companhias mineradoras de Pis Pis e da *Nicaraguan Lumber Co.* (que atuava na exploração de madeira), exatamente durante os anos da crise econômica mundial; um fungo que atacou a banana no Rio Grande e em Puerto Cabezas (plantações da *Baccaro Brothers* e da *Cuyamel*) gerando também desocupação massiva; e, por fim, o governo de Moncada que se viu obrigado a fechar as escolas públicas, fazendo que os empregados públicos recebessem seus pagamentos em bônus ou vales. Tudo isso fez aumentar o descontentamento popular contra o regime e,

---

42 Cf. Ortega Saavedra, op. cit., p.50.

por conseguinte, contra os norte-americanos, atraindo muitos para as fileiras sandinistas.

No aspecto militar se conseguiu, com essa participação massiva do povo, contar com uma maior força numérica, balanceando-se assim favoravelmente o poderio e o volume de fogo que eram muito inferiores aos do inimigo. Ademais, essa maioria no número de tropas era importante também psicologicamente, elevando a moral combativa sandinista e causando maior impressão ao adversário.

Ainda que, no que tange ao volume e poderio de fogo, essa incorporação das massas não contasse muito, sua participação fortaleceu os sandinistas, já que os permitia solucionar questões práticas, como transporte de armas, cuidado com feridos, assim como também trasladar o que era recuperado junto do inimigo, fosse em matéria de armamento ou de abastecimento em geral.[43]

Sandino soube valorizar devidamente a participação popular na guerra e incentivou para que o povo desenvolvesse toda e qualquer iniciativa no sentido de combater, de qualquer forma, o invasor.

> Es justo que la mayor parte del pueblo no quiera continuar *dejándose explotar*, supuesto que la vida en zona ardiente de Bluefields es sumamente cara y no está *equiparada con el salario* del jornalero. Que casi todos están armados para defenderse? Seguro. El nacional tiene que defenderse del ladrón extraño... que el nacional de muerte al invasor del *modo que pueda*. (apud Ortega Saavedra, 1978, p.53, grifo no texto).

Assim, para as distintas necessidades práticas que surgiram na retaguarda o movimento sandinista sempre contou com uma ampla rede de colaboradores. A retaguarda de apoio a Sandino não esteve somente nas regiões mais próximas da guerra, mas também existiu no resto do país. Nas cidades que constituíam a retaguarda principal do inimigo, os militantes sandinistas conseguiram diver-

---

43 Cf. Ortega Saavedra, op. cit., p.52.

sos suprimentos, que muitas vezes foram comprados dos soldados adversários.

Com relação ao serviço de inteligência e segurança, os sandinistas contavam com uma ampla e efetiva rede de atuação. Nos povoados afetados pela guerra, existiam colaboradores que se mantinham, de maneira eficaz, na clandestinidade. Já nos pontos rurais contavam com redes de informação muito seguras. Nas rotas que conduziam aos acampamentos guerrilheiros secretos, existia sempre a vigilância dos camponeses, que controlava o tráfego por meio dos distintos pontos de controle ao longo das trilhas.[44]

Através dessas redes de informação se conseguiu conhecer minuciosamente os movimentos das tropas inimigas. A espionagem sandinista, apoiada nos camponeses, conseguiu infiltrar-se nas bases ou lugares controlados pelos norte-americanos. Eram escolhidos os melhores camponeses, os mais leais e testados na luta, para que fossem treinados nas artes da espionagem, tornando-os capazes de atuar nas bases dos Estados Unidos. E, além das tarefas de informação, realizavam também tarefas de desestabilização e enfraquecimento dentro das tropas adversárias, por meio de eliminação física secreta de soldados inimigos.

O ano de 1927 marcou o início das atividades regulares de treinamento dos soldados sandinistas nas técnicas e táticas de guerrilha, simultaneamente aos outros preparativos da guerra anteriormente citados, concentrando-se os esforços na estratégia básica da resistência armada contra as forças inimigas. O movimento guerrilheiro contava com uma área estratégica favorável, que tornava as campanhas mais exequíveis e vitoriosas. As tropas moviam-se com certa liberdade, sem grande pressão, e quando se sentiam pressionadas retiravam-se para áreas de maior profundidade, diluindo-se ordenadamente nas montanhas.

As tropas utilizavam-se correntemente da estratégia de emboscar os adversários, resultando em cerco e aniquilação dos inimigos, mas também na contenção e defesa ante as estratégias semelhantes

---

44 Cf. Ortega Saavedra, op. cit., p. 55.

das tropas rivais.⁴⁵ A operacionalidade das tropas sandinistas permitiu o desenvolvimento de ataques contínuos caracterizados por sua grande rapidez, seu sigilo na movimentação e desmontagem, a utilização de trilhas e caminhos desconhecidos ou clandestinos e, sobretudo, a sobrevivência em regiões diversas, mesmo sob circunstâncias adversas.⁴⁶

A defesa usada contra a aviação, que causava os maiores problemas e número de baixas entre os sandinistas, caracterizava-se pelo uso de fuzis, metralhadoras, fogos de artifício com explosivos, valendo-se, sobretudo, da maior fragilidade dos bombardeiros à noite, quando não eram capazes de manobrar e defender-se de forma eficaz. Apesar da defesa ter se dado de forma extremamente rudimentar, a necessidade gerou um desenvolvimento das técnicas de camuflagem e disfarce dos soldados e acampamentos sandinistas.

Nesse intervalo compreendido entre os anos de 1927 e 1930, as forças sandinistas passaram por um amplo e intenso período de conflito militar e se transformaram e aperfeiçoaram até se encontrarem preparadas para uma "guerra de movimento", que refletiu com nitidez o salto militar dado pelas tropas sandinistas depois de alguns anos de intensa atividade guerrilheira, momento em que assumiram gradativamente feições de forças regulares.⁴⁷

Não obstante, ao mesmo tempo em que já se podia perceber, em 1930-1931, uma força principal de tipo regular, centro da dinâmica

---

45 Conforme Vives (1986, p.57), "La estrategia guerrillera puesta en práctica por Sandino consistió básicamente en preparar emboscadas a columnas enemigas en movimiento a través de las montañas, y en asaltar guarniciones más o menos aisladas en poblados pequeños. La táctica elemental partía de un objetivo: causar el mayor número de bajas al enemigo con el menor coste posible, procurando capturar armas, munición o cualquier tipo de pertrecho en todas y cada una de las operaciones [...] Los ruidos y los accidentes de la montaña se convirtieron en los aliados de la guerrilla sandinisa [sic] para facilitar sistemas de señales, avisos o instrucciones; la propia naturaleza sirvió para idear trampas, camuflar equipo y armas e incluso enseñó a desviar riachuelos con el fin de despistar a los *marines*, dependientes siempre de mapas e indicaciones de los campesinos".
46 Cf. Ortega Saavedra, op. cit., p.57.
47 Ibidem, p.61.

geral do resto das forças armadas sandinistas, ainda que fortemente ligada à sua origem guerrilheira – de tropas móveis estratégicas –, coexistiam as outras forças como "guerrilhas menores", que atuavam como auxiliares das forças principais, e se mantinha a luta das guerrilhas locais, através dos rebeldes de meio-tempo.

Nessa fase de "guerra de movimento" houve superioridade de forças por parte dos sandinistas nas campanhas e batalhas, com relação às fases anteriores – 1926-1927, 1927-1930. Nota-se também uma maior fluidez dos avanços e retiradas através de colunas de mais de 150 homens. A luta era fundamentalmente ofensiva, e as campanhas militares abarcavam um raio de ação maior, penetrando nas linhas inimigas e não se reduzindo somente às zonas ou linhas de operação principal.

A estratégia fundamental consistiu na ofensiva contínua, utilizando todas as tropas, sem apresentar uma linha frontal de ataque, nem combates por posições, quando se enfrentava forças em superioridade numérica e de armamento. Nesse sentido, a guerra de posição ocupou um papel secundário, enquanto a guerra de movimento, através das tropas principais e por meio do enfrentamento irregular ágil, com grande mobilidade sobre um terreno favorável, ante um inimigo vulnerável, com o uso de ataques surpresa, e contando com ampla informação e apoio das massas, constituiu a modalidade principal da luta para desgastar o adversário, ampliar o controle territorial e desenvolver o domínio junto da população.[48]

As colunas sandinistas que constituíam as tropas regulares principais operavam, em 1931, nos seguintes pontos:

1. Coluna do General Pedro Altamirano, em Jinotega, Matagalpa, Chontales e parte da Costa Atlântica.
2. Coluna do General Carlos Salgado, na Costa Atlântica, zona de "la Mosquitia".
3. Coluna do General Pedro Antonio Irías, ao norte de Jinotega.

---

48 Ibidem, p.63.

4. Coluna do General Juan Gregorio Colindres, em Nueva Segovia e Chinandega.
5. Coluna do *Jefe* José León Díaz, no sul e oeste de Nueva Segovia, em Estelí, nas áreas contíguas ao departamento de León e Chinandega.
6. Coluna do Coronel Abraham Rivera, ao noroeste da Costa Atlântica.
7. Coluna de Ismael Peralta, adjunta à 5ª Coluna, de León Díaz.
8. Coluna do General Juan Pablo Umanzor, em Nueva Segovia e Chinandega.
9. Coluna central, organizada no Quartel General, localizado no centro dos oito departamentos, de onde Sandino coordenava a luta.

O fator moral, que constitui um elemento determinante em muitas guerras, influenciou sobremaneira a vitória sandinista sobre o invasor e seus aliados locais. O movimento sandinista levou às suas máximas expressões a moral revolucionária do povo nicaraguense, que talvez tenha sido o sustentáculo fundamental da guerra diante do invasor. Além disso, junto dessa combativa moral sandinista, desenvolveu-se uma moral humana revolucionária que garantiu unidade não apenas entre as tropas, mas também entre o povo em geral.

A luta capitaneada por Sandino recorreu às tradições anti-imperialistas e antinorte-americanas gestadas no seio do povo nicaraguense, fortalecendo o fator moral e o orgulho nacional, representados pela luta popular. Sandino conclamava as massas dizendo:

> Jamás se os perdonaría nicaragüenses, que presentarais la otra mejilla al invasor; vuestras manos, nicaragüenses, deben ser ciclón sobre los descendientes de Willian Walker. *Ya nuestro ejército autonomista ha probado hasta dónde puede llegar la fuerza del derecho contra el derecho de la fuerza bruta* (apud Ortega Saavedra, 1978, p.68, grifo nosso).

Com a partida das tropas de *marines* em 1933, a contradição principal passou a ser a coexistência das forças revolucionárias e das tropas "reacionárias" locais, representadas pela Guarda Nacional, criada durante o período de intervenção e treinada pelos norte-americanos. O movimento sandinista, naquele momento, procurava consolidar a vitória militar sobre os *yankees*, tanto no plano político quanto no econômico, através de medidas governamentais. Pleiteava garantir a soberania do país, liquidar os laços de dependência econômica que se mantinham intactos apesar da retirada dos *marines* e procurava desenvolver o programa de organização agrária iniciado durante a guerra, dentre outros pontos.

A correlação de forças no plano político era desfavorável para Sandino e seus comandados. Não foi possível, por exemplo, levantar a bandeira antioligárquica, por causa da ágil manobra de aparentar a restauração de um governo liberal. Por outro lado, se fortalecia a Guarda Nacional, no mesmo passo em que era fomentada a ideia do armistício, para desmobilizar as massas armadas. A situação internacional tampouco se apresentava favorável à luta sandinista, pois o foco central da atenção mundial já começava a se deslocar na direção do "perigo fascista", ao qual os norte-americanos não puderam deixar de enfrentar. Esse e outros fatores externos reduziram a um problema estritamente local a situação da Nicarágua.

Os norte-americanos, ao saírem do país, deixaram para trás uma situação em que as forças de Sacasa continuaram combatendo os rebeldes sandinistas, fato que poderia produzir um novo enfrentamento militar nacional que permitisse, caso houvesse interesse, uma nova intervenção estrangeira sob o pretexto de extinguir a luta sandinista. O governo local foi amplamente reforçado por grandes empréstimos norte-americanos, e as condições políticas, socioeconômicas e culturais do povo não permitiram que este tivesse uma visão mais ampla acerca da situação que estava vivendo o país.

O povo viu a intervenção militar, mas não pôde compreender a intervenção política e econômica da qual estava sendo igualmente objeto. Esse fator atuou negativamente com relação às forças revolucionárias, e Sandino soube compreender a situação, percebendo que era necessário enfrentá-la no terreno político.

No âmbito militar, a vitória contra a intervenção armada havia afetado as forças sandinistas que, mesmo ainda numerosas, se encontravam esgotadas de recursos econômicos e bélicos. Nessa situação se fazia necessária uma retirada para tomar novo impulso. Contudo, essa retirada, que deveria ser realizada em Honduras, foi impedida pela situação de guerra do país vizinho.

Todo esse difícil panorama levou a que, em 2 de fevereiro de 1933, se firmassem os chamados "Convênios de Paz". O perigo de uma possível nova intervenção norte-americana, a inexistência de condições materiais para que as tropas sandinistas resistissem a ela, e também o receio de que o povo não fosse capaz de compreender e apoiar uma nova guerra civil, tornaram os acordos a medida mais prudente a ser tomada.

Essa situação político-militar conduziu a uma estratégia revolucionária específica. O centro se deslocou das formas políticas armadas para as formas políticas não armadas. A guerra civil que se estabeleceu em 1927, voltou a se apresentar no horizonte de possibilidades, em 1933-1934. Sandino adotou uma estratégia flexível, visando alcançar, através da luta política não armada, uma acumulação de forças humanas, políticas, materiais, militares etc., tanto internas quanto externas, que permitissem, caso necessário, o desencadeamento de uma guerra civil revolucionária para a tomada do poder, e ao mesmo tempo fornecessem maiores condições para enfrentar uma nova intervenção armada norte-americana.[49]

Em 1934, a situação para os sandinistas se tornou mais difícil. O governo liberal descumpriu todos os acordos e realizou esforços sistemáticos para que Sandino ficasse isolado do povo. O armistício anteriormente assinado foi violado constantemente pelo governo, enquanto o líder revolucionário procurou cumprir o estipulado, para evitar uma possível manobra do inimigo, que buscava um pretexto como uma guerra local para uma nova intervenção imediata.

Apesar de uma certa desmontagem tática que realizou em suas forças, Sandino manteve tropas armadas desde agosto de 1933 nas

---

49 Ibidem, p.71.

montanhas – com centro operacional em Wiwilí – agrupando mais de 600 homens escalonados nessa zona. No ano de 1934, ele dizia que "[...] el caso es que aquí no hay dos estados sino tres Estados: la fuerza del presidente de la república, la de la Guardia Nacional y la mia" (apud Ortega Saavedra, 1978, p.72).

É precisamente a força assinalada como terceira, os sandinistas, a que os inimigos internos e externos estavam dispostos a aniquilar, mediante fulminantes golpes militares aos pilares do movimento revolucionário. Os objetivos estabelecidos pelo inimigo como alvos para destruição foram:

1. A direção política do movimento. Muito vulnerável, essa direção era muito reduzida, representada essencialmente pelo próprio Sandino.
2. A direção militar do movimento, representada por Sandino e seu Estado Maior.
3. As bases guerrilheiras sandinistas, que estavam naquele momento reduzidas basicamente ao quartel localizado em Wiwilí.
4. O extermínio gradual dos sandinistas restantes, depois de executados os três primeiros pontos.

A tarefa revolucionária que se impôs ao movimento sandinista foi bruscamente golpeada pela manobra inimiga, que conseguiu, com os assassinatos de Sandino, de Estrada e de Umanzor, e com os assassinatos em massa nas montanhas, que o movimento entrasse em franco descenso e fosse reduzido a uma situação militar geral de defesa passiva.

Pode-se dizer que, entre 21 de fevereiro de 1934, data do assassinato de Sandino,[50] e o ano de 1937, foi empreendida uma campa-

---

50 Na noite de 21 de fevereiro de 1934, após um jantar com o presidente Sacasa, no Palácio do Governo, Sandino, Estrada e Umanzor foram presos por soldados da Guarda Nacional, enquanto em outro lugar da capital, Sócrates, o irmão de Sandino, que havia se engajado em suas tropas, também foi sequestrado. A Guarda Nacional assassinou Sócrates de imediato, e durante a madrugada, num campo de aviação, acabou com a vida de Sandino e de seus dois generais.

nha militar de cerco e aniquilamento dos sandinistas restantes, que culminou no assassinato do General Pedro Altamirano, que ainda se defendia de maneira passiva. Nessa campanha participou diretamente a Guarda Nacional, aparato repressivo inicialmente chefiado por Anastasio Somoza García, que representava o prolongamento da intervenção norte-americana no país.

Os "usos" de Sandino

Mesmo antes do assassinato do líder revolucionário nicaraguense, houve um esforço de diversos segmentos da sociedade daquele país com o intuito de construir uma representação de Sandino que mais lhes interessasse. Desde o início da luta, tanto seus defensores quanto seus inimigos, como Anastasio Somoza García, procuraram elaborar interpretações da trajetória de vida do "general de homens livres" e de suas concepções políticas.

A imagem de Sandino, ainda hoje, está imersa numa série de interpretações originadas pelas mais diversas necessidades sociopolíticas. Ao longo do século XX, atribuíram-lhe predicados dos mais diversos, que iam desde o de "bandido" ao de líder da luta antiditatorial; procuraram identificar em seu ideário tendências comunistas e incontestáveis vínculos com o verdadeiro nacionalismo latino-americano. Chegaram a chamá-lo de "calvário do povo nicaraguense" e a equiparar sua importância à de Bolívar; acusaram-no de ocasionar a intervenção norte-americana em seu país e transformaram-no em emblema da unidade hispano-americana.

De acordo com Camacho Navarro (1991, p.12), Sandino representou, ao longo de uma importante etapa histórica do século XX, o herói capaz de influir ideologicamente em diversas camadas sociais. Por conta dessa característica, foi adotado como "bandeira" por determinados setores políticos que buscavam beneficiar-se com a idealização do personagem. Os nicaraguenses encontraram nele elementos explicativos para os diferentes momentos e situações que viviam, por isso as representações de Sandino tiveram diversos matizes. Mediante o emprego de sua imagem, por exemplo, a história foi posta a serviço da política.[51] Sendo assim, é óbvio que, se os problemas nicaraguenses se refletem no personagem, os altos e baixos que sofre sua imagem são indicadores de mudanças de índole social, econômica e política desse país.

Numa primeira fase, delimitada pela experiência nacional-anti-imperialista de Sandino e de seu exército, pela resistência à presença ianque em terras nicaraguenses, o "general" foi considerado símbolo da luta dos povos da América Latina. Entre 1926 e 1934, período que compreende desde o início da chamada "Guerra Constitucionalista" até o assassinato do líder revolucionário – mesmo período analisado neste trabalho –, a presença do personagem está envolvida na disputa entre o hispano-americanismo e o pan-americanismo.

Por um lado, Sandino representava uma parcela da burguesia, oposta ou não ao imperialismo, enquanto por outro personificava o "bandoleiro" intransigente, contrário à política de "irmandade pan-americana" encabeçada pelos Estados Unidos.[52] Este primeiro momento é marcado pela significativa repercussão da luta sandinista no plano continental e extracontinental, que torna a situação gradativamente insustentável para o Departamento de Estado norte-americano, razão pela qual os Estados Unidos teriam apoiado o atentado contra a vida de Sandino, ordenado pelo então chefe da Guarda Nacional, Anastasio Somoza García.

Após a eliminação do líder revolucionário e de seu exército, Somoza García dedicou-se a converter a figura de Sandino na de inimigo da pátria, a pessoa que por sua atitude "traiçoeira, sangrenta e antipatriótica" foi submetida à "força pura" do nacionalismo, supostamente representada pelo chefe da Guarda Nacional. Esse foi apenas um dos mecanismos dos quais Somoza García se utilizou para invalidar a luta sandinista, com o intuito de justificar sua trajetória e sua permanência no poder.[53]

---

51 Cf. Camacho Navarro, 1991, p.12.
52 Ibidem.
53 Ibidem, p.13.

Posteriormente, a figura de Sandino foi apropriada por grupos que procuraram lutar contra a ditadura da família Somoza, servindo como instrumento de ataque político de partidos que reivindicavam reformas. Essa iniciativa não teve êxito, em parte, pela forte investida da "historiografia somocista" contra Sandino e, em parte, pela superficialidade da "historiografia pró-sandinista". No entanto, num período imediatamente posterior, próximo ao advento da Revolução Cubana, ocorreu mais uma tentativa de resgate de Sandino, como o herói, o símbolo que deveria renascer. A partir dessa época, com o início das ações que dariam origem, ulteriormente, à Frente Sandinista de Libertação Nacional (FSLN), ocorre um esforço de "resgate do herói pátrio", procurando integrar o pensamento deste a uma nova ideologia, o "sandinismo".[54]

Essa indicação sumária de algumas das características da apropriação e representação de Sandino ao longo do século XX nos parece necessária, na medida em que algumas dessas "visões" acerca do líder revolucionário ecoaram nas páginas dos jornais brasileiros, entre 1926 e 1934, provavelmente por conta do aceite e disseminação dessas ideias por parte do governo dos EUA, através de alguns de seus braços mais fortes em território nicaraguense, as agências de notícias. Veremos, no terceiro e quarto capítulos desta dissertação, como algumas das representações às quais aqui nos referimos podem ser percebidas nas notas e mesmo nos artigos publicados na época, pelos periódicos elencados para análise.

---

54 Como um dos maiores expoentes dessa iniciativa, podemos apontar Carlos Fonseca Amador, comandante da FSLN, cujas obras foram responsáveis, em grande parte, pela "delimitação" da ideologia do "sandinismo". Para exemplos dessa interpretação, consultar Fonseca [Amador], 1985, e para entendimento das peculiaridades do resgate do pensamento sandinista e do cunho de uma nova ideologia, ver a segunda parte do já citado estudo de Hodges (1988). Para maiores esclarecimentos a respeito das peculiaridades da interpretação da imagem de Sandino em cada uma das "fases" acima referidas, ver o excelente trabalho de Enrique Camacho Navarro (1991).

2
A IMPRENSA: ESPAÇO DE VEICULAÇÃO IDEOLÓGICA E ATUAÇÃO POLÍTICA

Neste capítulo objetiva-se fundamentalmente apresentar considerações acerca da história dos jornais que utilizamos como fontes documentais neste trabalho, procurando destacar, dentre outros possíveis, os aspectos ideológicos e os projetos políticos desses periódicos.

Enquanto representantes, direta ou indiretamente, de grupos e de interesses políticos, esses órgãos de imprensa tinham como um de seus princípios norteadores fundamentais a preocupação com o delineamento da opinião pública nacional em relação às questões internas, e também com relação aos temas internacionais, como é o caso do objeto deste estudo.

Para que possamos entender posteriormente as possíveis nuances das interpretações do movimento sandinista, elaboradas por cada um dos jornais, apresentaremos um breve resumo da história de cada um dos periódicos, detendo-nos ao período analisado na pesquisa, mas com suficiente flexibilidade para que seja possível compreender as características ideológicas fundamentais dos grupos diretores dos periódicos,[1] bem como perceber quais eram

---

1 Essas características dos periódicos serão aqui apresentadas e posteriormente rediscutidas a partir do conteúdo informativo da produção jornalística elabo-

alguns dos interesses políticos desses homens que, evidentemente, para além de seus interesses individuais, possuíam projetos mais amplos para o Brasil.

Assim, dividiremos o capítulo em seis partes, sendo a primeira delas dedicada à análise das características das agências internacionais de notícias, as principais fornecedoras de informações para os periódicos; as quatro partes seguintes serão dedicadas à análise de cada um dos periódicos estudados – ou dois, no caso específico das *Folhas*, pertencentes a um mesmo grupo – procurando elencar os aspectos ideológicos mais significativos em cada um deles, que possam esclarecer certas singularidades das interpretações produzidas por cada um dos órgãos em relação à questão que aqui nos interessa diretamente, ou seja, o movimento sandinista na Nicarágua, entre os anos de 1926 e 1934.[2] E, por fim, o último trecho do capítulo, dedicado à apresentação de algumas "visões" bastante presentes na interpretação dos jornais – e na intelectualidade brasileira da época, que tinha nos periódicos um dos mais importantes veículos de expressão – referentes aos outros países da América Latina e, sobretudo, aos Estados Unidos.

As agências internacionais de notícias

Neste trabalho os jornais são a fonte documental mais importante. E falamos de jornais de uma época específica, em que a principal – às vezes a única – fonte de informações com a qual os

---

rada em cada um deles, pois, como ressalta Borrat (1989), deve-se estudar os periódicos como narradores, comentaristas e participantes do conflito político, a partir de sua organização e funcionamento, de sua atuação pública e privada, e das estratégias discerníveis nessas e naquelas.

2 Cabe aqui ressaltar que na proposta inicial da pesquisa seriam seis os periódicos analisados, a saber: *O Estado de S. Paulo*, *Correio da Manhã*, *Folha da Noite* e *Folha da Manhã*, *O Tempo* e *A Gazeta*, porém, por impossibilidade de acesso a este último (*A Gazeta*), não será possível analisá-lo neste trabalho.

periódicos podiam contar para obter detalhes a respeito de acontecimentos internacionais, sobretudo, mas também dos eventos nacionais, era aquela constituída pelas agências internacionais de notícias. Visto que a importância desses órgãos era tão significativa para a produção das notícias nas redações, apresentaremos um histórico das origens e das principais características dessas agências.

As agências internacionais de notícias nasceram em meados do século XIX, tendo suas origens profundamente ligadas ao processo de expansão política e financeira de países como a França, Inglaterra e Alemanha, fenômeno que desde o começo do século XX viria a se repetir de forma análoga, com a vinculação entre as agências norte-americanas de notícias e a expansão do capitalismo norte-americano.

Um dos elementos que marcaram essa expansão informativa, estreitamente ligada ao colonialismo, foi o sistema de acordos entre as grandes agências da época, que distribuíram o mundo em zonas de influência e de ação informativa de caráter fechado. Os primeiros acordos foram exclusivamente europeus, em 1859, entre as agências *Havas*, *Reuters* e *Wolff*, e em 1875 o sistema de acordos já incorporava também a agência norte-americana *Associated Press*.

Em todo o sistema de distribuição territorial, teve maior peso a capacidade tecnológica dos britânicos, proprietários dos cabos transoceânicos. Apenas com o aparecimento da radiotelegrafia é que começaram a se criar condições para o desenvolvimento de uma autonomia para as distintas agências de alcance nacional. Todavia, o peso do sistema de acordos, sua concordância com interesses geopolíticos e de expansão econômica estenderam-no até 1934, quando o sistema de alianças entre as agências quebrou-se definitivamente, como consequência da pressão exercida pelas agências norte-americanas – especialmente a *Associated Press* (AP) – que defendiam a necessidade de criar um princípio de "fluxo livre da informação", que mascarava o interesse de estabelecer uma via para a penetração dos interesses norte-americanos nos países dependentes.[3] (Matta, 1980, p.58)

Dois homens são classicamente reconhecidos como os fundadores das agências internacionais de notícias: Charles Havas e Julius Reuter. O primeiro fundou, em 1825, um serviço de notícias para assinantes individuais, mas logo se deu conta de que a expansão da imprensa, com tiragens relativamente altas e baixo custo, poderia ampliar o mercado disposto a adquirir suas notícias. Em 1835, Havas criou então a agência que durante um século levou seu nome.

Reuter era um hábil empreendedor alemão, que durante um período foi vinculado aos banqueiros da família Rothschild, traba-

---

[3] A grande maioria das notas e telegramas internacionais publicada na imprensa brasileira acerca do movimento sandinista era proveniente das agências norte-americanas, como a própria AP e também a *United Press* (UP). Assim, um dos aspectos dos quais não podemos nos esquecer é que essas notícias eram elaboradas em sua fonte primária – as agências, que mantinham correspondentes em território nicaraguense e em outros países da América Central –, já carregadas e "contaminadas" com toda a carga ideológica proveniente dos argumentos do governo norte-americano, ou seja, priorizando a defesa dos "interesses dos cidadãos norte-americanos em território nicaraguense", e procurando difamar as iniciativas de defesa da soberania política e econômica da Nicarágua, como era o caso do movimento liderado por Sandino. Cabe ainda recordar que em alguns casos, como veremos nos artigos dos jornais, as notas e telegramas eram a única fonte de informação da qual os periódicos podiam se valer para analisar o conflito, fato que evidentemente pesava na interpretação, ainda que a recepção nas redações se desse por vezes de forma crítica.
No caso de alguns artigos, entretanto, isso se dava de outra maneira, pois eram produzidos por colaboradores radicados no exterior, como era o caso de alguns publicados no *Correio da Manhã*. Nesses artigos as fontes de informação eram mais diversificadas, como no caso dos que eram produzidos nos Estados Unidos, contemplando periódicos norte-americanos, declarações de políticos etc., dando um caráter diferenciado das interpretações elaboradas no Brasil.
Há, ainda, no Brasil, as ocorrências – mais raras – de notícias elaboradas a partir de dados provenientes do Ministério das Relações Exteriores que, vez ou outra, deixava escapar algumas informações, as quais não eram disponibilizadas aos órgãos de imprensa na medida em que o conflito, ao envolver os Estados Unidos, acabava por perpassar assuntos governamentais de caráter político-estratégico, no âmbito das relações internacionais.

lhando em um serviço de informação financeira que utilizava múltiplos – ainda que precários – meios de comunicação, incluindo os pombos mensageiros, os "pombos-correio". Em 1851, instalou-se em Londres, de onde utilizou seus pombos e pombas para unir as linhas do telégrafo, que nasciam e se estendiam por toda a Europa, no entanto ainda não podiam cruzar o canal inglês.

Enquanto isso na Alemanha movimentava-se com iguais interesses Bernard Wolff. Tendo sido por um período diretor de um importante jornal em Berlim, Wolff decidiu em 1849 criar a agência que levou seu nome, unindo-se com outras publicações do país. Sua primeira ação dirigiu-se ao envio de informação do movimento financeiro e mercantil de Hamburgo e Frankfurt para Berlim, mas depois de seis anos de fundação a agência passou a transmitir também informação de caráter político.

Desde a metade do século XIX registrou-se na Europa uma forte competição pelo domínio do mercado da informação. Reuter, Havas e Wolff procuravam se apoiar nas instituições financeiras que tinham dado origem às suas agências e buscavam suporte político em seus respectivos governos. A imprensa desenvolvia-se com energia, evoluindo de um caráter opinativo para um outro, informativo. Na França o fenômeno foi similar, apesar de incrementado pelo impacto causado, por um lado, pela Revolução de 1848, e, por outro, pela utilização de novas soluções econômicas, como, por exemplo, o emprego da prática de veiculação de anúncios mais baratos.

A experiência acabou por mostrar aos gestores da informação que era preferível estabelecer um acordo para o intercâmbio de notícias a permanecer numa competição desgastante. Um acordo foi assinado em 1859, pelo qual dividiu-se o mundo em três partes: Reuter ficava com as informações do Império Britânico, Estados Unidos, vários países ao longo do Mediterrâneo, o Canal de Suez e a maior parte da Ásia; Havas dirigiria a recopilação e vendas de notícias no Império Francês, Europa Ocidental do Sul e certas partes da África; e Wolff monopolizaria o resto da Europa, incluindo Áustria-Hungria, Escandinávia e os Estados eslavos.

Porém, nos Estados Unidos começavam a se registrar novidades, na medida em que, em 1848, um grupo proprietário de jornais decidiu criar um sistema cooperativo para captar notícias. A essa nova agência deram o nome de *Associated Press* (AP). Reuter acabou convencendo Havas de que os sócios fundadores do cartel europeu beneficiar-se-iam com a entrada da AP no grupo, pois isso lhes permitiria abarcar mais facilmente as notícias dos Estados Unidos, com custo zero.

A *Associated Press* acabou tendo que se restringir aos Estados Unidos até o início do século XX, quando começou a expandir-se para Canadá e México. Em fins da Primeira Guerra Mundial, caminhou também para América Central e do Sul. Assim, pode-se dizer que, de 1858 até a Primeira Guerra Mundial, os serviços informativos, exceto nos Estados Unidos, nunca estiveram completamente isentos da propaganda governamental.[4]

Uma nova realidade jornalística, a demanda dos setores financeiros e as pressões políticas internacionais provocaram um ambicioso programa de expansão das agências. À margem do acordo, ocorriam ações que reforçavam as posições individuais dos órgãos. Essa competição começou a declinar por volta de 1870, com uma série de tratados que garantiram a cada empresa sua "esfera de interesse" territorial.[5] Os acordos com a AP continuaram, até que posteriormente se chegou ao grande acordo, com a incorporação da agência norte-americana ao sistema mundial de distribuição, busca e venda de notícias.[6]

Entretanto, apesar desses acordos procurarem estabelecer marcos estritamente técnicos para a atuação das agências, esta sempre

---

4 Cf. Matta, 1980, p.55-72.
5 Amaral (1969, p.165) faz questão de ressaltar que o acordo não foi capaz de terminar com a competição entre as agências. "Errôneo supor que após o acordo assinado em 1870, sobre as esferas de influência, houve leal colaboração entre as partes contratantes. De maneira alguma. Entre os membros do triunvirato permaneceu uma luta tenaz e surda pelo predomínio do mercado mundial de informações, para alcançar posições chaves, para reduzir a esfera de atividade de cada um participante."
6 Matta, op. cit., p.62.

se deu vinculada de maneira estrita às ações e políticas dos governos para a expansão e domínio em territórios do que já se chamou de "Terceiro Mundo". Os conflitos internos entre os países europeus também demonstravam como o quadro de acontecimentos políticos inevitavelmente colocava as agências numa posição distorcida e por vezes antagônica. No entanto, não havia possibilidade de mudança ou grandes rompimentos em virtude dos rígidos termos dos contratos.

Nos Estados Unidos, a guerra contra a Espanha por Cuba (1898) gerou outra circunstância de onde emergiram as vinculações. A forma de atuação do jornalismo sensacionalista nesse conflito – a clássica anedota de "ponha você as fotos, eu ponho a guerra" – criou uma espécie de escola na luta pela informação, que marcou definitivamente as agências de notícias norte-americanas com um estilo dentro do qual a *United Press* e a *International News Service* (posteriormente integradas na UPI, *United Press International*) estiveram na vanguarda: os usos e abusos mercantilistas na procura da notícia.

Um exemplo elucidativo das contradições entre a suposta independência das agências e as vinculações inevitáveis em nível oficial é uma carta enviada pelo diretor da Havas a seu correspondente na Turquia, em 1909:

> Saiba e lembre-se de uma vez por todas que a Agência Havas é uma sociedade independente, levantada por seus acionistas, que não recebe do governo favor algum de espécie alguma, em lugar algum. Entre o governo e a agência não há nada mais do que excelentes relações cotidianas, baseadas no intercâmbio de serviços. Dão-nos as primícias de certas notícias, de algumas notas, é verdade, e isso constitui numa vantagem a nosso favor. Por outro lado, à nossa custa, o governo dá a conhecer suas idéias o que é uma vantagem para ele. Não somos, de maneira alguma, uma dependência do Ministério de Relações, e com mais razão, não ajudamos a subir este ou aquele diplomata... Seríamos os últimos a contradizer que deve esforçar-se em responder aos desejos da embaixada. Mas não esqueça que somos e devemos continuar, mesmo contra todos,

absolutamente independentes, porque, definitivamente, somos nós os responsáveis [...] Isso quer dizer não esquecer, também, que não devemos jamais deixar de servir, o melhor possível, à política francesa. (Frédérix apud Matta, 1980, p.64)

Como se pode ver, tal independência não parecia ser tão real. No entanto, mais além das vinculações nacionalistas estava o apoio financeiro. A situação das agências Havas por volta da Primeira Guerra Mundial foi apresentada num estudo publicado no início dos anos 1930, do qual um trecho nos parece bastante esclarecedor:

> O serviço informativo exterior de Havas foi subvencionado pela Secretaria de Relações Exteriores da França desde antes da Guerra, com somas que oscilavam entre 8.000.000 e 14.000.000 francos... Pierre Comert, diretor do Escritório de Imprensa Exterior, admitiu que certas somas eram pagas à Havas como compensação pelos custos efetivos de transmissão das notícias do governo francês à América Latina e ao Oriente Longínquo. (Reigel apud Matta, 1980, p.65)

No que se refere às agências norte-americanas – que nos interessam em particular nesse trabalho –, O. W. Reigel também formulou uma reflexão a respeito da situação desses órgãos internacionais de notícias, na qual há a evidência de uma forma de vinculação e comprometimento que, com o tempo, especialmente após a Segunda Guerra Mundial, tornar-se-ia uma prática institucionalizada e, ao mesmo tempo, dissimulada, sob o disfarce de uma norma, e em nome da liberdade profissional que protegia o fluxo livre da informação:

> Não se deve dar muito crédito ao correspondente de uma agência que está proclamando constantemente a integridade das agências norte-americanas e sua liberdade com respeito a qualquer interesse especial... É, afinal, duvidoso que a *Associated Press* esteja

mais a salvo do controle que as agências pertencentes a particulares. Tende a converter-se, pelo seu anonimato cooperativo, em servidor institucionalizado da imprensa nacional... *As associações de imprensa norte-americanas dependem muito do governo para a proteção de informações e de favores especiais em casa, e para as reportagens e a proteção no estrangeiro, como para permitir qualquer falta de harmonia em suas relações com o governo...* Recordar-se-á como algo típico nas relações de associações de imprensa com o governo, que quando os Estados Unidos entraram na Guerra Mundial, o general de Divisão Leonard Wood sentou-se com os diretores da Associated Press... *As agências norte-americanas enfrentam-se com um dilema embaraçoso. Por um lado devem criar a impressão de que seus correspondentes são super-reporters, divorciados de influências políticas, quase por cima do bem e do mal; e por outro, devem assegurar ao público de casa que estes mesmos correspondentes não são expatriados internacionalistas ou separatistas.*[7]

O sistema de informação por acordos de territórios fechados causava tensões constantes na imprensa norte-americana, sobretudo em fins do século XIX e nas três primeiras décadas do XX. A expansão norte-americana crescia à medida que o país se consolidava como nação. "Numerosos diretores de jornais retorciam-se em suas camisas de força. Viajavam pessoalmente pelo estrangeiro, o bastante para dar-se conta de que não existiam notícias estritamente verídicas" (White e Leigh apud Matta, 1980, p.67).

Nesse sentido, é importante que se apresente a experiência histórica vivida pelos meios informativos norte-americanos quando sofreram a distorção do que acreditavam ser sua realidade nacional. Reginald Coggeshall, em um artigo escrito no ano de 1934 sobre "As implicações diplomáticas nas relações internacionais", referia-se ao desconcerto dos norte-americanos pela imagem que a informação internacional dominante transmitia ao mundo:

---

7 Reigel apud Matta, 1980, p.65, grifo nosso.

Durante os últimos anos passados... os jornais franceses e ingleses estiveram prontos para referir-se ao Tio Sam como o Tio Shylock, enquanto que uma certa seção da imprensa parisiense, prevendo a chegada da convenção da Legião Americana a esse país, referiu-se aos legionários como malvados e violadores [...] O crime e linchamento norte-americanos têm sido utilizados sempre para mostrar a superioridade européia sobre a civilização norte--americana. O nome de Al Capone, em seu apogeu, era tão familiar como o de Lindbergh e Hoover, para os leitores de jornais europeus.[8]

Um nacionalismo afetado, somado ao desenvolvimento de competição tenaz da "Penny Press" e à expansão própria da crescente estrutura capitalista norte-americana, acabou por criar um desenvolvimento competitivo entre a *Associated Press* e a *United Press* (UP), esta última nascida em 1907. A *United Press* foi fundada por Edward Scripps, naquele momento um dos instigadores do jornalismo de ação e luta pela notícia sensacionalista. Paralelamente foi criada a *International News Service* (INS), em 1909, por iniciativa da família Hearst, que também costumava utilizar-se de todos os artifícios na busca por notícias escandalosas, com o objetivo de conquistar mercado.

A Primeira Guerra Mundial criou as condições para o desenvolvimento das agências norte-americanas, e vários fatores contribuíram para isso: por um lado, a radiotelegrafia, com a qual se abriram canais de comunicação distintos dos cabos britânicos, mais baratos; por outro, o fechamento das fontes informativas para a AP na Europa; e ainda a expansão da UP, que mais tarde viria a dizer por meio de um de seus vice-presidentes: "A maior vantagem que a Imprensa Unida [*United Press*] teve na expansão de seu serviço mundial desde 1916 é o fato de que não haja pertencido ao chamado grupo de agências oficial" (Bickel [1927], apud Matta, 1980, p.69).

---

8 Coggeshall apud Matta, op. cit., p.68.

As vinculações com a América do Sul[9] foram determinantes nessa nova situação, através especialmente dos contratos assinados com os jornais *La Nación* e *La Prensa*, de Buenos Aires (Matta, 1980, p.69).[10] A partir desse novo quadro, com crescentes quebras no sistema monopólico, chegou-se a 1927, quando se assinou o último acordo conjunto das quatro grandes agências. Este permitia às agências mundiais fazer acordos com toda e qualquer agência nacional, desde que fosse concedida uma autorização das quatro componentes do cartel. Reconhecia também à AP o direito de estender seus serviços à América do Sul, mas a aplicação efetiva e dinâmica de tal direito não viria a se materializar senão a partir da Segunda Guerra Mundial.

Em 1934, data que marca o eclipse definitivo do acordo conjunto que por mais de meio século havia regido a expansão dos sistemas informativos internacionais, o tratado quadripartite estava bem fragilizado. As relações entre as agências estariam regidas, daí em diante, por contratos bilaterais, ainda que os esforços para reviver o sistema tenham sido intensos. Contudo, a situação era definitiva. A seguir, tudo foi mais rápido; após sete anos o sistema de zona fechada não passava de uma lembrança.

---

9 Silva (1991, p.75-76) comenta a crescente importância das agências norte--americanas para os jornais brasileiros, durante a década de 1920. Diz inclusive que as empresas jornalísticas brasileiras foram em grande parte responsáveis, naquele momento (fins da década de 1920), pelo estreitamento de relações entre o Brasil e os Estados Unidos. Lembra ele que, através desse estreitamento, viria a surgir a Sociedade Interamericana de Imprensa, financiadora de contratos entre jornais, de bolsas de estudos, de intercâmbio de material e de pessoas, estimulando ao longo das décadas seguintes o contato entre os jornalistas norte-americanos e dos países da América Latina, inclusive o Brasil. A partir da afirmação de Luiz Alberto Moniz Bandeira, em seu estudo *Presença dos EUA no Brasil* (RJ: Civilização Brasileira, 1973, p.208), ressalta Carlos Eduardo Silva (p.75): "As agências americanas monopolizavam praticamente o noticiário do Exterior na imprensa brasileira".

10 Acrescentaríamos à observação de Matta a importância dos contratos assinados com os grandes jornais brasileiros, como *O Estado de S. Paulo* e o *Correio da Manhã*, periódicos de grande circulação, penetração e difusão no território brasileiro, notadamente mais amplo que o argentino.

A ascensão dos movimentos fascistas surgiu, ainda, como outro fator acrescido à crise da busca e intercâmbio de notícias, mas foi a Segunda Guerra Mundial que criou as condições através das quais o mundo emergiu a partir da "Guerra Fria", envolvendo-se nela as agências de notícias norte-americanas, que viam ratificada sua expansão pelo Departamento de Estado. Com a justificativa do "fluxo livre da informação", forçava-se o estabelecimento da AP e da UP na maioria dos países.

Kent Cooper, aproximadamente em 1942, em seu livro *Barríeis Down*, criticou o comportamento das agências europeias em termos que posteriormente seriam válidos em igual medida para o papel dominante que seria exercido pelas agências internacionais norte-americanas:

> (As agências do cartel) podiam apresentar a informação proveniente de seus próprios países em termos mais favoráveis e sem serem contraditos. Seus países eram sempre glorificados. Logravam seus objetivos levando importantes progressos da civilização inglesa e francesa, cujas *vantagens* seriam depois, logicamente, *outorgadas* ao resto do mundo. (Cooper, *Barríeis Down* apud Matta, 1980, p.72, grifo nosso)

Os anos 1960 foram uma sucessão de exemplos da vinculação entre as poderosas AP e UP (em 1959 a UP havia se unido a INS). A forma e a qualificação dos fatos na crise do Congo, nos movimentos nacionalistas do "Terceiro Mundo", na interpretação dada à Revolução Cubana e à Guerra do Vietnã, para citar alguns exemplos, demonstraram com ainda maior clareza – pois anteriormente isso já era visualizável[11] – que os gigantes da informação internacional correspondiam fielmente aos interesses políticos e econômicos do foco onde se situavam suas sedes, seus *headquarters*: Nova York.[12]

---

11 Como no caso do movimento sandinista e da intervenção norte-americana em terras nicaraguenses a qual ele representou uma resposta.

12 Assim como no caso dos jornais, não iremos além desse ponto na descrição da história das agências, pois o período vinculado à nossa análise seria extrapolado desnecessariamente.

A imprensa brasileira: características principais e questões nacionais

O Estado de S. Paulo

O jornal *O Estado de S. Paulo* foi criado em 4 de janeiro de 1875, com o nome de *A Província de São Paulo*, por um grupo liderado por Américo Brasiliense de Almeida Melo e Manuel Ferraz de Campos Sales. Em 1885, ingressou em sua redação Júlio César Ferreira de Mesquita, que em pouco tempo passou a ser seu diretor. Desde então, a direção do jornal permaneceu sob o controle da família Mesquita.

Embora a sociedade comanditária criadora do jornal fosse em sua grande maioria favorável à República, esse grupo mostrava-se cauteloso diante da possibilidade real da queda da monarquia. Por essa razão, ao invés de se apresentar como porta-voz do Partido Republicano Paulista (PRP), o novo jornal preferiu adotar uma linha política independente, intervindo de maneira autônoma "na discussão dos assuntos políticos e sociais".

Na verdade, *A Província de São Paulo* defendeu desde o início os interesses da elite agrária, combatendo a centralização política e administrativa imposta ao longo do Império pelo Poder Moderador. O jornal reivindicava também eleições diretas para o Senado e para a presidência das províncias, a separação entre o Estado e a Igreja, a instituição do casamento e dos registros civis e a substituição progressiva do trabalho escravo pelo trabalho livre.

Já a partir de seu segundo número, *A Província de São Paulo* introduziu em suas páginas uma "Seção livre" – mantida até hoje – onde eram publicados comentários, discussões religiosas ou políticas e casos pessoais ou polêmicos. Duas ou três vezes por semana eram publicados editoriais de cunho anticlerical, antiescravagista e antimonárquico. Eram parcimoniosas as notícias referentes ao Natal, à Semana Santa, Finados e outras datas religiosas. A chegada da família imperial em visita a São Paulo foi noticiada de modo discreto, "embora respeitoso".

Não obstante, as crises financeiras atravessadas pelo jornal em seus primeiros anos de vida conduziram, em 1882, à dissolução da sociedade comanditária que o controlava. *A Província de São Paulo* passou então à propriedade exclusiva de Francisco Rangel Pestana, tornando-se, ao mesmo tempo, órgão oficial do PRP. Em outubro de 1884, Rangel Pestana vendeu metade do jornal à firma Alberto Sales e Cia., tornando a comprá-la em dezembro de 1885. Nova sociedade comanditária foi constituída, e nesse momento Júlio César Ferreira de Mesquita, genro de José Alves de Cerqueira César, ingressou no jornal como redator-gerente. A partir de 1888, Júlio Mesquita passou a codiretor do jornal, ao lado de Rangel Pestana.

Ao longo da década de 1880, o jornal desenvolveu duas grandes campanhas, defendendo a abolição da escravatura e a proclamação da República, sendo a primeira mais explicitamente assumida pelo jornal. No fim do mês de abril de 1888, o jornal suspendeu a publicação de artigos de caráter abolicionista, veiculando dias depois da promulgação da Lei Áurea um editorial e vários artigos saudando o fim da escravidão e convidando o povo a comemorar o fato. A campanha republicana, que se intensificou concomitantemente ao fim da campanha abolicionista, teve igualmente seus objetivos alcançados com a proclamação da República, em 15 de novembro de 1889. Nesse momento o jornal trocou de nome, passando a se chamar *O Estado de S. Paulo*.

Mais à frente, o jornal colocou-se contra a "política dos governadores", segundo a qual o governo federal concedia, aos presidentes de Estado, completa autonomia local em troca do apoio das bancadas estaduais no Congresso. *O Estado de S. Paulo* representava na verdade a chamada dissidência do PRP, a ala do partido mais descontente com a situação. A comissão de dissidência, publicou no jornal seu manifesto, reivindicando a reforma da Constituição, o saneamento do voto popular, o aperfeiçoamento da instrução pública e da reforma judiciária, a supressão dos impostos de trânsito e a fiscalização tanto da arrecadação como da aplicação da receita estadual.

Por ocasião da escolha do sucessor de Afonso Pena, em 1909, o jornal desde o início se mostrou contrário à candidatura do marechal Hermes da Fonseca, apoiando Rui Barbosa e sua Campanha Civilista. Divulgada inicialmente na Bahia, a plataforma de Rui Barbosa passou a receber ampla cobertura do periódico, que se tornou o porta-voz oficial dos civilistas em São Paulo.

Após a vitória de Hermes da Fonseca, *O Estado de S. Paulo* chefiou a oposição, publicando em 27 de março de 1910 o manifesto de Rui Barbosa à nação, denunciando fraudes nas eleições. Em seguida, o jornal criticou o presidente pelo estabelecimento da censura à imprensa e denunciou arbitrariedades cometidas pela polícia. Em 27 de abril de 1913, Júlio Mesquita publicou editorial denunciando a inconstitucionalidade do fechamento do Congresso. Esse artigo valeu-lhe a proibição de circular nas cidades do Rio de Janeiro, de Niterói e Petrópolis.

No momento da sucessão de Hermes da Fonseca, em 1914, mais uma vez *O Estado de S. Paulo* apoiou a candidatura de Rui Barbosa, derrotado por Venceslau Brás. Durante esse período, o jornal atravessou nova crise, provocada pelo apoio de Júlio Mesquita aos Aliados na Primeira Guerra Mundial. A maioria dos anunciantes do jornal era constituída de alemães, que gradualmente retiraram sua publicidade. O balanço de 1914 acusou uma grande queda nos lucros. Segundo o Diário Alemão, por outro lado, *O Estado de S. Paulo* estaria a reboque de interesses ingleses e daí o apelido de "The State of São Paulo", atribuído ao periódico.

Entre 1921 e 1922, durante o processo de sucessão de Epitácio Pessoa, ao ser desencadeada a campanha da reação republicana em apoio à candidatura de Nilo Peçanha, contra o candidato da situação Artur Bernardes, *O Estado de S. Paulo* pela primeira vez desde 1909 não se colocou na oposição, apoiando o candidato oficial. Ainda no fim do governo de Pessoa, em 5 de julho de 1922, eclodiu o levante no Rio de Janeiro conhecido como o episódio dos 18 do Forte, que iniciou o ciclo de revoltas tenentistas da década de 1920. Derrotado no mesmo dia, o movimento foi criticado por *O Estado de S. Paulo*, que lamentou todavia que a posse de Artur Bernardes tivesse transcorrido com as garantias constitucionais dos cidadãos suspensas.

Em 5 de julho de 1924, uma nova revolta eclodiu em Sergipe, Amazonas e São Paulo, só não sendo sufocada com rapidez neste último estado. Os rebeldes paulistas, comandados pelo general da reserva Isidoro Dias Lopes, ocuparam a capital por três semanas, abandonando então a cidade em direção ao interior. O movimento foi cuidadosamente documentado por *O Estado de S. Paulo*, que, no entanto, "manteve a mais completa neutralidade durante todo o tempo que durou a ocupação". Júlio Mesquita negou aos revolucionários qualquer apoio. Em contrapartida, o jornal foi submetido a uma rigorosa censura até a libertação da cidade pelas tropas federais.

Por ocasião da sucessão de Bernardes, *O Estado de S. Paulo* voltou à sua antiga oposição, manifestando-se contra a candidatura situacionista de Washington Luís. Concomitantemente, o jornal mantinha uma atitude de expectativa em relação ao recém-fundado Partido Democrático (PD), cujas bases haviam sido lançadas pelo conselheiro Antônio Prado. Júlio Mesquita, embora insistisse em conservar seu "alheamento partidário", apoiou o conselheiro "com todo o ardor" publicando um editorial em que aplaudia a nova agremiação. Apesar de tudo, o jornal louvou as primeiras medidas do governo de Washington Luís referentes ao fechamento da prisão política de Clevelândia, no Amazonas, e à extinção do estado de sítio.[13]

---

13 Ainda que os representantes do jornal tenham se esforçado para que o periódico assumisse sempre o papel de opositor, e que se apresentasse independente perante os governos e partidos políticos, eles participaram ativamente dos debates políticos, sociais e econômicos que se configuravam, segundo Capelato e Prado (1980, p.23) "colocando-se numa posição de crítica ao estado de coisas vigente, tentando 'despertar as consciências' e 'modelá-las' conforme seus valores e interesses, procurando indicar uma direção ao comportamento político do público leitor". Capelato (1991/1992), em seu artigo "O controle da opinião e os limites da liberdade: Imprensa Paulista (1920-1945)", atenta para o fato de que alguns representantes da imprensa, que assumiram posição política de destaque nas décadas de 1920 e 1940, consideravam-se expressão da "elite bem pensante" do país e como tal percorriam o objetivo de formular boas ideias a serem introjetadas pelo público leitor. Essa postura era característica dos que compunham a equipe redacional de *OESP*, jornal que ocupava papel de liderança na imprensa paulista desse período.

Em 1927, morreu Júlio Mesquita, e a direção do jornal foi então entregue a Nestor Rangel Pestana e a Júlio de Mesquita Filho. Plínio Barreto assumiu a chefia de redação e Ricardo Figueiredo a gerência. A assembleia geral da sociedade anônima proprietária do jornal passou a ser dirigida por Armando de Sales Oliveira, Carolino da Mota e Silva e Francisco Mesquita.

Após as eleições de 1º de março de 1930, que deram a vitória a Júlio Prestes, *O Estado de S. Paulo* denunciou "fraudes... comunicadas ao Partido Democrático". A partir daí, contudo, limitou-se a noticiar os acontecimentos, vindo a reconhecer mais tarde a "feição anódina" de suas edições nos meses que precederam a Revolução de 1930. No dia 25 de outubro de 1930, o jornal mudou subitamente de posição, abrindo o noticiário com a frase "O Brasil respira". Sua adesão ao movimento revolucionário só se manifestou no momento em que Washington Luís foi deposto.

O editorial do dia 1º de novembro apoiou o primeiro governo revolucionário do estado, chefiado por João Alberto Lins de Barros. Esse apoio iria contudo desaparecer pouco a pouco, principalmente diante do acirramento da crise desencadeada entre o interventor e as elites políticas paulistas. Os primeiros sinais de um movimento separatista não impediram, entretanto, que o jornal apoiasse a primeira lei trabalhista promulgada pelo governo provisório de Getúlio Vargas.

No momento em que o PD rompeu com o Governo Provisório, *O Estado de S. Paulo* passou a publicar notas diárias apontando os erros da administração central em relação aos paulistas. Quando as pretensões separatistas do estado se acentuaram, o jornal declarou que "o caso de São Paulo não se resolve com metralha. Resolve-se com um pouco de tato". A partir de fevereiro de 1932, o PD e o PRP se uniram para formar a Frente Única Paulista (FUP), reivindicando a autonomia de São Paulo e a volta imediata à ordem constitucional. Com sua própria diretoria filiada à FUP, *O Estado de S. Paulo* afirmou em editorial que "ou o estado é governado pela Frente Única, ou será mantido em desgoverno contínuo".

Em 23 de maio de 1932, foi lançado em São Paulo um boletim assinado pela FUP e pela Liga Paulista Pró-Constituinte, redigido na noite anterior na sede do jornal por Júlio de Mesquita Filho, Antônio Carlos de Abreu Sodré e Cesário Coimbra. O documento encorajava a população a repelir "a indébita e injuriosa intromissão na sua vida política daqueles que estão conduzindo São Paulo e o Brasil à ruína total e à desonra".

A Revolução Constitucionalista, deflagrada em 9 de julho de 1932, recebeu inteiro apoio do jornal: "Está vitorioso em todo o estado o movimento revolucionário constitucionalista" era a manchete do dia 10. A partir daí, o número de páginas do periódico reduziu-se, aparecendo diariamente fotos de batalhões partindo para o combate.[14] A derrota da revolução paulista conduziu ao exílio, entre outros, Júlio de Mesquita Filho, Francisco Mesquita, Antônio Mendonça e Paulo Duarte. Ainda assim, *O Estado de S. Paulo* continuou a ser publicado. Júlio de Mesquita Filho só voltou ao país em novembro de 1933.

A partir de meados de 1934, o jornal passou a publicar diariamente páginas de propaganda do recém-fundado Partido Constitucionalista, formado pela reunião do Partido Democrático, da Federação dos Voluntários de São Paulo e de uma dissidência do PRP denominada Ação Nacional. Finalmente, com a promulgação da Constituição no mês de julho, o jornal publicou nota considerando o evento como a conclusão da "obra que São Paulo encetou em 1932".

Pouco depois, o Partido Constitucionalista lançou a candidatura vitoriosa de Armando de Sales Oliveira ao governo estadual, recebendo o apoio de *O Estado de S. Paulo*. O jornal adotou igualmente uma posição antisseparatista, declarando: "Realmente, numa outra

---

14 Na época da Revolução Constitucionalista, além da diminuição do número de páginas do jornal, houve também uma redução drástica, beirando a ausência completa, dos noticiários internacionais, quer em forma de notas e telegramas das agências de notícias internacionais, quer em forma de artigos ou editoriais. Isso levou a um encolhimento ainda maior das notícias a respeito do conflito em terras nicaraguenses, que já não aparecia, nesse momento, com tanta frequência nas páginas de *OESP* e também dos outros periódicos aqui estudados.

e recente ocasião, quando nos batíamos pela lei, uma parte do Brasil esteve contra nós. Ficamos isolados e era justo que isso nos magoasse. Mas depois disso, tudo mudou. Conquistamos tudo quanto exigimos ao entrar na luta. O nosso prestígio na federação restaurou-se e São Paulo passou a ser governado de novo por paulistas ilustres. Tudo isso se fez sem quebra de dignidade, sem negociações indecorosas". O jornal concluía afirmando que os paulistas já tinham mostrado na hora própria "ser... bravios. Mostremos agora que nunca deixamos de ser generosos e, sobretudo, inteligentes".

Mais à frente, diante do golpe do Estado Novo, desfechado em 10 de novembro de 1937, o jornal anunciou "profundas alterações na ordem político-social do país". No dia 13, foi denunciada a adesão do PRP ao golpe. A partir daí, contudo, o jornal foi gradualmente limitando a amplitude de sua atuação política, pressionado pelo estreito controle da censura. O noticiário voltou-se para festas de formatura, reformas de militares, reuniões religiosas, reportagens policiais e notícias do estrangeiro. Cresceu a seção esportiva e a "Seção livre" praticamente desapareceu. A censura examinava todos os dias as provas tipográficas do jornal, devolvendo-as com um visto ou, como era frequente, cortando com tinta vermelha trechos ou mesmo artigos inteiros.

Entre novembro de 1937 e abril de 1938, Júlio de Mesquita Filho foi preso três vezes, e acabou por ser induzido a deixar o país no menor prazo possível. Partiu para a França na companhia de Armando Sales. *O Estado de S. Paulo* continuou a circular, esvaziado de todo conteúdo político e dando grande destaque à ascensão do movimento nazista na Alemanha. Em 15 de junho de 1938, Léo Vaz assumiu a direção do jornal.

No dia 26 de março de 1940, a despeito de sua "neutralidade", o "bravo matutino" teve sua sede invadida pela polícia. Segundo informações fornecidas pelo próprio jornal, a invasão teria sido ordenada pelo interventor Ademar de Barros, delegado que Vargas fora buscar entre os deputados eleitos pelo Partido Republicano para a recém-dissolvida Assembleia Legislativa. Diretores e funcionários foram expulsos e o prédio permaneceu ocupado por soldados da Força Pública. No dia 7 de abril, o jornal voltou a circular com nova diretoria, articulada com os interesses da situação. A orientação governista foi mantida até 1945.

No dia 7 de dezembro de 1945, estando José Linhares na presidência da República, o governo estadual devolveu *O Estado de S. Paulo* a Júlio de Mesquita Filho mediante o reembolso da quantia que havia gasto na compra de ações e no aumento do capital da empresa. Júlio de Mesquita Filho voltou assim à direção do periódico, ao lado de Plínio Barreto. Léo Vaz permaneceu na chefia de redação, enquanto a direção administrativa, econômica e financeira voltou a Francisco Mesquita, assistido por Ibanez de Morais Sales, Francisco Pereira Leite e Francisco de Castro Ramos.[15]

Desde sua fundação, *O Estado de S. Paulo* apresentou algumas características singulares no quadro da imprensa brasileira, como, por exemplo, constância e coerência na defesa dos postulados liberais, e a constante "autodefinição" como órgão de oposição aos governos constituídos. Além disso, deve-se ressaltar ainda a "permanente e sempre reiterada preocupação política do jornal de – para além de sua função informativa – se apresentar como 'órgão modelador da opinião pública'".[16]

Ainda a respeito do modelo político defendido pelo periódico, e considerado "ideal" para o país, além de nortear-se pelos princípios liberais, deveria consubstanciar-se na prática da democracia. Nesse

---

15 Nesse momento, por volta de 1945, optaremos por interromper a descrição da história do jornal na medida em que, dessemelhante aos outros periódicos aqui analisados, *O Estado de S. Paulo* continua a existir. Além disso, prosseguir descrevendo sua história – e também a dos demais periódicos analisados, com exceção de *O Tempo* – implicaria adentrar em períodos que extrapolam nossa temática e trazem novas questões para o debate a respeito da ideologia, do posicionamento político e dos aspectos empresariais dos periódicos, que não serviriam para elucidar nenhuma questão com a qual aqui nos debateremos. Assim, desse ponto em diante apresentaremos uma reflexão a respeito de questões específicas presentes no ideário do jornal.

16 Capelato, Maria H. R. & Prado, Maria L. C. *O Bravo Matutino: imprensa e ideologia no jornal "O Estado de S. Paulo"*. São Paulo: Alfa-Ômega, 1980, Introdução, p.XIX.

sentido, "é na teoria política exposta por Locke e pelo Iluminismo francês que devemos buscar os fundamentos sobre os quais se assenta o pensamento político de 'OESP' (*O Estado de S. Paulo)*".[17]

No que se refere à democracia concebida pelos representantes do jornal, esta se afirmava no princípio da "soberania popular", que se manifestava através da "vontade geral do povo", a qual, em termos práticos, era a vontade da maioria dos cidadãos ativos expressa mediante eleições.[18] Essa "vontade geral do povo" parece ter sido objeto de fundamental atenção por parte dos representantes de "OESP", e isso justifica o empenho do jornal no delineamento de uma "opinião pública" liberal através de seus editoriais, empenho que, em nossa concepção, era indispensável, uma vez que não existe proposta política – e lembremos que o chamado "Grupo do Estadão", formado pelos representantes do jornal, atuava politicamente, sobretudo através do Partido Democrático (PD),[19] apresentando suas propostas para São Paulo e para o Brasil – que "possa se desenvolver por muito tempo [...] sem vínculos estreitos com as tendências dominantes da opinião pública".[20]

No entanto, "as contingências históricas" acabaram forçando os representantes do periódico a assumir por vezes posições "bastante divergentes desses compromissos teóricos",[21] fazendo que os indivíduos pertencentes ao grupo político constituído em torno de "OESP" fossem, em geral, primeiramente coerentes com a realidade concreta e depois com os princípios teóricos consagrados pelo jornal. Assim, podemos perceber que esses "defensores do liberalismo" procuraram adaptar a teoria à necessidade dos inte-

---

17 Capelato; Prado, op. cit., p.91.
18 A democracia norte-americana era um dos modelos defendidos pelos membros do corpo editorial de "OESP".
19 A respeito do Partido Democrático e das relações dos representantes de "OESP" com o partido, ver Prado, Maria L. C. *A Democracia Ilustrada. (O Partido Democrático de São Paulo, 1926-1934)*. São Paulo: Ática, 1986.
20 Becker, Jean-Jacques. "A opinião pública". In: Rémond, René (org.) *Por uma História Política*. Rio de Janeiro: Editora UFRJ/FGV, 1996, p.205.
21 Capelato; Prado, op. cit., p.98.

resses que defendiam, e assim elaboraram seu projeto ou arcabouço ideológico.

O ideário dos representantes do jornal não se caracterizava por uma visão imediatista dos problemas econômicos, sociais e políticos de São Paulo e do Brasil. A atuação política do jornal "procurava se orientar por um projeto idealizado para o Brasil e para São Paulo, cujas bases se prendiam ao corpo de ideias que compõe a doutrina liberal e à experiência política de outros países".[22]

Um outro componente ideológico presente em "OESP", e que nos interessa em especial, é aquele que se refere ao comportamento do jornal em relação às questões que tratavam dos problemas ligados ao nacionalismo. Mesmo com o intuito de que o Brasil se tornasse uma grande potência, e se desenvolvesse economicamente, os representantes do jornal, como Júlio de Mesquita Filho, não costumavam atribuir relevância às correntes nacionalistas, defendendo em geral apenas os princípios do liberalismo. Entretanto, se considerarmos essa questão a partir de uma outra perspectiva – a política –, podemos apontar a presença de componentes nacionalistas na ideologia do jornal

> [...] quando o nacionalismo é defendido como um empenho do grupo nacional no sentido de conquistar a independência política ou, no caso de já haver um Estado Nacional, de aumentar tanto quanto possível o prestígio desse Estado, como garantia à inviolabilidade da soberania nacional.[23]

Assim, tendo como traços mais marcantes de seu perfil ideológico a defesa da democracia, a perspectiva regionalista – ainda que com a predominância da elevação do ideal de Nação –, uma visão de sociedade a partir da classe dominante e o anticomunismo, os valores liberais em "OESP" se reformularam constantemente no ideário de seus representantes, procurando sempre modelar o

---

22 Ibidem, p.23.
23 Ibidem, p.125.

comportamento político de seu público leitor. Essas mudanças de posicionamento do jornal ao longo dos anos, com relação a determinadas questões, devem ser interpretadas, de acordo com Capelato (1974, p.89), como características da adaptação da doutrina liberal a uma realidade histórica e às necessidades do momento.

Correio da Manhã

O jornal *Correio da Manhã* foi fundado em 15 de junho de 1901, por Edmundo Bittencourt. Sua criação em certa medida pode ser relacionada à Revolução Federalista, ocorrida nos primeiros anos da República (1893-1894) no estado do Rio Grande do Sul, e aos eventos que a ela se sucederam no cenário político brasileiro.

Edmundo Bittencourt estava vinculado aos federalistas, pois ainda no Segundo Reinado havia iniciado sua carreira jornalística em Porto Alegre, colaborando em *A Reforma*, jornal pertencente ao conselheiro Gaspar Silveira Martins. De alguma forma, essa formação "gasparista" e portanto oposicionista parece explicar a feição "participante e combativa" que Bittencourt viria imprimir a seu jornal.

Declarando-se isento de qualquer tipo de comprometimento partidário, o *Correio da Manhã* apresentou-se como o defensor "da causa da justiça, da lavoura e do comércio, isto é, do direito do povo, de seu bem-estar e de suas liberdades".[24] Ademais, o periódico causou grande impacto por sua postura independente diante da situação, vindo romper com os "louvores a Campos Sales", então presidente da República. Por fim, outra característica do matutino no momento de sua fundação foi sua aproximação com as camadas menos favorecidas da sociedade. Em seu editorial inaugural, onde

---

24 Sodré (1999, p.287) lembra mais um compromisso do jornal, no momento de seu 4º aniversário, em 1905: "Veio para lutar, resoluta e serenamente, em prol dos interesses coletivos sacrificados por uma administração arbitrária e imoral. Venceu por isso".

se vê a marca de Bittencourt, o jornal declarava-se "um jornal de opinião":

> A praxe de quantos até hoje têm proposto pleitear no jornalismo nosso a causa do direito e das liberdades populares tem sido sempre a afirmação antecipada, ao público, da mais completa neutralidade. Em bom senso, sabe o povo que essa norma de neutralidade com que certa Imprensa tem por costume carimbar-se, é puro estratagema para, mais a gosto e a jeito, poder ser parcial e mercenária. Jornal que se propõe a defender a causa do povo não pode ser, de forma alguma, jornal neutro. Há de ser, forçosamente, jornal de opinião. (apud Andrade, 1991, p.69)

A primeira campanha encampada pelo jornal – o combate ao aumento no preço das passagens dos bondes da Companhia São Cristóvão – traduzia de maneira significativa esse interesse pelo direito das massas. Desde o primeiro número, o *Correio da Manhã* fez também campanha contra os jogos de azar e denunciou os funcionários públicos que extorquiam dinheiro de comerciantes. Seus colaboradores faziam questão de chamar a atenção para os movimentos operários em todo o mundo, e para a característica coercitiva das leis brasileiras perante as reivindicações das camadas mais pobres, com o jornal destacando em suas páginas passeatas e movimentos coletivos.

A postura oposicionista do *Correio da Manhã* foi exposta pelo próprio jornal, em edições comemorativas posteriores, como o "combate ao controle do poder pelas oligarquias que tentaram durante a Primeira República deter o país num estágio agrícola de produtor e exportador de matérias-primas e importador de manufaturas".

O jornal era na verdade uma espécie de frente organizada para opor-se à situação. Bittencourt aceitava a colaboração de indivíduos das mais diversas tendências, como o Conde Afonso Celso, monarquista convicto, e Medeiros e Albuquerque, simpatizante do florianismo. Dessa maneira, o proprietário empenhava-se em recusar um caráter neutro para seu jornal, e sua personalidade funcionava como uma espécie de denominador comum entre as diferentes – e divergentes – opções políticas de seus colaboradores, fazendo que sua presença e atuação viessem a se constituir na verdadeira força motriz do periódico nessa primeira fase.

Essa relação entre proprietário e jornal e entre proprietário e corpo de redatores é descrita em *Recordações do escrivão Isaías Caminha* (1909), em que Lima Barreto, segundo seu biógrafo Francisco de Assis Barbosa, faz detida análise do *Correio da Manhã* nos primeiros anos de sua existência. Fazendo referência a Edmundo Bittencourt, ele dizia no texto que nenhum dos seus redatores "tinha uma personalidade suficientemente forte para resistir ao ascendente da sua". Ainda que alguns fossem mais "ilustrados" que Bittencourt, segundo Lima Barreto eram "[...] medíocres de caráter e inteligência", de maneira que a "[...] ação deles no jornal recebia... o sinete de sua [de Bittencourt] paixão dominante, a sua característica; e esta era, a despeito de sua fraca capacidade intelectual, a resistência que o seu cérebro oferecia ao trabalho mental contínuo".[25]

Mantendo-se portanto avesso tanto à neutralidade quanto ao compromisso partidário, e apoiando os setores menos favorecidos, o jornal na verdade não fazia mais que arregimentar elementos para o que se poderia chamar de uma clientela urbana que daria conta da tradição legalista do jornal daí em diante. A orientação oposicionista baseada no respeito incondicional à letra da lei, atacando qualquer forma de intervencionismo do Estado e pugnando pelo primado dos preceitos liberais, tendia a cristalizar-se.

Contudo, pode-se dizer que foi por ocasião dos debates para a sucessão do governo de Afonso Pena (1908), e dos fatos que se seguiram, que se definiu de forma inequívoca a atuação política do *Correio da Manhã* durante a Primeira República. Com a desarticulação da candidatura de Davi Campista, o jornal aproximou-se de Hermes da Fonseca. No momento em que o marechal se

---

25 Cf. Leal, 2001b, p.1626.

declarou candidato, renunciando à pasta da Guerra, Rui Barbosa, que naquele momento ainda não havia lançado sua candidatura, manifestou-se contrário à eleição do ex-ministro, manifestação que trazia consigo o evidente desejo por parte de Rui Barbosa de ser presidente da República.

A aproximação do jornal com Hermes da Fonseca era o reflexo da relação de determinados setores civis com o Exército. O rompimento de Fonseca com a situação parece ter favorecido o apoio inicial a ele concedido pelo jornal, afinal, o marechal era o candidato defendido por cidadãos "fora dos círculos partidários", não estando portanto comprometido com interesses oligárquicos.

No entanto, após a convenção ocorrida em maio de 1909, que confirmou a indicação do marechal, a atitude do *Correio da Manhã* sofreu uma alteração radical, passando a encampar a candidatura de Rui Barbosa, antes criticado ironicamente pelo periódico. Uma vez tendo Hermes da Fonseca se aproximado das oligarquias e perdido o apoio popular, não mais se justificava apoiar sua candidatura.

Nessa fase, o jornal, que havia dado boa acolhida ao governo de Nilo Peçanha, passou a atacá-lo com veemência, provavelmente por conta das atitudes tomadas por este contra o antigo ministério, as quais pareciam indicar uma orientação pró-hermista. No momento em que Rui Barbosa confirmou sua candidatura, em agosto de 1909, o *Correio da Manhã* ingressou a seu lado na Campanha Civilista. A partir desse instante, Hermes da Fonseca passou a ser considerado o "candidato dos analfabetos".

Com o advento da Primeira Guerra Mundial, Edmundo Bittencourt, como mais uma demonstração de independência, dirigiu seu jornal para uma posição simpática à Alemanha, tendência que contrastava com a anglofilia que iria predominar a partir de 1929.

Em 1919, o jornal apoiou mais uma vez a candidatura de Rui Barbosa à presidência, combatendo seu opositor, Epitácio Pessoa. Diante da vitória deste último, o *Correio da Manhã* seguiu sua tradição e capitaneou a oposição a seu governo.

Mais à frente, em julho de 1922, Edmundo Bittencourt, ao manifestar-se acerca do levante dos 18 do Forte, acabou preso por sua posição antibernardista, exatamente durante a campanha sucessória. Em sua ausência o jornal foi dirigido por Mário Rodrigues, que levantou acusações contra o presidente Epitácio Pessoa, sendo também condenado a um ano de prisão. Com o falecimento de Leão Veloso Filho em 1923, o senador alagoano Pedro da Costa Rego tornou-se redator-chefe do periódico.

O *Correio da Manhã* foi um dos jornais a demonstrar simpatia pelos rebeldes das revoluções de 1922 e 1924. Em agosto de 1924, o jornal teve sua circulação suspensa a pretexto de estar imprimindo em suas oficinas o folheto clandestino denominado *Cinco de Julho*, que supostamente divulgaria as propostas tenentistas. O jornal só voltou a circular em maio de 1925. No momento da aprovação da Lei de Imprensa pelo Senado, em 1927, sob o governo de Washington Luis, ainda como grande órgão da oposição, o jornal bradou contra a lei, "infame e celerada".

Quando se iniciava a campanha sucessória de Washington Luis, em março de 1929, Edmundo Bittencourt transmitiu a direção do *Correio da Manhã* a seu filho, Paulo Bittencourt. Suas palavras, em um artigo de 17 de março de 1929, demonstram sua concepção a respeito do que era e do que deveria continuar sendo o *Correio da Manhã*:

> [...] As atitudes do *Correio da Manhã*, durante perto de trinta anos de *intervenção* na vida nacional, não deixam margem à indiferença. Perseguições, lutas quase incessantes, toda sorte de obstáculos, este jornal venceu unicamente pela força do favor público, da simpatia e do estímulo que jamais lhe faltaram. É a esse público, profundamente amigo, que hoje devemos uma explicação.
>
> Uma palavra basta para definir a carreira do *Correio da Manhã* até hoje: a coragem. Com uma temeridade espantosa, o fundador desta folha repetidas vezes arriscou a própria vida, provocando quase o perigo para melhor desprezá-lo depois [...]
>
> O *Correio* não começa hoje uma fase nova. Continuará sempre na brecha, *pronto para entrar nas lutas inspiradas no patriotismo e interesse geral* [...]. (apud Andrade, 1991, p.85-86, grifo nosso)

No mês de maio de 1930, o matutino protestou veementemente contra o manifesto que havia sido divulgado por Luis Carlos Prestes, no qual este se opunha à Aliança Liberal. Contudo, um mês adiante, confirmada a vitória de Júlio Prestes, o jornal manifestou sua decepção perante os acontecimentos, acatando os resultados eleitorais. Essa posição, equidistante dos extremos, apontava em última análise uma aproximação da linha editorial do jornal com as perspectivas tenentistas.[26]

Sob uma manchete que anunciava em letras vermelhas "Triunfou a revolução", em 24 de outubro de 1930, o jornal iniciou a cobertura dos fatos relacionados com os primeiros movimentos da revolução. O editorial desse dia enfatizava o clima de censura imposto pelo governo Washington Luis à "imprensa independente", classificando ainda o referido governo de "criminoso" e "detestável", por conta da proibição governamental para a publicação de notícias a respeito do acontecido, nos cinco dias anteriores.

Para o jornal, a Revolução de 1930 teria duas causas básicas: a política partidária que impunha a hegemonia dos estados mais fortes; e a posição tomada anteriormente por Washington Luis em relação à valorização do café. Nessa análise, pode-se notar a conjugação de elementos do programa tenentista, encampado pelo jornal, e de proposições vindas do descontentamento do Partido Democrático de São Paulo, avolumado por dissidentes do PRP.[27]

Esse conjunto de fatores seria, de acordo com a interpretação do jornal, consequência das transformações verificadas ao nível das ideias em todo o mundo após a Primeira Guerra Mundial. As novas ideias acabariam por estimular uma mudança no que se referia à estrutura social, provocando transformações nas bases da "velha sociedade capitalista" a abalando a crença na "democracia liberal", afetando "todas as classes mais ou menos cultas do país". E os

---

26 Cf. Leal, Carlos Eduardo. op. cit., p.1627.
27 A respeito das propostas do PD em São Paulo, como já mencionado anteriormente, ver Prado (1986).

adeptos da revolução, perante a essas circunstâncias, teriam vindo clamar por "representação e justiça".[28]

No momento da eclosão da revolução, o *Correio da Manhã* defendia essencialmente a realização de eleições sem pressões aparentes dos governos, o reconhecimento de deputados e senadores sem interferência do presidente da República, o respeito à autonomia dos estados e, sobretudo, a escolha do chefe do Executivo sem imposição do presidente em exercício.[29]

Durante o Governo Provisório, o jornal manteve-se numa posição ambígua, apoiando parcialmente Getúlio Vargas, e oscilando entre a situação e a oposição. Em 1932, mais especificamente em janeiro, aderiu claramente ao movimento paulista pela constitucionalização, através de uma série de editoriais. mas fez questão de ressaltar que não possuía ligação com qualquer partido político, procurando vincular-se o tempo todo às propostas defendidas no momento de sua fundação.

Já no ano de 1934, no momento em que se aceleravam os trabalhos da Assembleia Nacional Constituinte, o *Correio da Manhã*, dirigido então por M. Paulo Filho, teve a preocupação de fazer uma cobertura minuciosa dos trabalhos parlamentares, registrando tanto os assuntos em pauta como a atmosfera reinante na Assembleia. Expressão dessa preocupação foi o fato de que, a partir de janeiro daquele ano, embora continuasse reservando prioritariamente a primeira página para assuntos de política internacional, o jornal passou a manter diariamente duas colunas destinadas à cobertura da assembleia.

O jornal possuía também nessa época colunas assinadas,[30] entre as quais a mais significativa era a de Costa Rego, seu redator-chefe, que defendia o federalismo, denunciava a situação das contas do

---

28 Cf. Leal, Carlos Eduardo. op. cit., p.1627.
29 Lembremos que, como já dito no capítulo anterior, questões como essas vêm à tona durante o desenrolar do movimento sandinista e da intervenção norte--americana na Nicarágua.
30 Alguns dos artigos mais significativos a respeito do movimento sandinista foram colunas desse tipo.

Governo Revolucionário e criticava diversos atos do governo, como por exemplo o Decreto de Reajustamento Econômico.[31] Os editoriais do jornal, muitas vezes censurados, investiam igualmente contra o referido decreto, e desfechavam sucessivas críticas à imigração de elementos indesejáveis. Além de se opor à entrada de sírios e japoneses no país, o jornal atacava o governo pela ausência de planejamento no tocante à imigração.

A oposição do jornal a Vargas continuava. No entanto, o ápice das campanhas do jornal foi o lançamento, em 1937, da candidatura do ministro José Américo de Almeida à presidência da República através de um editorial censurado num dia e liberado no dia seguinte. Daí em diante, o *Correio da Manhã* sustentou a campanha, elogiando e destacando a figura de José Américo e publicando quase que diariamente cartas recebidas em apoio ao candidato.

No dia 5 de novembro de 1937, o *Correio da Manhã*, então dirigido por Paulo Bittencourt, e com Costa Rego na chefia da redação, denunciou o golpe que ocorreria dias depois. Logo em seguida ao 10 de novembro, iniciou-se o regime da censura rigorosa, com um censor instalado no jornal lendo todos os artigos. Nesse período, desenvolveu-se o chamado "estilo da censura", que resultou em artigos com uma mensagem política tão sutil que muitas vezes seu conteúdo não era apreendido nem pelo censor, nem pela imensa maioria dos leitores. Entre os articulistas que se esmeraram nessa técnica destacou-se o jornalista Rodolfo Mota Lima.[32]

O jornal prosseguiu durante todo o Estado Novo com sua característica oposicionista, e nos anos seguintes o jornal procurou manter-se no que denominava "ortografia da casa", ou seja, em sua linha política sem compromissos com quaisquer partidos e orien-

---

31 Esse decreto, promulgado para auxiliar os fazendeiros de café, cujas dívidas haviam aumentado em virtude da política cambial do governo, reduzia à metade as dívidas existentes em 1º de dezembro de 1933, desde que contraídas antes de junho do mesmo ano. Cf. Leal, Carlos Eduardo, op. cit., p.1628.

32 Lembremos, como dito na nota 15 deste capítulo, que o ano de 1945 foi estabelecido como data-limite para apresentação da história dos jornais neste trabalho.

tada por uma nítida inspiração liberal, linha que só perdeu muitos anos mais tarde, as vésperas de seu desaparecimento definitivo.[33]

As Folhas

A origem da Empresa Folha da Manhã S.A. remonta ao ano de 1921, quando Olívio Olavo de Olival Costa e um grupo de amigos montaram um jornal, a *Folha da Noite*. Tendo pertencido ao quadro de jornalistas de *O Estado de S. Paulo*, onde havia ocupado a função de redator, Olival Costa levou adiante o novo empreendimento, contando com a colaboração de Pedro Cunha, Léo Vaz, Mariano Costa e Artêmio Figueiredo, o primeiro grupo diretor do jornal.

Ainda que prosperasse rapidamente, a *Folha da Noite* teve sua circulação proibida entre 3 e 31 de dezembro de 1924, e seus diretores decidiram então lançar a *Folha da Tarde*, como artifício contra a censura, substituindo a *Folha da Noite*, que só ressurgiria em 1º de janeiro de 1925, com o mesmo nome. A *Folha da Tarde* contou, portanto, de início, em sua direção, com a mesma equipe da *Folha da Noite*. Ainda em janeiro de 1925, Olival Costa e Pedro Cunha lançaram um terceiro jornal, a *Folha da Manhã*, motivados pelo crescimento de seu primeiro empreendimento.[34]

Olival Costa ocupou o cargo de diretor da *Folha da Noite* de 19 de fevereiro de 1921 a 30 de outubro de 1930, e da *Folha da Manhã* de 1º de julho de 1925 a janeiro de 1931, quando foi constituída a Empresa Folha da Manhã S.A., na qual, embora também constasse como diretor, não tenha exercido efetivamente a função. Como primeiro redator-chefe da *Folha da Noite*, contudo, imprimiu à linha editorial do jornal uma circunspecta simpatia pela insurreição de 1922 no Rio de Janeiro, pela revolta de 1924 e pela candidatura de Júlio Prestes à presidência em 1930.

---

33 A respeito dos últimos anos do *Correio da Manhã*, ver Andrade (1991).
34 A atual *Folha de S. Paulo* entrou em circulação em 1960, tendo sido precedida, portanto, pelos três jornais criados entre 1921 e 1925.

Essa prudente afeição demonstrada pelo jornal transpareceu, embora fosse intenção explícita conferir ao periódico um caráter mais informativo do que de opinião, sem dano na oportunidade do exercício da crítica. O que o corpo de redatores procurava evitar era imprimir ao jornal uma linha editorial rígida, que implicaria a perda de um campo maior de manobra diante dos fatos a respeito dos quais o jornal deveria "informar" e poderia "opinar". Apesar disso, pode-se afirmar que a *Folha da Noite* nasceu como um jornal dirigido para o leitor urbano paulista, consequentemente com fortes traços antioligárquicos.

Empreendimento sem capital e infraestrutura prévios, a *Folha da Noite* surgiu como um periódico de formato pequeno, com oito páginas, destinado às camadas médias urbanas. De uma situação financeira precária – cabendo à edição seguinte pagar o custo da anterior, e assim sucessivamente –, em 1925 o empreendimento conquistou certa estabilidade financeira, instalando-se em oficinas próprias, firmando-se também junto do público leitor. A conquista do público ocorreu, entre outros artifícios, através da utilização do humor e da sátira, para não falar da ironia (haja vista o sucesso da criação de Belmonte, o Juca Pato), hábil instrumento de burla à rígida censura da Primeira República (Cohn; Hirano; Montalvão, 2001, p.2236).

A partir de 1925 passaram a existir então dois jornais, cada um deles dirigido a públicos diferentes: a *Folha da Manhã*, com linguagem mais sóbria, destinava-se a pequenos comerciantes e profissionais liberais; a *Folha da Noite*, jornal mais popular, voltava-se para a classe trabalhadora, chegando inclusive a conter em suas páginas artigos em vários idiomas, dada a origem estrangeira de grande parte do operariado.

Ainda que as *Folhas* não tivessem raízes oligárquicas e muito menos operárias, seu traço marcadamente paulista se refletiria nos acontecimentos de 1930. A Revolução de 1930 contou com a oposição das *Folhas*, que nesse momento se aliaram à oligarquia paulista, assumindo posição contrária aos revolucionários. Por conta dessa atitude, ambos os jornais foram empastelados na noite de 24 de outubro de 1930. Esses fatos ocorreram a despeito do ideário defendido pelas *Folhas* em anos anteriores ser bastante semelhante dos postulados da Revolução.

Opositoras do PRP, apoiando o PD então emergente, a *Folha da Noite* e a *Folha da Manhã* pouco se dedicavam aos assuntos da área econômica. Porém, quando o faziam, eram politicamente liberais[35] para aquela conjuntura, defendendo coerentemente uma política econômica liberal, posicionando-se contra o intervencionismo do governo no intuito de preservação da oligarquia cafeeira, e combatendo o protecionismo alfandegário em defesa da indústria nacional. Tal fato, como apontam Mota e Capelato (1981), frequentemente leva à interpretação de que os dois jornais eram, à época, anti-industrialistas. Contudo, enquanto jornais dirigidos às populações urbanas de média renda, o combate a qualquer medida que encarecesse o produto para esse perfil de consumidor era inevitável para a manutenção e ampliação de seu público leitor.

Empasteladas em 1930, com a vitória da Aliança Liberal, as *Folhas* deixaram temporariamente de circular. Seus despojos foram adquiridos por Octaviano Alves de Lima, filho da oligarquia cafeeira. Em janeiro de 1931 a empresa teve seu nome alterado para Empresa Folha da Manhã Ltda., e ganhou nova diretoria, que permaneceria até 1945. Com a entrada do novo grupo, os jornais adquiriram uma personalidade distinta da anterior.

No entanto, a maior preocupação das *Folhas* nesse período era o café, sendo o resto considerado de importância secundária. De acordo com Mota e Capelato (1981, p.95), a partir desse momento a proposta dos jornais era uma tentativa de restaurar a hegemonia perdida pelo setor cafeeiro a partir de 1930, apontando caminhos

---

35 Como ressalta Taschner (1992, p.26-27), nos anos 1920, no plano ideológico, prevaleceu o liberalismo que "traduzia-se por uma prática política excludente e por uma concepção restritiva de cidadania, a qual encarava as relações sociais do ângulo privatista de relações entre indivíduos, sobre as quais não se esperava ingerência do Estado, a não ser como guardião da ordem (isto é, como aparato repressivo) e não conferia legitimidade à problemática que emergia como 'questão social'".

para o desenvolvimento. Não existia mais, nessa segunda fase, a proposta de fazer um jornal popular, e os jornais – com a diminuição da importância da *Folha da Noite* – firmaram-se no debate político e econômico sempre se dirigindo à classe dominante.

Esse ideário se delineia por contornos bem definidos, configurando um projeto claramente articulado. Trata-se de um projeto liberal que, no plano político, se contrapõe ao governo Vargas, combatendo o Estado forte, centralizado, intervencionista e promotor de aliança com as massas; e no plano econômico propõe um desenvolvimento calcado na economia agroexportadora, entendida como lavoura e comércio de café, voltando-se inteiramente para o campo e se distanciando muito dos interesses urbanos.[36] Ainda que tenha sofrido alterações em função de questões internas e externas, esse projeto da segunda fase não se afastou dessas balizas fundamentais.

Pode-se também aferir a mudança na relação que se estabeleceu entre os jornais e seus donos, na primeira e na segunda fase de existência das *Folhas*. Na primeira, o jornal era fundamentalmente o ganha-pão de seus proprietários, enquanto na segunda Alves de Lima pretendia lançar-se a uma "aventura jornalística", sem preocupação com os lucros. Em ambas as etapas, porém, os jornais eram mercadorias e estavam organizados como empresas, mas o peso desse fato na determinação da mensagem emitida pelos jornais foi maior na primeira fase.

A partir de 1945, os jornais ingressam numa nova fase, completamente diferente das anteriores, voltada para uma burguesia modernizadora. Com um grande investimento na infraestrutura empresarial, José Nabantino Ramos preparou a empresa para todas as mudanças que iria implementar nos anos seguintes, que garantiram a estabilidade do grupo mesmo com crise política e inflacionária, por volta de 1960. Efetuada a fusão da *Folha da Manhã*, *Folha da Noite* e *Folha da Tarde* em um só jornal, a *Folha de S. Paulo*, Nabantino Ramos abandonou o jornal, comprado por Carlos Cal-

---

36 Cf. Mota; Capelato, 1981, p.65-66.

deira e Octavio Frias de Oliveira. Frias de Oliveira firmou-se como o *publisher* desse "novo jornal", e sua família permanece na direção do periódico até os dias atuais (Capelato, 2003a, p.40-41).

Como se pode notar, a orientação editorial das *Folhas* não foi constante: inicialmente apresentando traços antioligárquicos, o que explica sua simpatia pelos movimentos de 1922, 1924 e a forma amistosa como saudaram a fundação do PD, acabaram posteriormente na defesa do governo e em uma posição totalmente contrária à Aliança Liberal. As *Folhas* foram um empreendimento repleto de ambiguidades, e elas certamente se traduziram em uma concepção igualmente ambígua da mensagem dos jornais.

Oscilando entre assumir a causa da classe operária e tratá-la como mercado de consumidores; falar em nome dos funcionários públicos, mas não se declararem seus porta-vozes; cortejar as classes médias sem se identificar com elas, os jornais ora espelhavam as opiniões dos donos, ora se curvavam ante a preocupação de atender ao mercado. De resto, como afirma Taschner (1992, p.47), as "ambigüidades eram perversamente coerentes com o editorial de apresentação da *Folha da Noite*, onde o 'oportunismo' era erigido em virtude".

O Tempo

O jornal *O Tempo* foi lançado em São Paulo, em 30 de dezembro de 1930, como órgão de imprensa da Revolução de 1930, tendo sido criado a partir da apropriação dos bens pertencentes ao *Correio Paulistano* e ao Partido Republicano Paulista (PRP).[37] A edição do número um apresentava Sud Menucci como diretor do jornal e José d'Oliveira China como seu administrador. Em janeiro de 1931, Menucci foi substituído pelo "brilhante e intrépido jorna-

---

37 Segundo Sodré (1999, p.377), *O Tempo* pretendia, se instalando nas oficinas do *Correio Paulistano* e anexando-as à Imprensa Oficial, "ocupar o lugar dos velhos partidos políticos".

lista revolucionário Rafael Correia de Oliveira" (Cohn; Hirano, 2001, p.5733).

Como veículo de divulgação e promoção dos ideais da Legião Revolucionária, *O Tempo* apresentava a seguinte estrutura: na página nobre (a primeira) trazia artigos, entrevistas, editoriais de caráter político, exaltando o programa revolucionário e os ideais tenentistas e procurando destacar os acontecimentos cívico-militares promovidos em 1930. A segunda página era reservada para reverenciar os "tenentes militares e civis" desaparecidos; na terceira página eram publicados assuntos relativos à administração pública, sobretudo o noticiário oficial a respeito das portarias e decisões das secretarias de Estado. A página quatro era reservada aos assuntos culturais, a cinco aos esportes, cabendo à última página os assuntos nacionais e internacionais "não-doutrinários" e de interesse geral.[38]

Um dos primeiros temas a interessar o jornal foi a afirmação da adesão dos trabalhadores ao movimento de 1930, pois, de acordo com *O Tempo*, a classe trabalhadora estava

> [...] integrada no espírito da revolução... as greves criminosamente exploradas, mal-entendidos entre patrões e empregados, explorações de descontentes, nada poderá divorciar a massa trabalhadora dos dirigentes de hoje. (*O Tempo*, 1/1/1931 apud Cohn; Hirano, 2001, p.5733).[39]

Porém, o jornal não deixava ausentes de suas páginas as figuras militares: uma frase do pronunciamento do coronel Mendonça Lima foi transformada em fachada da edição do dia 2 de janeiro de

---

38 Ressalte-se que no caso das notícias publicadas acerca do movimento sandinista, um assunto internacional, elas ocuparam espaços de outras páginas do periódico, como veremos posteriormente neste trabalho.
39 Capelato (1988, p.16) ressalta que, como artifício de atração do leitor, *O Tempo* dizia-se porta-voz do povo, e "na tentativa de identificar-se com as camadas populares, expressava-se numa linguagem rude e bombástica", recorrendo amplamente às charges políticas, a ridicularização dos "cartolas" (membros do Partido Democrático, vários deles muito próximos de "OESP"), caracterizados como "políticos de elite".

1931: "Se o soldado sabe que é nas democracias legítimas o cidadão armado, precisa saber também que os melhores cidadãos como os melhores soldados não são nunca retardatários".

Rafael Correia de Oliveira, recém-empossado diretor do jornal, foi o autor da frase da edição do dia 10 de janeiro de 1931: "São Paulo, que foi o centro da reação mais forte, pelo poder da oligarquia organizada, é agora o porta-bandeira da revolução".

A vinculação de *O Tempo* à figura de Miguel Costa foi explícita: uma notícia da primeira página dessa mesma edição afirmava que "Miguel Costa [está] decididamente ao lado de São Paulo" (Cohn; Hirano, 2001, p.5733).

Em meados de janeiro os editoriais do jornal voltaram sua atenção contra o Partido Democrático (PD), elogiando a administração de João Alberto, "um administrador capaz, um homem público sincero e novo nos processos de dirigir o estado" (*O Tempo*, 31/1/1931 apud Cohn; Hirano, 2001, p.5733). O PD, por outro lado, defendia a Constituinte, e *O Tempo* dedicou editoriais ao assunto, defendendo que a Constituinte ocorreria quando as "conquistas revolucionárias" estivessem consolidadas.

No mês de março o jornal publicou o *Manifesto da Legião Revolucionária de São Paulo* à nação, atribuído a Plínio Salgado, enfatizando em seguida o apoio de Oliveira Viana ao documento dos legionários. Nesse momento, vários editoriais defenderam a censura à imprensa nos seguintes termos: "Liberdade de imprensa, sim. Mas, liberdade para a imprensa revolucionária identificada com os interesses e as aspirações do povo. Estabeleça-se, pois, a censura para a imprensa contra-revolucionária" (*O Tempo*, 20/3/1931 apud Cohn; Hirano, 2001, p.5733).

Haja vista sua estreita e manifesta vinculação com o governo, *O Tempo* foi constantemente levado a se defender de acusações segundo as quais o jornal estaria sendo financiado diretamente pelo próprio governo. Numa das respostas, Correia de Oliveira afirmou que o jornal contava apenas com os seguintes recursos: "Os oficiais excluídos da Força Pública de São Paulo, que, ao serem reintegrados, receberam um ano de vencimentos no total de 230 contos, subscreveram 67 contos e eu entrei com 15 contos" (*O Tempo*, 23/3/1931 apud Cohn; Hirano, 2001, p.5733).[40]

O combate ao PD se fez sem trégua: quando do rompimento daquele partido com o então presidente de Estado, João Alberto, *O Tempo* acusou os democráticos de "conservadores hipócritas", de "traidores de São Paulo", de "inimigos de São Paulo, esses agitadores sem finalidade".

Em meados do ano de 1931 ocorreu uma mudança na linha editorial do periódico: a partir do episódio da deportação de Otávio Brandão, o jornal passou a defender a liberdade de opinião e expressão, embora não abrisse mão de "alertar" para a criação de um "perigo comunista" no Brasil. Aproximadamente nessa mesma época Rafael Correia de Oliveira deixou a direção do jornal, e foi substituído por Ribas Marinho.

Ademais, para além das reformulações administrativas, deve-se atribuir as mudanças da linha editorial de *O Tempo* à evolução dos acontecimentos – depois do episódio com Brandão, o jornal inclusive defendeu maior urgência para a convocação da constituinte – e sobretudo à investida do governo em várias áreas, inclusive a da censura à imprensa. A edição que circulou no dia 16 de setembro de 1931 apresentou na íntegra as instruções, não assinadas e redigidas em papel sem timbre, que os diretores de jornais e agências telegráficas receberam cerceando a liberdade de imprensa (Cohn; Hirano, 2001, p.5733). A partir de então o jornal noticiou com assiduidade a prisão de intelectuais e operários, e os movimentos grevistas, e promoveu ampla cobertura ao I Congresso da Legião Revolucionária.

A edição do dia 29 de setembro publicou as resoluções do congresso, dentre as quais se incluía a seguinte: "quando for convocada a Constituinte, a Legião Revolucionária se transformará automaticamente em partido político com a denominação de Partido Popu-

---

40 Nogueira Filho (1965b, p.55) destaca que comandantes da Força Pública enviavam a sargentos e a cabos de destacamentos, no interior do Estado, "circulares solicitando que angariassem assinaturas para esse jornal, por ser o órgão da Revolução".

lar". No conflito entre Miguel Costa e o governo Vargas, o jornal reafirmou seu miguelismo, reiterando que Costa permaneceria na chefia da Legião Revolucionária e no comando da Força Pública. Em seguida, *O Tempo* foi substituído pelo *Correio da Tarde*, e, em maio de 1932, esse jornal foi empastelado pela multidão. De acordo com a interpretação de Paulo Nogueira Filho, de Heliodoro Tenório e Odilon A. de Oliveira, nos primeiros meses de 1932, tanto *O Tempo* como a Legião Revolucionária já não mais existiam em termos formais, tendo seu lugar sido ocupado pelos seus "herdeiros", o *Correio da Tarde* e o Partido Popular Paulista.

Periódico controvertido, *O Tempo* deu margem a inúmeras interpretações de sua linha editorial, sobretudo pelo fato de que ela sempre tratou de temas por si polêmicos. Exemplo disso foi o apoio ou não do jornal aos comunistas. De acordo com Paulo Nogueira Filho:

> *O Tempo* sustentou [...] a campanha comunista [...] Uma voz que simpatizava com o interventor João Alberto afirmava, no Rio, que a rapaziada de *O Tempo*, até na crônica militar, defendia idéias acentuadamente comunistas [...] No grupo dos escribas legionários tidos como vermelhos, era preciso distinguir os que, devidamente doutrinados, seguiam a orientação marxista-leninista ortodoxa, daqueles que conheciam o fenômeno bolchevista apenas pela rama. Os primeiros agiam em função das diretrizes de Moscou [...] Os segundos, bem mais numerosos, melhor se enquadravam na categoria de 'palpiteiros' [...] Na verdade, dentre estes, o maior número jamais cogitou de bolchevizar o Brasil, mas intimidar a burguesia, principalmente a que se arregimentava sob a bandeira do Partido Democrático (Nogueira Filho, 1965b apud Cohn; Hirano, 2001, p.5734).[41]

---

41 Cabe aqui esclarecer que, apesar de Cohn e Hirano remeterem, em seu verbete sobre *O Tempo* no DHBB, ao tomo "O Partido Democrático e a Revolução de 1930" da obra *Ideais e Lutas de um Burguês Progressista*, de Paulo Nogueira Filho, muitas das informações foram na verdade retiradas do primeiro volume (Ocupação Militar) do segundo tomo, "A Guerra Cívica, 1932", inclusive a citação acima. A obra de Nogueira Filho possui ao todo dois tomos, contando o primeiro (O Partido Democrático e a Revolução de 1930) com dois volumes, e o segundo (A Guerra Cívica, 1932) com cinco volumes.

No entanto, o que mais nos interessa aqui é analisar como um periódico de feições tão diversas aos demais elencados interpretou o conflito envolvendo Nicarágua e Estados Unidos, na medida em que chegou a haver, inclusive, por parte do jornal, uma identificação entre a ação revolucionária nicaraguense e o ímpeto "revolucionário" brasileiro. Nesse intento, as contradições destacadas na linha editorial de *O Tempo* podem até mesmo enriquecer as possibilidades da interpretação. Ressalte-se ainda que, dos periódicos utilizados, *O Tempo* é aquele do qual possuímos o menor volume de informações a respeito de sua história, até mesmo por seu curto período de existência e circulação. Isso, entretanto, não exclui sua importância, na medida em que se constitui aqui no único exemplo de jornal amplamente apoiado pelo governo no pós-1930, ainda que de maneira fugaz.

A imprensa brasileira e a "outra" América

Veículos de grande importância para a disseminação das ideias da intelectualidade brasileira das primeiras décadas republicanas, os jornais foram espaço privilegiado para a discussão de diversos projetos para a "edificação" do Brasil enquanto potência na América. Essa discussão se deu, evidentemente, a partir da comparação com os outros "exemplos" latino-americanos e, principalmente, tendo como referencial a "grande potência do Norte", os Estados Unidos da América.

A intelectualidade brasileira do início da República trouxe consigo, do Império, a afirmação do Brasil enquanto país diferenciado dos demais latino-americanos, da "outra" América. Os intelectuais – atuando como ensaístas, políticos, educadores, diplomatas ou jornalistas – procuraram compreender as razões do progresso norte-americano em face do atraso brasileiro e dos demais países do continente. Apesar de divergirem com relação as suas concepções acerca dos Estados Unidos, a importância do referencial norte-americano não podia ser desprezada, e foi a partir da visão que se construiu dos Estados Unidos que os jornais aqui analisados interpretaram o conflito entre esse país e a Nicarágua.

De acordo com Baggio (1998, p.25-26), duas vertentes principais debateram nos jornais e revistas da época[42]: uma delas valorizava a tradição ibérica, afirmando a originalidade brasileira proveniente de suas origens portuguesas; outra recusava essa "herança", contrapondo às tradições monárquicas portuguesas o modelo republicano e liberal-democrático dos Estados Unidos.

No seio dessa discussão estavam presentes, entre outras, as questões do pan-americanismo e do imperialismo. Conforme ressalta Moura (1991, p.17), pode-se dizer que as relações políticas entre EUA e América Latina, na virada do século XIX para o XX, podem ser vistas em duas linhas complementares e, em certa medida, contraditórias. De um lado, havia um esforço em articular as nações do continente de forma diplomática, por meio de reuniões coletivas – as Conferências pan-americanas, ou interamericanas; esta era a tendência de atuação através do pan-americanismo. De outro lado, as relações dos EUA com seus vizinhos seguiam a lógica do interesse exclusivo, sendo costumeira a utilização de métodos de coação política e de uso da força; esta era a vertente propriamente imperialista da política externa norte-americana da época, ainda que a primeira tendência também contivesse, evidentemente, inúmeros elementos de coerção e dominação, políticos, econômicos, culturais e até mesmo científicos.

A política do pan-americanismo, iniciada no fim do século XIX com o intuito de incentivar a integração dos países americanos sob a hegemonia dos EUA, foi discutida nas páginas dos periódicos e em diversas obras publicadas nesse período, que se dedicaram a uma reflexão acerca da América Latina, tendo como resultado, em sua maioria, uma "visão negativa sobre as nações hispânicas, contrastando com uma visão positiva sobre o Brasil".[43]

---

42 A autora analisa o período compreendido entre o fim do Império e as três primeiras décadas republicanas.
43 Cf. Capelato, 2000, p.292. Como exemplos dessas obras, poderíamos citar *A ilusão americana* (1893), de Eduardo Prado, e *Pan-americanismo* (1907), de Oliveira Lima.

Críticos ou defensores do pan-americanismo, esses de certa forma mais próximos dos EUA, não puderam deixar de se posicionar com relação à intervenção norte-americana na Nicarágua. Mesmo aqueles que viam nos EUA um modelo de progresso e civilização, como é o caso do grupo diretor de *OESP*, passaram a visualizar o "irmão do Norte" como uma ameaça à soberania nacional – princípio fundamental do liberalismo defendido pelos periódicos aqui elencados – e ao desenvolvimento dos países latino-americanos no seu conjunto.[44] As ações contra o movimento sandinista provocaram reação por parte de vários setores da sociedade,[45] e os órgãos da "grande imprensa" protestaram contra o fato. Esses "protestos" são o objeto de análise deste trabalho.

Assim, conforme ressalta Capelato (2000, p.298), pode-se notar que, apesar da significativa penetração, no Brasil, da política do pan-americanismo nas primeiras décadas republicanas, houve reação aos EUA, e a despeito das visões negativas sobre as nações hispânicas, houve manifestações de solidariedade aos países agredidos pelos norte-americanos. Intervenções, como, por exemplo, a efetuada em terras nicaraguenses suscitaram propostas de unidade para a defesa das soberanias nacionais ameaçadas pelo domínio do Norte.[46] O viés agressivo da política externa norte-americana provocou, por parte dos jornais brasileiros, reações mais contundentes do que as provocadas pelas insistentes negociações diplomáticas em torno do pan-americanismo.

---

44 Capelato, 2000, p.297.
45 Como exemplo, vejamos uma nota publicada em *OESP*, no dia 29/1/1927, p.02:
   A MANIFESTAÇÃO DE PROTESTO REALIZADA NA UNIVERSIDADE CARIOCA – Buenos Aires, 28 (A.) – A Federação Universitaria, desta capital, recebeu um telegramma de sua similar no Rio de Janeiro, informando sobre a manifestação de protesto realizada na Universidade carioca, por motivo da intervenção dos Estados Unidos na Nicarágua. (A grafia foi mantida conforme o original).
46 Para maiores detalhes a respeito da produção da intelectualidade brasileira de fins do Império e das primeiras décadas republicanas, temas predominantes e questões principais, ver Baggio (1998), Beired (1999) Capelato (2000) e Miceli (2001).

Na década de 1920, o controle político e econômico por parte dos EUA no Caribe e América Central criou uma tranquilidade relativa nas relações interamericanas. Essa "tranquilidade" foi abalada justamente pela eclosão do movimento liberal em terras nicaraguenses, e o abalo foi aprofundado a partir do momento em que Sandino passou a liderar tropas independentes, negando qualquer tipo de acordo com os diplomatas norte-americanos.

No Brasil dos anos 1920, a crítica de oposição dos jornais aqui analisados ecoou em sua interpretação do conflito entre Nicarágua e Estados Unidos. Apesar das mudanças ocorridas na política interna e externa brasileira a partir de 1930, e ainda que alguns periódicos tenham redirecionado sua orientação política no pós-1930 – caso das *Folhas*, antes oposicionistas e depois governistas, inclusive por conta de seu empastelamento e da mudança de seus proprietários –, a crítica à intervenção norte-americana prevaleceu, como veremos no caso do jornal *O Tempo*, órgão oficial da Legião Revolucionária em São Paulo.

Vejamos então, a começar no próximo capítulo, as características das interpretações elaboradas pelos periódicos, em meio a essa profusão de ideias e projetos, de debates e embates – internos e externos –, com relação ao conflito envolvendo Nicarágua e EUA.

3
PAN-AMERICANISMO, IMPERIALISMO E INTERVENÇÃO: "REGISTRANDO" E "COMENTANDO" O CONFLITO

Desde as primeiras décadas do século XIX, com o advento da Doutrina Monroe, as relações entre a América Latina e os Estados Unidos foram mediadas a partir das concepções da política externa norte-americana. Munidos de argumentos diversos, desenvolvidos a partir da referida doutrina e do "Destino Manifesto", os EUA, concomitantemente, erigiram-se enquanto principal potência econômica e, sobretudo, militar do continente americano.

As ações políticas do Departamento de Estado adquiriram, com o passar dos anos, desdobramentos bélicos até atingirem um estágio em que algumas questões ou contendas, envolvendo os "interesses" norte-americanos, foram "solucionadas" através de intervenções armadas com o desembarque nos países dos famosos – e famigerados – *marines*, os fuzileiros navais dos EUA.

Ocorrendo paralelamente às ações diplomáticas, políticas e culturais do governo dos Estados Unidos, de empresas e de grupos norte-americanos diversos espalhados pelos territórios do continente, essas demonstrações de força e de intolerância costumavam ser justificadas em nome da defesa dos interesses dos cidadãos norte-americanos que residiam nos países invadidos, ou da manutenção do bem-estar e da democracia em países que, segundo os argumentos de presidentes, secretários de governo e da imprensa dos EUA, não eram capazes nem mesmo de manter a ordem política interna em suas nações.

Uma manifestação dessa política foi a intervenção militar – não a primeira, tampouco a última – em terras nicaraguenses, no ano de 1927. Contando com o apoio e a solicitação de grupos locais, os *marines* desembarcaram na Nicarágua e lá permaneceram até o ano de 1933. Garantiram a proteção dos "cidadãos norte-americanos", fiscalizaram eleições, propuseram tratados que levaram ao poder aqueles que interessavam e, principalmente, asseguraram a manutenção dos privilégios das empresas *yankees* instaladas naquele país da América Central.

Essa intervenção motivou, na época, inúmeras manifestações de desaprovação e repúdio ao redor do mundo. Grupos das mais diversas procedências – estudantes, políticos, religiosos, intelectuais – protestaram publicamente contra os desmandos do *State Department*, ainda que vários desses grupos fossem admiradores das instituições e da estrutura da sociedade norte-americana, modelo democrático a ser seguido.

Além das inúmeras expressões de desaprovação veiculadas, nos mais diversos países, através de jornais, de passeatas, de pronunciamentos diplomáticos, houve uma voz altiva que se ergueu em defesa da soberania nacional nicaraguense, e que tornou impraticável aos admiradores dos EUA a omissão diante da polêmica. Essa voz era a de Augusto "César" Sandino, que constituiu um exército para combater as tropas de intervenção, e que acumulou – como vimos no primeiro capítulo – ao longo dos anos de luta (1926-1934) e mesmo após eles, defensores e adversários por todas as partes.

A repercussão de sua luta foi realmente significativa e, em meio à tentativa de promoção, por parte dos EUA, dos valores pan-americanistas, as ações e propostas do movimento sandinista fizeram prevalecer nas páginas dos jornais de todo o mundo, e também do Brasil, a temática do imperialismo em suas colorações mais sombrias.

Neste capítulo apresentaremos a análise do material jornalístico que contempla uma das faces da abordagem – o debate acerca da contradição entre o imperialismo e o pan-americanismo – nos jornais, do conflito entre Nicarágua e Estados Unidos. O momento em que essa abordagem se dá de maneira mais evidente está localizado entre os anos de 1926 e 1929, mas a produção enfocando esses temas se estendeu até o fim do conflito. Num primeiro momento, a produção está focada, sobretudo, na questão da intervenção militar das tropas de fuzileiros na Nicarágua e, num segundo e terceiro momentos, as notícias publicadas passam a tratar do debate entre a prática imperialista e o discurso pan-americanista dos norte-americanos, tendência que permanecerá até o fim do período.[1]

O "Imperialismo yankee"

Os primeiros artigos e notas veiculadas pelos jornais brasileiros, em 1926, faziam referência à "Guerra Constitucionalista" iniciada naquele ano. Primeiramente, surgiram as notas das agências internacionais, que serviam para apresentar a questão aos leitores brasileiros que, até então, muito pouco sabiam a respeito daquele pequeno país da América Central que praticamente não frequentava as páginas dos jornais brasileiros.

Para que tenhamos um exemplo desse tipo de veiculação, vejamos a primeira notícia publicada por *OESP*, datada de 5 de maio de 1926, abordando especificamente a questão do movimento revolucionário liderado pelos liberais. Vejamos o conteúdo da nota:

---

1 É evidente que notícias a respeito de Sandino e do movimento liderado por ele também aparecem, paralelamente ao material que analisaremos neste capítulo, mas privilegiaremos a discussão, neste terceiro capítulo, das notas e artigos que problematizaram a intervenção, num momento de esforço explícito, por parte dos EUA, de defesa e propagação dos ideais do pan-americanismo. Os textos a respeito do movimento sandinista e seu líder serão objeto de análise do quarto capítulo desta dissertação.
A maior parte da análise referente ao jornal *O Estado de S. Paulo* é proveniente de Sebrian, 2002.

> **Movimento Revolucionário – Navio de guerra norte-americano enviado a Bluefield – Washington, 4 (H)**
> O departamento da Marinha recebeu telegrammas com a notícia de que os revolucionários nicaraguenses, do partido liberal, tomaram a cidade de Bluefield, depois de renhido combate com as forças legaes.
> Os mesmos despachos que, aliás, causaram surpresa nos meios officiaes, accrescentam que o Congresso de Nicaragua proclamou o estado de guerra, permitindo ao mesmo tempo o commercio de armas.
> O governo americano telegraphou ao cruzador "Cleveland", atualmente no Panamá, ordenando que parta immediatamente para Bluefield, afim de proteger os interesses americanos.[2] (*OESP*, 5 maio 1926, p.1)

Vimos aqui, em transcrição integral, a primeira nota que se refere diretamente ao conflito na Nicarágua em *OESP*. Nesse breve trecho, consta uma informação que pode nos esclarecer a respeito de qual seriam as atitudes dos norte-americanos em relação ao conflito. Ao primeiro sinal de revolução, envia-se um cruzador de guerra para "proteger os interesses americanos".

Sob a justificativa de "proteger os interesses americanos" na Nicarágua, é que vão se desenvolver os primeiros atos da política externa norte-americana. Os artigos produzidos por *OESP* acom-

---

2 As informações jornalísticas veiculadas pelo jornal *O Estado de S. Paulo* – e nos demais jornais pesquisados – a respeito do processo de luta revolucionária na Nicarágua se apresentavam essencialmente de duas maneiras: na forma de notas, ou telegramas internacionais; e na forma de editoriais ou artigos que tratavam especificamente do processo de conflito, podendo estes estar localizados nos mais diversos locais dos periódicos.
A grafia foi conservada conforme no original, até mesmo para demonstrar o choque repentino causado pela notícia de um movimento revolucionário na Nicarágua, fato que se pode notar na grafia errônea da cidade nicaraguense. Onde se deveria grafar "Bluefields" aparece "Bluefield", fato que se pode atribuir a um erro de grafia, mas também as exíguas informações que os países, e mesmo as agências de notícias internacionais, possuíam em relação à Nicarágua.

panham esse percurso ideológico e procuram se desenvolver com o intuito de esclarecer a "opinião pública" dos reais interesses norte-americanos que motivaram a intervenção na Nicarágua.

Para compreendermos melhor esse posicionamento dos Estados Unidos, devemos lembrar algumas das características básicas da política externa norte-americana na época. O conflito entre os dois países ocorre no contexto da chamada *Big Stick Policy*, iniciada com o Corolário Roosevelt à Doutrina Monroe, em 1904. Nesse período, podemos assistir à reafirmação não só do sistema americano, como do império americano.

O Corolário representou uma nova abordagem para os assuntos hemisféricos e era um reforço à Doutrina Monroe,[3] que até então não possuía mecanismos palpáveis e reais de implementação. O Corolário assegurava aos Estados Unidos o direito de intervenção e interferência nos assuntos hemisféricos. Tal direito, e o papel de "polícia hemisférica", seria exercido caso se comprovasse que uma nação era "incapaz" ou não "desejava conduzir sua política de forma responsável, ameaçando a estabilidade do hemisfério".

Devemos entender o Corolário Roosevelt como "um desenvolvimento natural do caminho da expansão do poder norte-americano em seu continente, como também um reflexo imediato das concepções mais gerais de política externa", defendidas pelo então presidente Theodore Roosevelt.[4] E essa expansão do poder dos Estados Unidos naquele momento passava pelo território nicaraguense.

Os interesses norte-americanos na Nicarágua estavam evidentes desde a assinatura do Tratado Bryan-Chamorro (1916), que concedeu aos EUA o direito exclusivo de abrir um canal transoceânico pelo istmo, além de outros privilégios estratégicos. Quando do surgimento do movimento liderado pelos liberais, em 1926, que defendiam a constitucionalidade diante do golpe dos pecua-

---

3 A respeito das características fundamentais da Doutrina Monroe, ver Schilling, Voltaire. *Estados Unidos x América Latina: as etapas da dominação*. Porto Alegre, Mercado Aberto, 1984, p.12.
4 Cf. Pecequilo, 1999, p.51.

ristas conservadores que levou Adolfo Diaz ao poder, os norte-americanos mobilizaram-se imediatamente, pois, como dissemos, sua política externa tinha um caráter expansionista e imperialista, e a situação se constituía em uma boa oportunidade para colocar em prática algumas de suas pretensões.

No *Correio da Manhã*,[5] de 6 de maio de 1926, apenas um dia após a publicação da nota em *OESP*, apareceu uma outra bastante semelhante àquela veiculada pelo matutino paulista, mas proveniente de fontes do matutino carioca alocadas em Nova York. Vejamos então esta nota, também integralmente:

> **Nova York, 5 ("Correio da Manhã")** – De São João do Sul, em Nicaragua, communicam que a revolução assume caracter grave, annunciando-se que os liberaes rebeldes occuparam Bluefield.
>
> As forças adversarias ao general Chamorro acham-se em grande actividade, sabendo-se que em Managua occorreram disturbios, registrando-se eguaes occorrencias em outros pontos da costa oriental.
>
> De Washington informam que o governo norte-americano ordenou que o cruzador "Cleveland" zarpe para Bluefield afim de proteger os interesses dos norte-americanos. (*CMh*, 6 maio 1926, p.2)

Conforme se pode verificar, as notas são basicamente as mesmas pois, provavelmente, foram elaboradas a partir de uma mesma fonte, o que inclusive se pode notar pela palavra "Bluefield", grafada sem o "S" final em ambos os casos.

É evidente que essa mobilização se fez a partir da justificativa aparente de "proteger os interesses e a segurança pessoal dos norte-americanos residentes naquella pequena Republica" (*OESP*, 10 jan. 1927, p.3), não apresentando de maneira explícita os verdadeiros interesses que motivavam a mobilização *yankee*. No entanto, desde

---

5 Nas notas e artigos, identificaremos o jornal *Correio da Manhã* pela sigla *CMh*, tal qual utilizamos *OESP* para *O Estado de S. Paulo*.

o seu primeiro grande artigo a respeito da questão (*OESP*, "Imperialismo 'yankee'", 10 jan. 1927, p.3) – que fez parte de uma série de outros com o mesmo título –, *OESP* fez questão de "desmistificar as justificativas da intervenção", argumentando que não se tratava "de proteger a vida e bens dos cidadãos norte-americanos, mas sim os negócios de um pequeno número de empresas norte-americanas aí estabelecidas" (*OESP*, "Imperialismo 'yankee'", 13 jan. 1927, p.3).

O jornal procurou explicitar os aspectos envolvidos na intervenção norte-americana. Nesses artigos, intitulados "Imperialismo 'yankee'", os primeiros de grande expressão a respeito do conflito publicados por *OESP*, o periódico procedeu uma argumentação baseada em diversas fontes, até mesmo depoimentos de personalidades e jornais norte-americanos, como evidenciado em cada artigo. Apresentemos alguns trechos do primeiro deles, publicado em 10 de janeiro de 1927:

> O nosso serviço telegraphico tem-nos trazido ao corrente, mas muito por alto, dos acontecimentos de Nicaragua. Os Estados Unidos desembarcaram alli forças da marinha, com o intuito apparente, ou pelo menos secundario, de proteger os interesses e a segurança pessoal dos norte-americanos residentes naquella pequena Republica, mas na verdade aproveitando-se de incidentes da política interna para proseguir nos seus planos de hegemonia continental.
>
> O Departamento de Estado, sob a sua allegada imparcialidade, vem de facto intervindo directamente na vida da pequena Republica.

E prosseguindo, fornece um panorama histórico-cronológico dos acontecimentos:

> Os factos em suas linhas essenciaes, são bem simples. Tendo o presidente da Republica renunciado ao seu cargo, cabia legalmente a successão ao sr. Sacasa, mas o sr. Diaz adiantou-se-lhe e tomou conta do posto – apoiado nesse golpe pelo Departamento de Estado. Surge a revolução, chefiada pelo vice-presidente liberal espoliado, e a revolução ameaçava, como uma onda victoriosa,

expelir o presidente intruso e restabelecer o regimen constitucional violado. Deu-se então a intervenção norte-americana, para sustentar o intruso, como convinha aos interesses dos Estados Unidos, segundo os interpreta, não a opinião pública norte-americana, mas o sr. Frank B. Kellog e, de certo, com elle, o austero sr. Coolidge.

Sem esta intervenção, o sr. Diaz teria tombado; com ella, com o desembarque de forças da marinha em Puerto Cabezas e com o bloqueio da costa oriental de Nicaragua, – occupação esta que corresponde justamente a parte mais dominada pelos revolucionarios,– as forças do presidente Sacasa ficaram sem a communicação com a costa e sem liberdade de movimentos.

Esta rapida explicação dos factos, não a bebemos em publicações suspeitas de anti-norte-americanismo; tomamol-a a personalidades norte-americanas e a jornaes norte-americanos, quase que usando das suas proprias palavras [...]. (*OESP*, "Imperialismo 'yankee'", 10 jan. 1927, p.3)

Nesse trecho, podemos perceber que o conhecimento do jornal a respeito das questões históricas envolvidas no conflito ia além daquele adquirido através das notas provenientes das agências de notícias, como já mencionado anteriormente. Prosseguindo na leitura desse mesmo artigo, poderemos ter algumas referências de onde provinham estas informações, que o jornal utilizava para elaborar sua interpretação:

[...] Essa explicação concorda aliás muito bem com o que se diz nos países latino-americanos a respeito desta nova empreitada imperialista do Departamento de Estado e com os commentarios da imprensa européa. Concorda, não menos bem, por outro lado, com toda uma série de factos anteriores, indicativos, até a evidencia, dos desígnios imperialistas da política estrangeira dos Estados Unidos [...] [...] Em resumo: o actual caso de Nicaragua é mais um simples episodio da política expansionista da União Norte americana. O presidente Diaz, que irregularmente se apoderou do Executivo, é um dictador sustentado pelos Estados Unidos, porque convém aos interesses financeiros, economicos e políticos da União, interpretados pelo sr. Kellog e pelo sr. Coolidge. (*OESP*, "Imperialismo 'yankee'", 10 jan. 1927, p.3)

Podemos notar que OESP especifica quem seriam os idealizadores da política intervencionista: o secretário Kellog e o presidente Coolidge, pelo menos até o fim da gestão de ambos, além de criticar também o caráter ditatorial do governo nicaraguense sustentado pelos norte-americanos. A respeito das responsabilidades pela intervenção, *OESP* afirma o seguinte:

> Reconhecida a verdade dos acontecimentos, verdade inobscurecível, verdade que temos o dever de divulgar e proclamar, é preciso que, para sermos inteiramente justos, attribuamos as responsabilidades a quem ellas tocam na realidade.
> Ellas não cabem ao povo norte-americano, a nação norte-americana. Quem quer que tenha algum conhecimento da vida nesta nação, sabe que grande parte da opinião pública norte-americana vive absorvida pela intensidade dos assumptos internos e completamente alheia ao que se passa nas espheras da política internacional. [...] Por outro lado, uma parte da opinião nacional, a mais esclarecida, pronuncia-se abertamente contraria às empresas expansionistas, com uma franqueza, uma altivez, uma energia que fazem honra ao espírito cívico da grande União.
> [...] Esperemos que essa parte bem inspirada do alto público norte-americano consiga esclarecer a nação sobre estes assuntos complicados e obscuros e provocar um sério movimento de idéas, que salve a grande União do naufrágio dos princípios com que ella se fundou e se tem feito respeitável, e devolva a tranquilidade aos paises latino-americanos, justamente alarmados com esta escandalosa adulteração da decantada doutrina de Monroe.[6] (*OESP*, "Imperialismo 'yankee'", 10 jan. 1927, p.3)

---

6 Lembremos mais uma vez que transcreveremos os textos literalmente, preservando a grafia original.

Nesse trecho, nota-se diretamente a preocupação de *OESP* com a chamada "opinião pública", e com a "modelagem" desta para que a população norte-americana tenha condições de se manifestar contra "esta escandalosa adulteração da decantada doutrina de Monroe".

Contundentes também são as declarações publicadas em 13 de janeiro de 1927, quando novamente o jornal direciona suas críticas especificamente a Coolidge e Kellog. Vejamos qual a conotação que elas adquirem:

> Se se trata apenas de perigos possíveis, vagamente possíveis, não se comprehende porque os Estados Unidos deixariam de intervir na Inglaterra, na Allemanha, ou na Russia, onde as commoções internas têm attingido intensidade e importancia muito mais consideraveis do que em Nicaragua. A prevalecer a theoria, a União terá de criar uma polícia internacional distribuída por todas as regiões do globo, pois já não há região onde não existam norte-americanos e onde suas vidas e bens não estejam expostos a riscos tão imminentes ou mesmo mais sérios do que aquelles que se têm manifestado na republica centro-americana.
>
> [...] Seria curioso ver-se como o governo norte-americano sustentaria essa these numa assembléa onde se cogitasse questões de direito internacional. Seria ainda mais curioso ver-se como elle harmonisaria tal principio com a doutrina de Monroe e com as idéas que tem pregado, sempre que se lhe offereceu occasião de falar acerca da guerra e da paz no mundo.
>
> [...] O que ainda nos anima a esperar melhores dias para as relações internacionaes do continente é a certeza de que, nos Estados Unidos, ha uma opinião pública livre e energica, que é a maior honra dessa grande nação, e que essa voz ha de clamar até ser ouvida. Mesmo sob o ponto de vista dos interesses norte-americanos, ella ha de achar argumentos com que leve o paiz a impor aos seus estadistas um programma de acção mais largo, mais recto e menos commettedor. O mundo está composto hoje de tal forma que as forças moraes, ou psychologicas, tambem têm de ser transcriptas,

pelos homens de acção, em quantidades equivalentes a milhões de libras, dólares ou marcos. (*OESP*, "Imperialismo 'yankee'", 13 jan. 1927, p.3)

No artigo seguinte, *OESP* procura sintetizar o que havia dito, esclarecendo mais uma vez qual seu propósito ao publicar tais artigos, e quais fontes estava utilizando para fazê-lo. Porém, neste artigo, do dia 14 de janeiro de 1927, apresenta novos componentes que, supostamente, estariam motivando a intervenção norte-americana. Vamos aos argumentos:

> Nos commentarios escriptos sob o titulo acima [*Imperialismo "yankee"*], o que temos procurado antes de tudo é elucidar a questão de Nicaragua, bastante seria para merecer toda a nossa attenção, mas ao mesmo tempo muito obscura para ser entendida por quem só acompanha os acontecimentos através dos poucos e falhos telegrammas que nos vão chegando.
> O que desejamos é tomar pêsa embrulhada das informações quotidiana, e para isso nos servimos dos elementos que nos é dado obter dentre os quaes ressaltam – valha a verdade, ainda que nem sempre boa de confessar – os largos e minuciosos despachos publicados pela imprensa de Buenos Aires.
> [...] Já vimos que, quer pelas declarações officiaes, quer pela critica de opposição, ha no incidente de Nicaragua, antes de mais, uma questão de interesses economicos. Segundo os críticos, interesses pouco volumosos e pouco respeitaveis. Segundo o governo, interesses altos e graves, dignos de serem impessoalmente defendidos. No fundo, sempre interesses materiaes. É a própria palavra do sr. Coolidge que nos tira qualquer duvida a esse respeito.
> Mas, no fundo, tratar-se-á effectivamemte só disso? Não haverá outros estímulos ao lado dos que são confessados? É evidente que sim. O próprio governo norte-americano o tem deixado entrever.

O artigo passa, então, a descrever novamente as ações problemáticas do Departamento de Estado norte-americano no processo de intervenção na Nicarágua. Porém, em seguida apresenta um novo componente que teria provocado a intervenção: o México. Entendamos:

> Mas, ainda se appelou, por alto, para outros motivos: auxílios do México aos revolucionários nicaraguenses, intromissões indébitas do México na vida das nações centro-americanas, e, finalmente, ameaças bolchevistas... também imputáveis ao México. Eis ahi o verdadeiro ponto nevrálgico da questão: o México! Procura-se, evidentemente, enredar o México nas róseas de uma complicação internacional, para lhe dar um golpe de mestre.
> Esta explicação não invalida a outra, a dos interesses economicos. Tudo se reduz a interesses economicos nas lutas internacionaes de hoje. No caso do México, nem se trata de interesses economicos distantes, mas bem presentes, bem actuaes. Como em Nicaragua, como em outras republicas da América central, existem no México muitas empresas e grandes capitães norte-americanos. Ultimamente, depois de tantos casos que têm exacerbado as relações entre essa republica e a União, resolveu o México nacionalizar a industria mineira do petróleo, em grande parte manejada por norte-americanos, e certas disposições dessa lei irritaram profundamente os "yankees" interessados.
> Por outro lado, ha uma notoria rivalidade de influencia, entre as duas nações, no centro do continente. O México é um permanente obstaculo, é mesmo, talvez o unico obstaculo que se oppõe à norte-americanização completa dessa vasta zona, já em boa parte submettida. (*OESP*, "Imperialismo 'yankee'", 14 jan. 1927, p.2)

Envolve-se o México na questão da intervenção, pois sua localização estratégica e influência na América Central atrapalhavam as propostas e planos imperialistas. No *Correio da Manhã*, de 11 de dezembro de 1926 – portanto, alguns dias antes – foi publicada uma nota, na primeira página do periódico, apresentando as declarações de um professor da Universidade de Columbia que, durante uma conferência, advertia que os EUA deveriam solicitar autorização à

União Pan-americana ou qualquer outro corpo internacional, antes de intervir em negócios de países como a Nicarágua e Haiti, para não "fornecer elementos aos que desejam accusar os Estados Unidos de imperialismo aggressivo" (*CMh*, 11 dez. 1926, p.1).

Contudo, a *Folha da Manhã*,[7] de 9 de janeiro de 1927, trouxe uma nota intitulada "A política externa dos Estados Unidos", proveniente de um comunicado epistolar da *United Press*, versando sobre os objetivos gerais da política externa norte-americana para o ano de 1926. Esta, diferente das notas e artigos publicados supracitados, procurava relativizar o caráter da participação dos EUA em acontecimentos na América Latina e, sobretudo, na Nicarágua e contrapunha-se às interpretações conferidas por *OESP* e *CMh*:

> **WASHINGTON, Dezembro (Comunicado Epistolar da "United Press")** – Um dos principaes objetivos da política externa dos Estados Unidos durante todo o anno de 1926, foi manter a situação geral de boa vontade pan-americana em face das difficuldades que certos problemas específicos offereciam com relação a determinados paizes. À medida que o anno chega a seu termo todos os indícios fazem presumir que os negocios deste hemispherio continuarão a offerecer grande importância internacional em 1927 [...]
>
> No anno de 1926 a tendencia em favor da solidariedade das Republicas Americanas, indiscutivelmente soffreu sério retrocesso que provavelmente fará com que o movimento pan-americano durante algum tempo no futuro se não desenvolva sob uma forma política.
>
> Esse ponto fraco nas relações inter-americanas durante 1926 foi demonstrado por occasião das reuniões preliminares da Commissão Plebiscitaria de Tacna e Arica, na revolução em Nicaragua e na profunda divergencia existente entre os Estados Unidos e o México

---

7 Como para os outros jornais, utilizaremos siglas para identificar as *Folhas*, que serão apresentadas pelas siglas FM (*Folha da Manhã*) e FN (*Folha da Noite*), respectivamente. No caso do jornal *O Tempo*, por conta do menor número de artigos e notas, não utilizaremos sigla.

a respeito das leis sobre terras é propriedade das reservas de petroleo. Este ultimo problema ficou muito complicado pelos effeitos que a attitude do presidente Calles relativa à Egreja Catholica, na opinião publica americana, os quaes ainda não podem calcular-se.

Quaesquer que sejam as noticias que se publiquem sobre a questão do arbitramento em Tacna e Arica, os seus resultados negativos arraigaram a convicção quer nos meios officiaes quer nos particulares de que os Estados Unidos não devem intervir novamente, a não ser nas mais prementes condições, em litígios entre outras republicas e em que os Estados Unidos não são individualmente interessados. A consequencia liquida provavelmente será promover uma attitude mais real e cautelosa dos Estados Unidos com relação às suas irmãs do Continente.

Na America Central, os Estados Unidos assistiram ao ameaçado collapso dos pactos centro americanos negociados em Washington no anno de 1923. Um golpe de estado do general Chamorro produziu longa serie de consequencias que foram solucionadas temporariamente em Novembro com a ascensão ao poder do novo presidente Adolpho Diaz. Comquanto os Estados Unidos mantivessem technicamente a efficiencia dos tratados, não ha certeza de que se affirmasse a estabilidade na America Central.

O caso da Nicaragua, produziu novos elementos de discordia, devido a terem os funccionarios americanos deixado comprehender que elles lamentavam profundamente as remessas de armas do Mexico para certos elementos de Nicaragua em uma occasião em que os Estados Unidos se esforçavam para obter a concórdia geral de todos os grupos políticos desse paiz mediante uma conferencia. O Mexico allegou que os embarques de armas foram feitos sob responsabilidade individual [...]

Em presença desses problemas perturbadores os Estados Unidos apóiam fortemente a política pan-americana a afim de demonstrar a sua boa vontade e sentimentos amistosos planejou o vôo pan-americano, devendo os apparelhos dos Estados Unidos, visitar quasi todas as capitaes latino americanas. (*FM*, "A política externa dos Estados Unidos", 9 jan. 1927, p.6)

Aqui se pode notar uma justificativa "oficial/oficiosa" do Departamento de Estado norte-americano para as atitudes adotadas com os países latino-americanos no ano de 1926. A *United Press*, um braço importante de disseminação das ideias do governo dos Estados Unidos, encontrou espaço nas páginas do periódico paulista para "justificar" as ações de intervenção e interferência na política de países como a Nicarágua e o México, por exemplo. Argumentando sempre em tom de inevitabilidade dos fatos, como se a interferência dos EUA fosse absolutamente indispensável para a solução das questões, a agência apresenta o pan-americanismo como ideal primordial do governo *yankee*. Em "prol do pan-americanismo", procurando demonstrar a "boa vontade e sentimentos amistosos", foram tomadas as medidas intervencionistas.

As previsões de alguns a respeito do imperialismo norte-americano, em contraponto às ideias pan-americanistas tão alardeadas por indivíduos nos EUA, não eram as melhores desde o momento inicial do noticiário nas páginas dos jornais brasileiros. Em 28 de dezembro de 1926, o *Correio da Manhã* publicou uma nota proveniente da França, com as declarações do jornal francês *Le Temps* que, naquela circunstância, fazia uma previsão num de seus editoriais de que até 1950 os EUA teriam estendido seu território até o Panamá. O mesmo editorial francês, reproduzido parcialmente pelo matutino carioca, acusava os "Estados Unidos de usar a doutrina de Monroe para esconder seus desígnios imperialistas" e declarava que todos os países do continente eram contrários a essa política, e que não protestavam porque precisavam do dinheiro americano (*CMh*, 28 dez. 1926, p.1). Em um editorial[8] do mesmo dia, o matutino comentou essa "profecia", e confrontou as decla-

---

8 Os editoriais do *Correio da Manhã* eram identificados pelo título "Topicos & Noticias". Em *O Estado de S. Paulo*, os editoriais eram intitulados "Notas e Informações". Na *Folha da Manhã*, eles eram identificados por "Factos e Boatos", ou pelo aparecimento do personagem "Juca Pato". Na *Folha da Noite*, apareciam com os títulos "À Margem dos Factos" e "Idéas e Factos". Em *O Tempo*, eles não apareciam identificados por um título geral, apenas por títulos referentes ao assunto abordado.

rações do jornal francês, bradando em nome da "resistencia dos latino-americanos ao predominio que Washington sempre tem tentado" (*CMh*, "Topicos & Noticias", 28 dez. 1926, p.4).

As manchetes a respeito do conflito na Nicarágua na primeira página dos jornais brasileiros começaram a se tornar cada vez mais frequentes, destacadas por sua visibilidade e por seu conteúdo:[9] "Os jornaes de Paris e Berlim censuram a applicação sui-generis que os norte-americanos estão dando ao monroismo com relação à América Central" (*CMh*, 28 dez. 1926, p.1); "Enveredando cegamente por um caminho tortuoso, o imperialismo americano até a censura contra os nicaraguenses já estabeleceu dentro na Nicaragua" (*CMh*, 29 dez. 1926, p.1).

Num artigo do dia 14 de janeiro de 1927, intitulado "Política americana. Imprensa e governo", *OESP* aborda a questão da liberdade da imprensa norte-americana perante os desmandos do governo. O jornal definiu a questão da seguinte maneira:

> [...] Dirigir um jornal num pais livre não é tarefa que um homem possa emprehender de animo leve. Não pode haver governo responsável emquanto a imprensa não esteja fundamentalmente desinteressada dos moveis daquelle, não seja incansável na indagação da verdade, vigilante para descobrir abusos, amavel com os que della dissentem, mas valente na expressão de suas crenças. Emquanto houver jornaes que não temem nem o que se lhes pretende ditar de fora nem a corrupção de dentro, será possível a existência de uma saudável opiniao publica, porque todos os tons da opiniao serão expressos e na apuração do debate aberto prevalecera finalmente o direito. (*OESP*, "Política americana. Imprensa e governo", 14 jan. 1927, p.2)

Tratando-se de opinião pública, a argentina e a brasileira também se mobilizaram criticamente em relação à intervenção na Nica-

---

9 O *Correio da Manhã* talvez tenha sido, dentre os periódicos analisados, aquele que mais utilizou esse recurso, pouco utilizado, por exemplo, por *OESP* e pelas *Folhas*.

rágua. A *Folha da Manhã*, de 17 de janeiro de 1927, publicou uma nota, proveniente de Buenos Aires, informando a respeito de uma manifestação popular acontecida na capital portenha.[10] Numa nota publicada em *OESP*, no dia 29 de janeiro de 1927, havia uma referência a uma manifestação realizada na Universidade Carioca, no Rio de Janeiro, por iniciativa da Federação Universitária, com o objetivo de manifestar solidariedade para com a causa revolucionária e repudiar a atitude intervencionista dos Estados Unidos.

Como se pode notar, excetuando-se o exemplo acima mencionado da publicação, na *Folha da Manhã* de 9 de janeiro de 1927, de um comunicado da *United Press* francamente favorável aos EUA, a maior parte das notas e artigos publicados pelos jornais nesse momento – desde meados de 1926 até o início de 1927 – tem como principal temática a desqualificação da intervenção norte-americana em terras nicaraguenses, apontando a fragilidade da proposta pan-americanista.

Em meio a notas versando acerca de protestos de senadores norte-americanos, de desembarque de tropas de fuzileiros e de inúmeras manifestações, ao redor do mundo, de desaprovação da atitude *yankee*, os periódicos brasileiros procuravam se situar no debate. Num trecho do editorial de 12 de janeiro de 1927, o *Correio da Manhã* dizia o seguinte:

> A questão da Nicaragua tomou um caracter definido, com as declarações do presidente Coolidge, declarações em que só ha a admirar a coragem com que elle anuncia as razões da sua orientação.
>
> Uma dessas razões é a que têm formulado todas as potencias mais ou menos imperialistas, para violar a autonomia dos mais fracos: a defesa de vagos interesses de raros cidadãos da sua nacionalidade, sem a apresentação de um facto de authenticidade comprovada.

---

10 Lembremos que um protesto no Brasil foi mencionado no capítulo 2.

Outra é a manutenção de um governo que não seja revolucionario. E os Estados Unidos, como é incontestavel, estão apoiando, contra um vice-presidente levado ao poder por um antecessor illegal, posto no governo pela violencia das armas.

A ultima – com certeza a principal – é a necessidade confessada da abertura de um canal americano em territorio de Nicaragua, para a defesa militar e naval dos Estados Unidos.

Por esta, pode dizer-se que as duas primeiras são apenas mero pretexto para impressionar – o que não conseguem – e que a ultima é o fim único da protecção dispensada por Washington ao governo Diaz, com positiva hostilidade ao governo Sacasa, recentemente victorioso em Las Perlas. E por ella tambem se vê que a mentalidade política da grande Republica do norte dividiu o continente de Colombo em duas partes: as terras petrolíferas, que devem ser cobiçadas pelos capitaes norte-americanos; e as não petrolíferas, que deverão ser rasgadas em canaes, por esses novos marcianos do imperialismo.

Para isto, esquecendo que já existe no Novo Mundo uma consciencia autonoma nos paizes que pesam um pouco mais do que a Nicaragua na balança política das tres Americas, Washington, que não venceu pelas armas nem com o desembarque em Veracruz, nem com a expedição punitiva do general Pershing em territorio mexicano, está agora confiando demais no valor militar... do dollar. (*CMh*, "Topicos & Noticias", 12 jan. 1927, p.4)

O discurso de Coolidge ao qual o jornal se refere é o mesmo que havia motivado considerações por parte de *OESP*, em 14 de janeiro de 1927. Mas, ao contrário do "bravo matutino", que apenas questionou se não existiriam outras razões, o *Correio da Manhã* as apresenta de maneira explícita e bastante didática ao público brasileiro. Complementando sua argumentação incisiva, num artigo intitulado "A Nicaragua, ponto de discordia" (*CMh*, 14 jan. 1927, p.3), o jornal tratava da questão da utilização, por parte dos Estados Unidos, de estratégias como a associação do México à instabilidade na Nicarágua. O matutino carioca procurou mostrar como o

México não possuía nenhum interesse na Nicarágua e muito menos pretendia confrontar-se militarmente com os norte-americanos.[11]

Outro artigo bastante significativo foi publicado pelo *CMh*, em 15 de janeiro de 1927. Intitulado "A autonomia dos paizes latino--americanos e a mocidade brasileira", o texto trazia considerações a respeito das atitudes tomadas pelos norte-americanos no "pequeno país da América Central", e se apresentava como um "manifesto", conclamando os jovens, a "mocidade brasileira" inibida – nos dizeres do jornal, pelo governo brasileiro – para que ficasse atenta ao desenrolar dos acontecimentos, e para que se posicionasse – como alguns já faziam: o artigo se refere a discussões do Partido da Mocidade, no Rio de Janeiro – diante do imperialismo:

> Um dos grandes males da acção inibidora da dictadura Arthur Bernardes foi tornar o nosso povo indifferente aos serios problemas da política internacional e, em especial, americana. Seria impossível, ha cinco annos atrás, aos Estados Unidos executar o attentado innominavel de desembarcar tropas na indefesa Republica de Nicaragua sem que fremisse em protestos a mocidade brasileira. Assim foi com a Belgica e, em especial, em todos os casos similares, principalmente americanos como o presente.
>
> A situação está clara. Os Estados Unidos da America do Norte, com desembaraço que causa admiração, lançam o seu domínio sobre a Republica de Nicaragua. O canal do Panamá é insufficiente para o movimento planejado por essa potencia? *Faça-se um canal em Nicaragua, ainda que se tenha, violando todos os principios pelos quaes a America tanto se tem batido,* de desembarcar tropas para repor um governo que se propoz a restabelecer as garantias de concessões anteriores favoraveis a esse *desidenstum* e caducas por falta de execução de clausulas consideradas fundamentaes.

---

11 Esta questão da pretensa "influência bolchevista" do México sobre a Nicarágua foi debatida através de diversas notas e artigos naquele momento, e a esta discussão foi dado novo fôlego, a partir das declarações, no mês de janeiro de 1927, do então secretário de Estado norte-americano, Frank B. Kellog, publicadas, por exemplo, na *Folha da Noite*, de 1º de fevereiro de 1927.

A mocidade brasileira deve tomar o maximo interesse ante a situação da pequena republica de Nicaragua e não deve esquecer um unico momento a these elevada sustentada em Haya pelo eminente Ruy Barbosa da egualdade das nações, quer se trate dos Estados Unidos, quer da pequena republica latina.

Coube hoje a esse pequeno paiz, reduzido em territorio, mas merecedor da mesma attenção com que deve ser tratada a grande potencia americana, ser victima de tão grande attentado em sua autonomia. Amanhã será a vez do Brasil, pois egual sorte terão pouco a pouco os diversos paizes da America latina.

Já se annuncia que os Estados Unidos ameaçam o Mexico [...] Não é possível fechar os olhos ante a gravidade da situação. O imperialismo americano, cego e inconsciente, prepara evidentemente sério attentado, não mais a Nicaragua, mas a toda a America latina, representada no caso pela grande e nobre nação mexicana [...]

Aos moços latinos e á mocidade da America do Norte compete evidentemente chamar ao bom caminho aquelles que esquecidos das bôas causas no momento procuram cavar ainda mais a fundo a infelicidade da humanidade após a grande guerra européa. (*CMh*, "A autonomia dos paizes latino-americanos e a mocidade brasileira", 15 jan. 1927, p.4; grifos nossos)

No dia seguinte, *CMh* publicou mais um artigo contendo duras críticas à intervenção, aos Estados Unidos e ao então presidente norte-americano Calvin Coolidge. "A intervenção norte-americana" (*CMh*, 16 jan. 1927, p.4) traz um resumo dos acontecimentos, e critica mais uma vez a postura agressiva dos EUA com relação ao México e a Nicarágua, postura contrária aos "ideais" pretensamente contidos na Doutrina Monroe e na política pan-americana:

> [...] Deante do que occorre presentemente em Nicaragua é possível que se comece a duvidar de que a doutrina de Monroe seja mesmo "uma regra de direito internacional de uma extensão imperativa" que preside as relações dos Estados Unidos com as republicas latinas da America Central.

> *Parece que a verdade está com o senador Knox, quando diz que a referida doutrina é simplesmente uma "política dos Estados Unidos; que este paiz a applica como e quando julga conveniente sem pedir permissão a ninguem. É uma política dos Estados Unidos, cujo caracter preciso, extensão, methodos e casos de applicação, bem como meios de a fazerem respeitar, dependem apenas da vontade sem controle dos Estados Unidos e sua prerogativa (sic) soberana.*
>
> *À medida que estes precisam, servem-se da mesma doutrina. Ella não é submettida a outras regras, além da nossa necessidade, da nossa vontade e da força das nossas armas".*
>
> Se as republicas da America Latina aceitassem inteiramente como verdade o que confessam os próprios yankees, seriam menos enthusiastas na sua admiração ao espírito elevado de uma doutrina política de tamanha elasticidade. (*CMh*, "A intervenção norte--americana", 16 jan. 1927, p.4; grifos nossos)

Em fins de janeiro de 1927, mais precisamente no dia trinta, aparece nas páginas de *CMh* um artigo sobre o imperialismo norte--americano escrito por Oliveira Vianna, figura de grande expressão intelectual naquele momento. Vianna iniciava o texto se referindo a um artigo de um professor da Universidade de Indiana, Ulysses Weatherley, no qual o pesquisador procurava explicar e analisar a justiça – ou injustiça – do domínio exercido pelos norte-americanos sobre o Haiti, naquele momento. Discorrendo a partir de um ponto de vista pragmático, o referido professor defendia que havia injustiça sob o ponto de vista da soberania do povo, mas que haveria justiça se a ocupação fosse observada pelo viés pragmático. Oliveira Vianna, ironicamente, conclui sugerindo que, independentemente do ponto de vista que se assumisse, poucos estavam interessados em assumir algum: "Coisas do Haiti eram coisas que só podiam realmente interessar aos estudantes, á mocidade academica... do Haiti. Eu accrescentei: ou da Nicaragua..." (*CMh*, "O Imperialismo yankee...", 30 jan. 1927, p.4).

Já no início de fevereiro de 1927, *OESP* manifestava-se, através de mais um artigo intitulado "Imperialismo 'yankee'", otimista por uma solução das questões entre os EUA e a Nicarágua, atribuindo mudanças nos planos dos Estados Unidos às manifestações enérgicas da opinião pública norte-americana repudiando as iniciativas do Departamento de Estado dos EUA. Vejamos o que diz *OESP* a respeito dessas questões:

> [...] Abundam os casos em que uma grande potencia se viu impedida de executar uma política imperialista devido à opposição de outras grandes potencias, mas muito poucos são os casos em que um povo plethorico de forças tenha agido espontanea e voluntariamente como freio a acção do seu governo, contra a tentação de uma fácil conquista.
> [...] De resto, é sabido que o Departamento de Estado tem agido, através do almirante Latimer, afim de resolver a complicação de Nicaragua por um accôrdo entre os partidos em luta, accôrdo esse que deverá consistir provavelmente na renuncia dos srs. Diaz e Sacasa à presidencia da Republica e na realização de novo appello as urnas. (*OESP*, "Imperialismo 'yankee'", 4 fev. 1927, p.2)

No último dos artigos intitulados "Imperialismo 'yankee'", publicado mais à frente, no dia 17 de março de 1927, *OESP* apresenta considerações a respeito de um texto publicado nos EUA, por um professor universitário norte-americano que defendia o imperialismo dos Estados Unidos de maneira ingênua, justificando-o como simples defesa de interesses. Em relação às declarações de William Shepherd, professor da Universidade de Columbia, argumenta *OESP*:

> [...] Não se sabe o que mais admirar: a ingenuidade de um professor universitário que vem fazer estas affirmativas convencido de que de facto o continente está reservado para campo de expansão do interesses yankees, ou o cynismo com que essa doutrina é publicada como justificativa da acção dos estados Unidos no México e na Nicaragua. É bom entretanto, que ao menos estejamos assim francamente previnidos, nós, os povos da América Mestiça, como elles

dizem, pois que essas idéas são evidentemente as idéas dominantes nos Estados Unidos. Até ha pouco podia-se julgar que ellas fossem apenas uma expressão intensa do espírito yankee das massas populares. Mas vemos que são não só as dos meios políticos como também as que dominam nas classes cultas. Ficamos sabendo. (*OESP*, "Imperialismo 'yankee'", 17 mar. 1927, p.6)

Surgem então ressalvas do matutino "da família Mesquita" quanto à influência real da opinião pública na construção de um movimento contestatório, nos EUA, da política externa de seu governo. Um depoimento de um professor universitário provoca nos representantes do jornal uma reflexão acerca da representatividade da opinião pública junto do Departamento de Estado, no momento de tomada das decisões. Essa posição de reflexão se diferencia, como vimos, daquela assumida, por exemplo, pelo *Correio da Manhã*, crítico ferrenho da intervenção desde seus prenúncios.

Outro artigo contundente foi publicado pelo matutino carioca no dia 8 de fevereiro de 1927. "A doutrina de Monroe já não existe" pretendia, mais uma vez, denunciar a "morte" daquela doutrina, assassinada "nos terrenos petrolíferos do Mexico" e enterrada "nos campos da Nicaragua":

A doutrina de Monroe já não existe!
O governo dos Estados Unidos matou-a nos terrenos petrolíferos do Mexico para enterral-a nos campos da Nicaragua!
É tempo de nos despirmos das illusões com que temos sido embalados e de encararmos a realidade, tal como ella é. O sonho do grande estadista americano acaba de ser dissipado com o fumo dos fuzis de Sacasa.
Para que negal-o? Se um dos paizes fracos da America Latina se recusar a dobrar a cerviz e cegamente obedecer aos dictames de Washington, sempre se encontram nelles interesses e vidas de cidadãos americanos, que precisam ser protegidos. Meia duzia de cruzadores, os fuzileiros navaes, um ou dois desembarques com occupação militar e a historia esta escripta [...]

A Nicaragua possue a unica outra locação em que se poderia rasgar um novo canal. Os americanos comprehenderam isso ha muito tempo e não perderam tempo em comprar exclusivos direitos para semelhante empresa. Os Estados Unidos receiam que outra potencia rompa a faixa de terra que separa os dois oceanos naquelle ponto e assim offereça concorrencia ao canal do Panamá e roube aos Estados Unidos o poder indisputavel da communicação immediata, entre o Atlantico e o Pacifico.

Quando a Nicaragua assignou o decreto cedendo ao governo de Washington todos os direitos para a construcção de qualquer canal através o seu territorio, a Republica, "ipso facto", se fez escrava deste paiz.

A política internacional dos Estados Unidos começa a ser incomprehensivel. De um lado, vemos o paiz se retrair das questões e embrulhos da Europa, proclamando só ter a peito a doutrina de Monroe. E, na mesma occasião em que declara preoccupar-se apenas com os problemas da America e que deseja ser o irmão mais velho das pequenas nações do Novo Mundo e que o seu anhelo maximo é de fazer com que os Latino-Americanos fiquem ligados aos Estados Unidos por laços de indestructivel amizade, faz sentir o seu gladio conquistador sobre a America Central, provoca o Mexico, procurando obrigal-o a dobrar a cerviz aos interesses da Wall Street e reduz o Panamá à mais servil das posições.

Kellog parece ter perdido a tramontana.

Desagrada a Europa levando-a quasi ao ponto de crear sentimentos hostis contra o paiz, allia-se aos gananciosos interesses britannicos na China, provoca a desconfiança, senão a inimizade dos povos da America Latina, adoptando um imperialismo que a propria Allemanha parece ter jamais desejado, e parece tomar como seu verdadeiro norte magnético os interesses de Rockfeller e de seus associados.

Uma lição resulta de tudo isso.

O A. B. C. deixa de ser um ideal. É uma necessidade!

A soberania da America do Sul depende de fazermos desse uma alliança forte e verdadeira, sem o menor atricto, sem que nella possa haver qualquer conflicto formando um todo homogêneo, solido e inquebravel! Fomentemos o amor fraternal entre as tres grandes nações do sul. Deixemos de lado rivalidades ou antipathias que poderiam dividir os nossos sentimentos e unidos, de mãos dadas, trabalhemos para o mutuo interesse e engrandecimento.

Sejamos os obreiros da paz e do progresso do nosso Novo Mundo, que com o cimento do amor fraternal possamos erguer o solido edifício da Alliança eterna entre a Argentina, o Brasil e o Chile.

Essa alliança não será organizada com a intenção de conquistar novas terras ou escravizar outras menores, mas apenas para brilhar no horizonte como luz de esperança às nações mais fracas do nosso Continente e para a absoluta garantia de nossa propria soberania nacional.

Unidos, – seremos fortes e poderemos resistir às intervenções estrangeiras. Separados – dilacerados por desavenças e pequenas dissensões – ficamos expostos a ver um dia pairar sobre nós a nuvem tempestuosa que ora sobrecarrega os céos da Nicaragua e do Mexico! (*CMh*, "A doutrina de Monroe já não existe", 8 fev. 1927, p.3)

Artigo bastante eloquente no que se refere às concepções do *Correio da Manhã* a respeito do conflito em terras nicaraguenses – por isso o transcrevemos quase integralmente –, pode-se notar que a desesperança com relação ao pan-americanismo, naquele momento, era significativa. Temendo os desdobramentos imperialistas da Doutrina Monroe, o jornal aventava a possibilidade de uma união entre Argentina, Brasil e Chile, visando "resistir às intervenções estrangeiras". A soberania nacional, princípio liberal fundamental, era erigido como valor a ser defendido a qualquer custo, em prol da "paz e do progresso do nosso Novo Mundo".

As manifestações de valorização do pan-americanismo ocorriam em vários países, vindas de diversas camadas sociais, procurando contrapor-se ao imperialismo, ainda que a política pan-americana fosse também uma forma "não explícita" da expressão imperialista da política externa norte-americana. A defesa do pan-americanismo aparecia como exemplo da união benéfica dos povos-latino--americanos, contra os desmandos imperialistas do Departamento de Estado na Nicarágua:

> **Contra a politica dos Estados Unidos na Nicaragua. PARIS, 28 (Radio-Havas)** – A Associação geral dos estudantes latino-americanos prosegue activamente a sua campanha contra a politica dos Estados Unidos na Nicaragua. Em reunião de hontem ficou resolvido telegraphar a todos os governos da America Latina, convidando-os a desenvolver uma acção commum de protesto contra o tratado ha pouco celebrado entre o general Diaz e o secretario de Estado, sr. Kellog, tratado esse que colloca a Nicaragua – segundo accentua a Associação – sob o protectorado da America do Norte. Uma cópia desse telegramma será entregue tambem ao chefe das missões diplomaticas latino-americanas para que a transmitam aos respectivos governos.
> A Associação está resolvida a pedir a intervenção da Sociedade das Nações e a convidar as universidades americanas a subscreverem o protesto. (*FN*, 28 fev. 1927, p.5)

As informações eram cada vez mais confusas e continuavam a chegar das agências de notícias, a partir de diversos locais do mundo:

> **A situação anormal de Nicaragua. WASHINGTON, 28 (H.)** – Os representantes norte-americanos em Nicaragua declararam à imprensa que os successos militares dos Estados Unidos naquelle paiz podem levar o Departamento de Estado a sacrificar o povo nicaraguense e as vidas dos marinheiros americanos em proveito de interesses puramente materiaes.
> No documento datado de Puerto Cabezas, assignado pelo presidente Sacasa, este agradece aos senadores, representantes e jornalistas norte-americanos que defenderam a causa de Nicaragua

e faz um appello ao espírito de honradez do povo americano para que ajudem a assegurar a justiça no seu paiz, segundo o verdadeiro interesse pan-americano.

Declara o presidente Sacasa que se acha prompto a retirar-se caso o general Diaz seja eliminado. (*FN*, 28 fev. 1927, p.6)

Como se pode notar, nesse momento Diaz e Sacasa eram as forças que se enfrentavam em busca de maior representatividade em território nicaraguense, e ambos dirigiam-se – ao menos é o que dizem as notas – ao Departamento de Estado para negociar e propor as condições de possíveis acordos para estabelecimento de um novo governo que, necessariamente, dependeria da "aceitação" e da "chancela" do governo norte-americano.

Os leitores dos jornais brasileiros eram "bombardeados" com informações, diretas ou indiretas, acerca do conflito. Um bom exemplo é um extenso artigo publicado na *Folha da Noite*, em 12 de março de 1927, proveniente do "Consorcio Internacional de Imprensa":

> [...] Um importante congresso internacional "contra a oppressão colonial e o imperialismo" realiza-se presentemente na capital da Belgica. A esse congresso, cuja transcendencia moral e opportunidade não é possível pôr em duvida, affirmam representantes de todos os quatro pontos cardeaes [...]
>
> Em um congresso contra o imperialismo não deviam faltar a nosso ver delegados de todos os povos da America Central, nem da do Sul, nem das Antilhas, nem os das Filippinas, para ahi proclamar ante o mundo o generoso ditado do presidente argentino Saenz Pena: a "America para a humanidade" em resposta ao machiavelico pensamento de Monroe, que é a bandeira encoberta do imperialismo "yankee", e para fomentar a pedra triangular de uma união intelligente contra o domínio por parte das potencias extrangeiras, união que se poderia valer dos mais differentes e efficazes processos para defender o direito commum [...]

No concerto da politica internacional os povos que não têm sabido defender-se contra o jugo extrangeiro carecem de verdadeira significação. Isso quem sabe talvez constitua ao final de contas um estimulo que offerece a vida aos povos para que trabalhem para o seu aperfeiçoamento, pois é sabido que a liberdade não se outorga, mas se conquista, e para obter essa recompensa é preciso ser forte, educar-se e prosperar [...]. (*FN*, "Um congresso contra o imperialismo", 12 mar. 1927, p.4)

Nota-se que o imperialismo – norte-americano – era visto como uma das piores formas de agressão existentes, "machiavelico", contra os bons ideais, pacíficos, dos países da Europa – onde o congresso aconteceu, Paris – e do restante da América. A Doutrina de Monroe, aqui, aparece não como algo que estaria sendo desvirtuado, mas sim como dotada, desde seu surgimento, de evidente caráter imperialista, caráter este que seria capaz de "encobrir" sob a argumentação da "América para os americanos" e da política pan-americana.

A *Folha da Noite* publicou ainda, dias depois, um comentário a respeito de um artigo publicado em *The World*, importante periódico nova-iorquino da época. No artigo, o referido periódico tratava da liberdade de imprensa nos Estados Unidos, questionando o posicionamento do presidente norte-americano, Calvin Coolidge, que discordava de órgãos de imprensa daquele país que criticavam as ações do Departamento de Estado na Nicarágua. O artigo dizia que "não é habito nos Estados Unidos permitir que os funccionarios do governo dirijam os diários [...]"[12] mas, mesmo que isso fosse verdadeiro, sabemos que no caso das agências de notícias a relação com o governo era diferente, evidenciando-se vinculação estrita entre a política externa dos EUA e os valores disseminados, para diversos pontos do planeta, por agências como a *United Press* e a *Associated Press*.

---

12 *Folha da Noite*, "Que é a liberdade de imprensa para uma nação moderna?", 26 mar. 1927, p.01.

Evidenciando ainda mais a proximidade entre governo e agências de notícias, no mês de abril de 1927, a *United Press* comemorou o seu vigésimo aniversário, com direito a um discurso do então presidente Coolidge durante a comemoração. Vejamos algumas das palavras por ele pronunciadas naquela oportunidade:

> [...] *É natural que a imprensa representasse o caracter do governo sob que vive e do povo a que serve. Cheguei a conceber um profundo respeito pela imprensa americana, porque ella representa a America. Se vivesseis sob certas jurisdicções, vossas noticias seriam escolhidas e desleaes, vossos comentarios seriam prejudicados e impedidos, vosso procedimento seria estorvado e limitado.*
> [...] Ha duas attitudes que a imprensa pode assumir e que põem em perigo as relações de amizade. Uma é a critica constante e falsa apresentação de um povo estrangeiro e a outra são is ataques maliciosos contra o governo pela sua defesa dos direitos americanos nos paizes estrangeiros.
> [...] Nossas relações com a Nicaragua já as delineei em detalhe em mensagem dirigida ao Congresso [...]
> *Não estamos fazendo guerra à Nicaragua, do mesmo modo que o policial não faz guerra ao transeunte. Estamos na Nicaragua para proteger nossos concidadãos e suas propriedades e estimular a restauração da paz.* (*CMh*, "O 20° anniversario da United Press" [U.P.], 26 abr. 1927, p.1, grifos nossos)

Esse trecho que selecionamos do que foi publicado pelo *Correio da Manhã* é, por si, muito "esclarecedor" de quais eram o posicionamento e os interesses defendidos pelo representante máximo da nação norte-americana. Esse discurso de Coolidge, que motivou comentários em todos os jornais, foi inclusive transmitido pelo rádio para os Estados Unidos. Sua defesa do "providencialismo" norte-americano, agindo apenas em defesa de interesses dos "concidadãos" e, sobretudo, atendendo a um "pedido" do "presidente" nicaraguense Adolfo Diaz, conseguiu convencer alguns, mas foram poucos.

Diaz, a exemplo do presidente *yankee*, também foi alvo das críticas dos jornais brasileiros. O *Correio da Manhã*, de 27 de abril de 1927, publicou na coluna assinada por João Prestes – correspondente do jornal em Nova York – e chamada "O que vae pela Broadway", um texto intitulado "O Judas da Nicaragua", dedicado quase exclusivamente a criticar o comportamento do "sr. Diaz":

Nova York, abril de 1927 – Christo foi vendido por trinta dinheiros. Diaz quer vender a sua patria por um punhado de ouro. As quantias differem, mas o Judas permanece ainda o mesmo.

O homem que, com a maxima teimosia insiste, em chamar-se presidente da Nicaragua, fiado nas baionetas americanas, repudiado por seus patrícios, mas apoiado pelos capitalistas estrangeiros, o sr. A. Diaz, emfim, acaba de offerecer aos Estados Unidos a venda de sua patria!

Diaz e seus sectarios propõem fazer da valente Republica uma nação vassala, sob o título fictício de protectorado. Para tal fim este paiz teria que o garantir no poder com navios de guerra e alguns fuzileiros estacionados permanentemente em qualquer dos portos e um destacamento no palacio de Managua. Por detraz dessas fileiras de aço elle então poderia dictar e impôr ao povo a sua vontade soberana. Além disso o governo da Nicaragua receberá um grande emprestimo para compensal-o das perdas soffridas com a revolução e para garantir o futuro dos patriotas que não hesitaram em escravizar a patria a favor de seus interesses pessoaes e mesquinhos!

Justiça seja feita aos Estados Unidos. A criminosa proposta é tão vil, tão deshonesta que o governo de Washington se sente enojado. Na realidade, Coolidge declarou que não approvaria negociação alguma baseada sobre essa offerta que tinha todos os caracteristicos de ter sido feita por um traidor sem escrupulos nem principios.

[...] Diaz procura atiçar a ira do Tio Sam com a eterna insinuação de que o Mexico está por traz de Sacasa e que nas condições em que elle se acha, privado em absoluto dos recursos indispensáveis, não poderá resistir aos rebeldes e terá que entregar as redeas do governo ao seu adversario. Que se isso succeder o Mexico, saltando por cima de todos esses escrupulos, terá o maior prazer em se declarar protetor da Nicaragua.

[...] *Diaz não é o presidente da Nicaragua. É pura e simplesmente um instrumento do capital americano empregado na Republica da America Central, que obedece aos dictames de seus patrões e cuja consciencia, se algum dia a teve, ha muito que foi adormecida pela força hypnotica do dollar.*

Washington não apóia semelhante negociata. Tem a lealdade de recusar-se a emprestar a sua mão de ferro para com ella estrangular a liberdade e emancipação politica de um povo fraco, pequeno, mas bravo e heroico, que luta com toda a coragem por seus ideaes, banhando com seu sangue os ferteis campos da patria e assim escrevendo o rubro protesto contra os Diaz que o azar lhes tem impingido...

Demos a Cesar o que é de Cesar: – Honra seja feita ao presidente Coolidge que com o seu gesto de altiva nobreza e lealdade acaba de redimir os erros que tenha committido nessa mesma questão da Nicaragua! (*CMh*, "O Judas da Nicaragua", 27 abr. 1927, p.2, grifos nossos)

Nesse artigo, produzido por um correspondente, nota-se a força do discurso da imprensa norte-americana na interpretação conferida, por ele, ao conflito e aos acontecimentos. "Justiça seja feita aos Estados Unidos...", "Washington não apóia semelhante negociata"; João Prestes, indivíduo imerso nas discussões que se davam nos Estados Unidos, parece ter se deixado contaminar por elas: o presidente não atendeu ao pedido de Diaz simplesmente porque não necessitava de "convite" para desembarcar suas tropas na Nicarágua, como de fato o fez, depondo Diaz do poder e fazendo um acordo com os liberais, liderados por Sacasa e Moncada.

Acordo que foi noticiado pela *Folha da Noite* como o "fim da revolução em Nicaragua", a "solução do problema de Nicaragua":

O fim da revolução em Nicaragua. WASHINGTON, 7 (H.) – O representante do presidente Coolidge em Nicaragua, sr. Stimson, telegraphou para Casa Branca declarando que tem a impressão de que a guerra civil naquelle paiz pode ser considerada virtualmente terminada deante da affirmação dos chefes liberaes de que estavam decididamente resolvidos a depôr as armas.

As condições já acceitas pelas duas partes em lucta são: a amnistia geral e a fiscalização das eleições presidenciaes por funccionarios do departamento de Estado. (*FN*, 7 maio 1927, p.10)

Em *OESP*, foi publicado um artigo denominado "O caso de Nicaragua", dividido em duas partes, publicadas nos dias 1º e 2 de junho de 1927. Este acrescentará mais um componente ao conflito entre os EUA e a Nicarágua: o enfrentamento que se configurava entre o Japão e os Estados Unidos.

No artigo, *OESP* argumenta a respeito do pacto Stimson-Moncada, assinado havia um mês, em 4 de maio de 1927. Portanto, a matéria discorre a respeito do "rompimento de hostilidades entre os conservadores e os liberais nicaragüenses", ficando evidente que *OESP* ainda não considerava – ou ainda não havia recebido notícias – o movimento que era liderado por Sandino, e ignorava que este "general" revolucionário não havia assinado o pacto com os EUA, declarando guerra aos norte-americanos. Vejamos o que nos diz a primeira parte desse artigo, publicada em 1º de junho de 1927:

> Com o rompimento de hostilidades entre os conservadores e os liberaes nicaraguenses, deixou o mundo por alguns instantes de preocupar-se com as questões políticas européas, para acompanhar, cheio de interesse esse primeiro e commovente lance do grande conflicto que se esboça entre os Estados Unidos e o Japão. Quando ainda vão em meio os esforços ingentes dos povos occidentaes para dar solução ao acervo de problemas legado pela conflagração de 1914, já a humanidade vê avolumarem-se no horizonte novas e pesadas nuvens negra, prenhes de ameaças. A tempestade, depois de devastar a Europa central, cessa de despedir raios emquanto transpõe o Atlantico, para se refazer e localisar nas regiões ate agora remansosas do Pacifico. Desta vês, os povos latinos da America

do Sul, poupados pelo cataclysma que acaba de abalar o mundo nas suas bases, são chamados ao tablado da disputa, ligados como estão, directa ou indirectamente pelo determinismo geographico, aos Estados Unidos, principal figura na contenda.

[...] À primeira vista poderia, de facto, parecer estranho que mais um passo dado pelo gigante do norte em direção ao sul provocasse o movimento geral de attenção verificado na Europa com as noticias do desembarque e da acção das forças sob o comando do almirante Latimer na Republica da Nicaragua.

[...] Está alli, nos valles profundos e pittorescos daquelle trecho da America central, a chave única para a solução de um dos mais graves problemas com que se defronta a Republica Norte-Americana, actualmente: forçar a todo transe, uma nova passagem, do Atlanico para o Pacifico, para as suas esquadras de alto mar, pois que a insufuciencia do canal do Panamá, impediria toda e qualquer tentativa de uma prompta mobilisação das forças navaes "yankees", que porventura fossem chamadas a obstar uma offensiva subita e inesperada da armada japoneza. Eis como a pequenina e inoffensiva nação se vê colhida na trama inextricável de um conflicto, que a fatalidade historica e geographica urdiu e que só o resultado final de um encontro entre as duas grandes potencias do Pacifico poderá resolver definitivamente. (*OESP*, "O caso de Nicaragua [parte I]", 1 jun. 1927, p.3)

Minimizados os primeiros conflitos entre liberais e conservadores na Nicarágua, com a assinatura do pacto Stimson-Moncada, continua o país envolvido diretamente em um conflito de interesses mediado pelos EUA. Na segunda parte desse artigo, publicada em 2 de junho de 1927, *OESP* apresenta uma descrição histórica das origens do conflito que se poderia criar, naquele momento, entre EUA e Japão, e no qual a Nicarágua acabou "pretensamente" se envolvendo, ainda que de forma alheia à sua vontade. Seria o enfrentamento entre a esquadra marítima norte-americana, segunda no mundo em poderio na época, e a esquadra nipônica, terceira na época:

> É que a situação estratégica da segunda esquadra do mundo se torna dia a dia mais difficil, ante a posição magnífica da sua rival japoneza. De tal forma estão collocados os Estados Unidos, que além de correrem as suas colonias perigo imminente, não pertence ao domínio do absurdo a hypothese de um golpe feliz dos japonezes contra as suas costas do Pacifico. Pelo menos é o que affirmam os competentes, como ainda o veremos. (*OESP*, "O caso de Nicaragua [parte II]", 2 jun. 1927, p.3)

Acrescente-se a essa conjuntura de perigo iminente os conflitos internos da Nicarágua, que não haviam se extinguido, e encontramos os Estados Unidos pressionados em diversos pontos estratégicos que poderiam facilmente desestabilizar sua política exterior e até mesmo seu poderio militar, mas, sobretudo, seu poderio ideológico. Sentindo-se pressionado, o Departamento de Estado justificava-se. Vejamos o trecho de "Topicos & Noticias", editorial do *Correio da Manhã*, do dia 20 de julho de 1927:

> De Washington, o departamento do Estado, respondendo a uma carta do presidente da Federação Americana do Trabalho, proclama que as tropas dos Estados Unidos estão na Nicaragua, afim de perseguirem aos *bandidos nicaraguenses*, isto é, aquelles cidadãos da infeliz Republica que não representam nenhum agrupamento político, senão elles próprios.
> É o pretexto invocado em abono do surto imperialista. Mas, para qualquer coisa a desgraça serve. Com o mesmo motivo, estejamos descansados, os norte-americanos não entrarão no nordeste para combater bandidos authenticos, os de "Lampeão". Ao menos, estes são um agrupamento político com delegados na Camara, no Senado e no ministerio: o bernardismo. (*CMh*, "Topicos & Noticias", 20 jul. 1927, p.4)

Acordada a suposta "paz", os *marines* permaneceram em terras nicaraguenses, combatendo os "bandidos", isto é, as tropas de Sandino. Por conta dessa permanência, o Departamento de Estado continuou a receber críticas, como vimos no trecho acima, e como poderemos ver a seguir:

> POR CAUSA DA NICARAGUA. *Mexico*, 19 (Associated Press) – Segundo declaram os leaders mexicanos da "União Central da America do Sul e das Antilhas", um dos resultados da situação nicaraguense, deante da intervenção dos norte-americanos, será a intensificação do boycott dos artigos dos Estados Unidos em toda a America Latina.
> Essa instituição diz que possue ramificações em todos os paizes latino-americanos, com excepção do Brasil e do Paraguay. (*CMh*, 20 jul. 1927, p.5)

As notícias aparecem inclusive em tom de advertência, como no caso do artigo publicado na *Folha da Noite*, de 1º de setembro de 1927:

> Tem passado quasi despercebida uma noticia de que o sr. Henry Ford pretende penetrar os seringaes do Amazonas.
> Entretanto, ha tempo já que os jornaes vêm informando com insistencia que o grande industrial americano vae empregar cerca de trinta mil contos na acquisição de seringaes naquelle Estado, o que para explorar essa immensa região, fará vir dos Estados Unidos milhares de operarios e milhares de automoveis; fará construir estradas de ferro e de rodagem [...]
> Porque abdicar, pois, dessa riqueza nacional?
> Pois os planos de exploração de Henry Ford outra coisa não implicam senão a abdicação dos brasileiros de explorarem a borracha. Aquelles planos outra consequencia não acarretam senão a suppressão e o desaparecimento da borracha, como producto brasileiro.
> Aliás, exemplos existem muitos. Basta que os poderes publicos do Brasil aproveitem da licção de outros paizes.
> Ahi está o Mexico, donde o petroleo jorra para todo o mundo.

[...] Ora, se não houvesse razões de ordem econômica; se não se cuidasse em prevenir os desagradáveis incidentes internacionaes, a cada passo surgidos nas republicas da America Central: se outros motivos não existissem, é bem de ver que constitue uma questão de nacionalismo evitar que toda uma fonte de riqueza do paiz seja envolvida por elemento extrangeira. (*FN*, "A expansão 'yankee'", 1 set. 1927, p.2)

Mas o *Correio da Manhã*, através de sua coluna "O que vae pela Broadway", assinada por João Prestes, continuava a ser o mais ferrenho crítico, entre os jornais analisados, das atitudes dos Estados Unidos e, dessa vez, seu colunista parecia menos "contaminado" pelos argumentos da imprensa pró-governista nos Estados Unidos:

Nova York, agosto de 1927
Honra aos heroes! Louvemos os actos de bravura dos fuzileiros que se cobriram de glorias nos campos da Nicaragua! Curvemo-nos respeitosos perante esse pequeno destacamento que derrotou o inimigo, vinte vezes seu superior em numero! Inimigo? Mas no dizer dos poderes desta nação os Estados Unidos não se acham em guerra com a Nicaragua – ao contrario... Portanto, onde a inimizade? Mas que importa? Que importa, se o nosso sentimento de justiça se ergue indignado perante os abusos que boquiabertos comtemplamos? Que importa, se o mundo inteiro brada contra esse modo de mostrar amizade? Tudo quanto nos resta, é seguir a turba e erguer hosannas aos fortes e poderosos!... Os jornaes daqui explicam que ha na Nicaragua antigos partidarios de Sacasa que approvam a acção da Infantaria da Marinha... Se os carneiros pudessem ser comprehendidos nos seus tristes queixumes, ao marcharem para o matadouro, talvez, oh, leitor amigo, viesses a descobrir que os seus balidos sentimentaes não passam de elogios à rubra gloria do carniceiro que os abate, uns após os outros. A purpura que cobre os açougueiros até hoje ainda não havia sido considerada como padrão de gloria.

Na edade da aviação militar é a aguia – serena e majestosa, na sua altura invulneravel – quem domina. E o que a impõe ao respeito dos outros animaes é o sangue que lhe tinge as garras aduncas! No dilacerado seio de uma pequena republica da America Central, trezentos e sessenta cadaveres attestam ao mundo que a vontade dos fortes é a lei dos fracos... E sobre elles, deleitando-se com o festim dos corvos, paira a aguia sobrancelra... Ocotal é uma pequena povoação que dista cerca de cento e dez milhas de Managua. A villa achava-se guarnecida por uns quarenta fuzileiros navaes americanos e outros tantos soldados da renegada milícia de Diaz, que haviam sido trenados pelos officiaes da marinha dos Estados Unidos. A guarnição achava-se sob o commando do capitão G. D. Hatfield. Na madrugada de 16 de julho as forças do caudilho Sandino sitiaram a pequena povoação.

[...] As aguerridas tropas de Sandino eram constituídas pelos mais exímios atiradores, Depois de dezessete horas de cerrado tiroteio, sempre conseguiram matar um e ferir dois... Meu Deus, mas que acaso! É consolador dizel-o. *O povo americano em sua absoluta maioria é muito contra essa politica internacional do seu governo, por isso mesmo os boletins officiaes procuram justificar a carnificina rezando: "Atacados por bandidos, em defesa propria, os nossos fuzileiros tiveram que responder ao fogo dos aggressores resultando dahi essas mortes que todos temos a lamentar".*

Bandidos! São bandidos porque abandonaram os seus instrumentos agrarios para tomar do rifle e procurar expulsar de seu solo o estrangeiro que ditava a lei! Bandidos, por não poderem comprehender a razão porque haviam de sacrificar-se para o beneficio de senhores de outras plagas que os escravizam! Bandidos, porque não queriam admittir que um estrangeiro qualquer, a ponta de baioneta, sob o pretexto de amizade, colocasse no poder um filho renegado e sem escrupulos! Bandidos, sim, porque foram condemnados à morte para a maior gloria da Wall Street!

[...] Os fuzileiros foram atacados e tiveram que responder ao fogo em defesa propria. Mas que estão elles fazendo lá? Se os Estados Unidos não se acham em guerra com a Nicaragua, como pôde

Kellog justificar a presença de seus fuzileiros bem providos de armas e munições e a dos aviões de combate carregados de bombas? [...] A pagina escripta em Ocotal, com letras escarlates, é uma lição para os fracos que ousam oppor-se aos desejos dos poderosos! *E emquanto soldados e aviões matam, exterminam, escravizam os povos pequenos, nas douradas salas de Genebra os representantes da nação pedem equiparação dos armamentos navaes para a garantia da Paz Universal!* (*CMh*, "O direito dos fortes", 10 set. 1927, p.2, grifos nossos)

Apesar de um pouco extenso, o trecho que destacamos do artigo mostra que, gradativamente, os argumentos utilizados por Kellog e Coolidge iam perdendo sustentação perante a opinião pública internacional. Um maior fluxo de informações fez com que indicações precisas a respeito das batalhas travadas, do número de baixas de ambos os lados, chegassem às redações dos periódicos brasileiros através de seus correspondentes, que eram capazes de contrapor-se e contestar as interpretações das agências, sobretudo da *United Press* e da *Associated Press*, norte-americanas.

No mês de dezembro de 1927, com a aproximação da Sexta Conferência Pan-americana – que ocorreria em janeiro do ano seguinte – aumenta significativamente a produção dos jornais com o intuito de analisar pormenorizadamente a política externa norte-americana. O *Correio da Manhã* liderou essa "ofensiva", buscando as raízes históricas do comportamento imperialista dos Estados Unidos. No artigo "A dupla penetração norte-americana" (*CMh*, 11 dez. 1927, p.4), o periódico do Rio de Janeiro, a partir das considerações apresentadas no livro *A ilusão americana*, de Eduardo Prado, teceu um extenso comentário sobre o comportamento intervencionista norte-americano desde o século XIX, defendendo a ideia de que havia uma "dupla penetração" *yankee* em terras latino-americanas: material, através de instrumentos basicamente econômicos, como no caso das anexações e compras de territórios efetuadas no século XIX; mas também moral, pela imposição de seus valores e preconceitos como, por exemplo, a perseguição dos negros por parte de alguns norte-americanos.

O jornal alertava ainda, em um editorial do dia 28 de dezembro de 1927 – baseado em afirmações de *The Washington Post* –, que não se devia ter esperança na Conferência Pan-americana como possibilidade de qualquer modificação na Doutrina Monroe:

[...] Não sabemos até que ponto é autorizada pelo governo americano essa *advertencia*. Mas parece que ella se encobre em fumaças officiosas, porque [...] o jornal diz com emphase de quem se despacha de uma encommenda: "Os Estados Unidos não supportarão que essa doutrina seja molestada".
[...] **O mais interessante, em tudo, entretanto, é que o governo da grande Republica do norte julga que a America Latina acredita no monroismo como outra coisa que não uma doutrina rapinante, que deu aos Estados Unidos o canal do Panamá e talvez lhes dê ainda o canal de Nicaragua, mas que jamais lhes dará o direito de ditar leis no Mexico e noutros Estados que já não se amedrontam...**
[...] Pois que não o supportem, mas saibam que ella morreu da peor das mortes – a do ridículo. Quem a matou? Foram os proprios Estados Unidos, com a applicação que lhe deram.
Na Argentina e no Chile, governo e povo pensam assim. Aqui não sabemos como pensa o nosso governo patriotico e... *nacionalista*. **Mas o povo pensa como o chileno e o argentino.** (*CMh*, "Topicos & Noticias", 28 dez. 1927, p.4, itálicos no texto, negritos nossos)

Em meio às advertências, os noticiários se encaminhavam para um momento de debate intenso, do qual nem os Estados Unidos nem os jornais puderam se desvencilhar: a Sexta Conferência Pan-americana – ou Interamericana – que ocorreu em janeiro de 1928, em Havana, Cuba. Os jornais brasileiros questionavam-se, inclusive, a respeito de que caráter teria a representação brasileira na conferência, pois a imagem da diplomacia nacional não era das melhores:

[...] Accentuando a importância da representa sul-americana, nos Estados Unidos, esse escriptor [o artigo discorria a respeito de considerações de Oliveira Lima] teve occasião de mostrar que o contraste que infelizmente se nota entre os emissarios da diplomacia brasileira e seus collegas de continente. Segundo seu valioso depoimento, a situação é actualmente a seguinte: "Emquanto o embaixador argentino, sr. Puyerredon, está merecendo grandes encômios da imprensa ameriicana, porque em vez de confinar-se à vida mundana, frívola e superficial, de Newport, cujos jantares e recepções em nada aproveitam aos interesses do paiz do agente [...]

É triste recordar, que a inimizade entre o sr. Oliveira Lima e o nosso caricato embaixador nos Estados Unidos [Gurgel do Amaral], está servindo de pretexto para que não se entregue a esse ilustre publicista a chefia da nossa embaixada em Havana, destinada por motivos de cabo de esquadra ao advogado Raul Fernandes.

O sr. Octavio Mangabeira não pode deixar dominar-se por sentimentos imprecisos de uma conveniencia diplomatica, na escolha do futuro representante do Brasil na Conferencia de Havana.

[...] Para mostrar a atmosphera de sympathia que cerca o nome do sr. Raul Fernandes, que é indicado como candidato do Itamaraty, basta recordar a sua actuação em Versalhes, onde [...] elle se oppoz à verdadeira interpretação da doutrina de Monroe...

Essa é certamente uma pessima credencial para leval-o à Havana... (*CMh*, "Diplomacia americana", 9 set. 1927, p.4)

Num artigo do dia 30 de setembro daquele mesmo ano, a *Folha da Noite* também comentou a questão da indicação dos representantes brasileiros em Havana:

Depois de grande demora na indicação de nossa embaixada à Conferencia Pan-Americana, que deverá reunir-se brevemente em Cuba, acaba de indicar agora o governo, esses representantes.

Tratando-se de um congresso pan-americano, cujos problemas a serem discutidos se circumscrevem directamente aos interesses das nações deste Continente, – é bem de ver-se que a Conferencia de Cuba se reveste de um cunho todo particular, que bem merece alguns commentarios.

Tendo-se em conta a natural e cada vez mais accentuada hegemonia dos Estados Unidos sobre as outras nações continentaes, as conferencias pan-americanas, a que vimos assistindo nestes ultimos tempos, não têm outro objectivo maior sinão offerecer, nos paizes occupados pelos povos de origem ibérica, um campo propicio [de] livre expansão do imperialismo yankee. Baseados na anachronica doutrina de Monroe, os americanos do norte procuram por todos os meios ao seu fácil alcance, manter essa hegemonia com que a habilidade de seus antepassados soube acautelar os interesses do seu povo, em detrimento embora, das necessidades e aspirações das nações ibero-americanas. Hoje, graças à riqueza de que gosa, não custa muito à America do Norte impor a sua vontade ao resto do Continente. Offerece os empréstimos necessarios às outras nações, em condições mais acceitaveis, e, em virtude disso vae controlando os srs. Governos, de geito a crear novas bases economicas e navaes afim de satisfazer mais folgadamente as suas ambições imperialistas.

Deante dessas pretenções, dadas as armas de lucta de que dispõem os Estados Unidos, os governos da maioria das nações de origem ibérica, em vez de defenderem a soberania dos povos que dirigem, outra coisa não fazem sinão se tornarem cumplices conscientes daquella politica imperialista.

Não bastassem os casos do Mexico, Cuba e Panamá, que já experimentaram a violencia dessa intromissão extrangeira, em seus destinos, lembraríamos o caso actual de Tacna e Arica, com o qual o governo yankee está jogando, disposto, mais que tudo, a satisfazer o seu proprio interesse.

Esse [sic] casos revelam a situação real e apparente do imperialismo norte-americano. Os emprestimos favorecem os monopolios sobre explorações privadas de toda natureza. *Quanto a estas, mais occultas, não é occasião agora para relembrar.*

Ora, dada essa situação, é bom que olhemos com olhos pessimistas para a proxima Conferencia de Cuba. Será forçosamente a continuidade da de Santiago. É bem possível que appareçamos lá, tambem, armamentistas...

No entanto, pela presidência de nossa embaixada, o sr. Raul Fernandes, talvez nem tomemos uma atitude conseqüente... (FN, "O Brasil na Conferencia Pan-Americana de Cuba", 30 set. 1927, p.1, grifos nossos)

Outros artigos e notas continuaram a ser publicados, versando a respeito de pretensas "incursões" imperialistas dos norte-americanos, mas gradativamente as notícias se aproximam da temática da Sexta Conferência Pan-americana, evento aguardado com a esperança de que se constituísse em espaço de debate acerca das características da política externa dos Estados Unidos. O pan-americanismo é cada vez menos mencionado, enfatizando-se a questão da intervenção:

> Nicaragua vem sendo nos ultimos tempos, a victima indefesa do imperialismo norte-americano. Nação pequena, sem possibilidades materiaes de fazer valer a propria soberania, situada além de tudo, em uma região que desperta a cobiça dos Estados Unidos, – a situação da Nicaragua se apresenta para as suas irmãs ibero-americanas, com o relevo histórico de uma projecção de destinos em marcha. O sentimento natural de fraternidade originaria tende a solidificar, mais e mais, o bloco latino-americano, contra a pretenção avassaladora da grande potencia do norte.
> Agora mesmo, a attenção das outras nações latino-americanas, volta-se de novo para Nicaragua. Um telegramma da United Press, communica-nos o seguinte:
> "O departamento (norte-americano) de Marinha annunciou que dois aeroplanos, tres officiaes de marinha e um destacamento de recrutas tiveram ordem de seguir para Corinto, na Nicaragua. Presume-se que a missão seja fiscalisar as eleições presidenciaes, marcadas para o dia 6 de Novembro".
> Ha pouco tempo, tivemos occasião de commentar o facto de o general Sacasa, da Nicaragua, ter ido saber do Departamento Político norte-americano, si elle poderia concorrer às eleições em seu paiz. Isso queria apenas si os Estados Unidos permittiriam uma tal pretenção.

Como se vê por tudo isso, a Nicaragua já deixou de ser uma colonia econômica do Imperialismo "yankee": é agora, uma simples colonia política da América do Norte.

Não fosse a revolução mexicana de 1910, completada pela política de Obregon e de Calles, e o Mexico estaria hoje nas mesmas condições da Nicaragua.

Quando será que o povo brasileiro abrirá os proprios olhos?... (FN, "O imperialismo em Nicaragua", 22 out. 1927, p.4, grifos nossos)

A *Folha da Noite* fazia questão de "prevenir" os leitores, alertando também as elites, quanto ao perigo representado naquele momento pelos Estados Unidos. "Qualquer prevenção, nunca é demais..." (*FN*, "Para os Estados Unidos ainda somos colonia...", 16 nov. 1927, p.6), bradava o jornal.

Nos últimos dias do ano de 1927, a mesma *Folha da Noite* preparava os seus leitores para as discussões que se dariam no mês seguinte, com a Conferência Pan-americana:

A sexta Conferencia Pan-Americana, agora reunida em Havana, capital de Cuba, vae se revestir de um interesse mundial em vista das theses que serão lá discutidas.

Uma dellas é a que se refere à creação da Sociedade das Nações Americanas, idea que teve origem na reunião da Commissão de Jurisconsultos ultimamente ocorrida no Rio.

Segundo refere um communicado da United, o jornal "Washington Post", em artigo officioso, referindo-se a essa projectada Sociedade, diz que "antes que a Conferência Pan-Americana se envolva na discussão do tratado, deve ficar bem comprehendido que os Estados Unidos não permittirão a creação da Sociedade política das nações deste hemispherio. *Os Estados Unidos não concordarão, em consulta às outras nações que assumpto que affectem a sua segurança e a sua dependencia, nem aceitarão parecer de outras nações sobre a maneira de cumprir o seu dever em favor da independencia das nações visinhas, a qual está garantida contra qualquer aggressão por parte dos Estados Unidos.*

> Segundo esse mesmo communicado, os Estados Unidos continuarão a manter essa independencia segura contra qualquer aggressão por parte de outras potencias. Afim de tornar essa política effectivam os Estados Unidos decidirão por si mesmos quando, onde e como acharem conveniente, e não terão socios (?) na execução da doutrina de Monroe...
> Por ahi se vê qual é o espírito que norteia a política da Casa Branca. Antes de tudo, a resalva dos interesses do imperialismo "yankee"...
> A Sociedade das Nações Americanas será a regulamentação harmonica das relações políticas entre os varios povos deste hemispherio. Attentará contra o prestigio da falsa doutrina monroista. Contrariará os interesses das "grandes potencias" concentradas na Liga das Nações (europeas). Os Estados Unidos precisam estar às boas com o resto do mundo...
> Logo, mesmo à força, farão valer os próprios interesses nos demais paizes da America.
> "A America, para os americanos"... do norte... (FN, "A doutrina de Monroe na Conferencia Pan-Americana", 29 dez. 1927, p.1, grifos nossos)

Passaremos a tratar, então, das discussões motivadas por conta da realização da Sexta Conferência Pan-americana que, como se pode notar no artigo acima, se iniciava com a pretensa "missão" de solucionar inúmeras questões e dilemas do continente americano naquele momento, incluindo a questão da Nicarágua.

A Sexta Conferência Pan-americana

A intervenção na Nicarágua foi objeto de discussão – ainda que a contragosto dos Estados Unidos – na Sexta Conferência Pan-americana, que se realizou em Havana, Cuba, durante os meses de janeiro e fevereiro de 1928. Apesar de procurar minimizar os debates a respeito da questão nas sessões da conferência, os norte-americanos foram duramente criticados por diversos países latino-

-americanos, dentre os quais podemos destacar a Argentina, pela agudeza das críticas. Os jornais publicaram artigos acerca da conferência durante toda sua realização, e as notas a respeito da Nicarágua durante esse período vão aparecer, muitas vezes, junto a esses artigos.

A Nicarágua seria objeto de debate na conferência, e o mundo aguardava um posicionamento crítico de seus representantes perante as atitudes norte-americanas. Os jornais brasileiros questionavam-se a respeito de qual seria o rumo tomado pelo encontro em Cuba:

> Parece que se geram duvidas e prevenções quanto à orientação que venha a ter a conferencia a installar-se por estes dias em Havana. Sobretudo nos Estados Unidos ha signaes evidentes de que por lá se tenham razões para suspeitar que o espírito de raça, ou algum preconceito de natureza política, venha a comprometter os resultados da presente reunião, dividindo o congresso em dois partidos.
> Naturalmente desse perigo se originam as apprehensões que neste momento preoccupam a quantos nutrem uma certa confiança nesse esforço, perfeitamente legitimo, dos povos americanos.
> Não ha duvida que é para recear alguma coisa de umas tantas conjecturas que desde muito, ainda que vagamente, andam no espírito das nossas republicas latinas em relação aos Estados Unidos do Norte.
> Deve logo notar-se, aliás, que não é propriamente no seio das populações que se hão de procurar manifestações desse sentimento; mas entre as classes cultas, e talvez principalmente entre os políticos.
> Bastaria sentir o que se dá até em espheras onde se pretende representar a consciência das colectividades e dirigir a obra de acautelar os destinos de cada povo do hemispherio. Por ahi o contraste dos dois critérios, a contradicção das duas correntes chega a fazer-se às vezes radical e ostentosa. Uns estão decisivamente com a política de Washington, como a única que corresponde aos inte-

resses geraes do continente. Outros, condemnando abertamente a política norte-americana, não trepidam em condemnar também quaesquer approximações com o grande povo, desde que não sejam as de natureza puramente commercial, como se estas pudessem prescindir de entendimentos de outra ordem.

Mas é tão frágil a opinião destes ultimos, e tão absurda, que só não impressiona demais porque é, em quase todos os paizes de origem ibérica, de força muito limitada.

Não se comprehende, com efeito, que, sem ao menos preferir um critério de conciliação, haja na America espíritos que estivessem dispostos a inventar motivos de collisões, ou sequer de futeis desaccordos, entre nações americanas.

[...] Neste momento, portanto, em vesperas de reunir-se a grande amphictyonia continental em Havana, é de esperar que se pondere muito na direcção que se vae dar aos sentimentos com que cada povo ali se representa.

[...] Não é de crer que haja alguém de bom-senso capaz de contestar que o Estado *leader* da política americana é a grande e generosa Republica do Norte. É facto que egualmente não se discute.

O que a todos, pois, se nos aconselha, a nós outros neo-latinos, é que, primeiro que tudo, se evite, naquella assembléa, o apparecimento de qualquer veleidade que vá susceptibilizar aquelle povo – hoje a voz mais poderosa a falar na política internacional do mundo.

E isso sob pena de sacrificar-se a maior obra que bem se pode construir agora. O que temos todos de fazer na capital cubana é, principalmente, aproveitar o ensejo de instituir, por um pacto formal e perpetuo, a ALLIANÇA AMERICANA, em que entremos todos nós, sem sombras de reserva de uns a respeito de outros.

[...] Ahi está a larga funcção do congresso que se reúne. É tudo isso que o que delle se espera em toda a America.

[...] A não operar dentro dessas aspirações, perfeitamente legitimas, e fieis aos impulsos que enchem a nossa existencia histórica, a Conferencia de Havana correria o risco de ser, não apenas burlada, mas talvez até desastrosa para todos nós. (*CMh*, "A sexta Conferencia", 10 jan. 1928, p.4)

Nesse artigo, assinado por Rocha Pombo, o *Correio da Manhã* defende a união dos povos americanos, visando a uma aliança que não suscetibilizasse os Estados Unidos, "[...] a voz mais poderosa a falar na política internacional do mundo". A Sexta Conferência tinha todas as chances de ser um congresso que realmente gerasse algo de positivo para o continente, ao menos para aqueles que ainda tinham em mente o pan-americanismo, e que o viam como algo positivo para as nações americanas.

No bojo das manifestações de desaprovação aos Estados Unidos, a *Folha da Manhã* publicou um artigo extremamente contundente, no dia 6 de janeiro de 1928, alguns dias antes daquele publicado pelo *Correio da Manhã*, supracitado:

> Os acontecimentos que actualmente se desenrolam no territorio da Nicaragua, bem mostram quanta hypocrisia existe na proclamada confraternização pan-americana sustentada pelos Estados Unidos. Mais uma vez se descortina aos olhos dos ingenuos que não querem ver na doutrina de Monroe o fundamento ideológico do imperialismo "yankee" – quanta falsidade encerra o lemma: "a America para os americanos"...
>
> A Nicaragua, como o Mexico anteriormente à sua revolução nacional de 1910, tem vivido nos ultimos tempos, constantemente assaltada em sua soberania, pelas armas da America do Norte. Agora, mesmo segundo communicados das agencias telegraphicas, uma flotilha de aeroplanos norte-americanos está bombardeando os acampamentos dos liberaes revolucionarios chefiados pelo general Sandino. Outros despachos annunciam a remessa de novas forças navaes "yankees", cujo objectivo não é outro sinão massacrar o povo altivo dessa pequena nação, que, corajosamente lucta pela propria independencia, defendendo assim, a soberania nacional conspurcada pelo ouro e pelas armas estrangeiras.
>
> Esse facto é tanto mais interessante quanto se reune também, agora, em Havana, a Conferencia Pan-Americana. Qual será a attitude dos Estados Unidos e das nações latino-americanas nessa conferencia, a respeito de tão momentosa e grave questão? Permit-

tirão os povos de origem ibero-americana que a America do Norte continue a manter a sua politica avassaladora de violencias e pilhagens às outras nações americanas?

Não será opportuno a substituição da doutrina de Monroe por outra doutrina que garanta os povos fracos contra a absorpção imperialista das grandes potencias, sejam ellas da America, Europa ou Asia?

Os representantes do Sul e Centro America precisam na Conferencia de Cuba reflectir os interesses e aspirações das respectivas nações afim de não se transformarem em agentes inconscientes do imperialismo. Precisam fazer valer a soberania dos povos que lhes delegaram taes poderes. O que está se passando na Nicaragua é um attentado aos princípios elementares do Direito Internacional. Por outro lado, contraria flagrantemente o espírito da politica latino-americano.

A Conferencia de Havana necessita corresponder aos ideaes políticos do Novo Mundo. (*FM*, "Imperialismo norte-americano", 6 jan. 1928, p.3)

Os protestos se acirraram no início de 1928,[13] e os jornais brasileiros aproveitavam o ensejo da conferência para comentarem o quadro que se configurava com a reunião em Havana. O *Correio da Manhã*, talvez o periódico que tenha conferido maior destaque aos noticiários acerca da conferência, publicou, em 11 de janeiro de 1928, um editorial exemplar quanto ao tom de crítica naquele momento:

---

13 No dia 11 de janeiro de 1928, o *Correio da Manhã* publicou uma nota comentando a atitude do Centro Acadêmico da Faculdade de Medicina do Rio de Janeiro, que endereçou ao embaixador norte-americano na capital brasileira a seguinte mensagem, via telégrafo: "Centro Academico da Faculdade de Medicina, unanimamente, roga v. ex., transmittir governo americano protesto universitarios medicina, contra hediondo attentado soberania povo Nicaragüense, reflectindo politica imperialista presidente Coolidge – José Decussati, 2º secretario" (*CMh*, 11 jan. 1928, p.02).

Telegrammas de Washington dizem que a administração dos Estados Unidos está mais tranquila, agora, a respeito de Havana, porque muitos governos latino-americanos declararam que não levarão "casos controvertidos" à mesa da Sexta Conferencia Pan-Americana.

Sem duvida, a Casa Branca é lógica, sentindo em taes declarações motivos para não receiar interpellações na capital cubana a respeito da Nicaragua. E é logica, porque a sua politica de guerra contra o pequeno paiz é apenas governamental – fruto do veio imperialista do partido republicano – encontrando repulsa na maioria sensata do povo dos Estados Unidos. Faltando-lhe, pois, este apoio, só lhe restava appellar para outros governos divorciados da opinião publica, e não vacillaremos em crer que o primeiro a dar tal segurança de mutismo deprimente ha de ter sido o do Brasil...

Entretanto, não cantem lôas o presidente Coolidge e o seu secretario de Estado, cuja velhice septuagenaria lhe é tão má conselheira. O juízo formado pelos povos que já pesam na balança politica do Hemispherio Occidental é de crescente repulsa a essas espoliações de que a Aguia Americana tem sido o unico exemplo no Mundo Novo, e não o desfará a approvação prévia da politica de Washington por delegados compromettidos de uma conferencia de que nada se deve esperar a não ser o inocuo, o fluidico, o vasio desfecho de todos os conciliabulos theoricos.

No terreno das realidade [sic] praticas, o mundo latino-americano, que pensa e age sem pedir licença aos governantes que facilmente se conluiam, cada tiro de canhão dos fusileiros americanos contra o patriota Sandino ricocheta e vae demolir o prestigio do colosso do norte. (*CMh*, "Topicos & Noticias", 11 jan. 1928, p.4, grifos nossos)

Como se pode notar, a crítica aos Estados Unidos passa a ecoar no governo brasileiro, acusado pelo matutino carioca de ser o primeiro a dar segurança e apoio ao governo norte-americano naquele momento. Enquanto no artigo anterior a esperança no pan-americanismo e, sobretudo, na união dos povos do continente transparecia, neste a crítica aos "governos divorciados da opinião publica" é incisiva, e a descrença na importância da conferência se evidencia, desde os primeiros momentos daquele encontro. As palavras finais mostram que o corpo editorial do jornal acreditava ser o conflito na Nicarágua o demolidor do prestígio dos Estados Unidos. Contudo, não se pode deixar de mencionar as palavras medidas do *Correio da Manhã*, ao dizer que o caráter imperialista da política externa norte-americana seria repudiado pela "grande maioria sensata do povo dos Estados Unidos", e que apenas o Partido Republicano o estaria incentivando. Em que pese a ausência de menção, por parte do jornal, às eventuais fontes que teria consultado, pode-se dizer que seria necessário, no mínimo, matizar essas afirmações.[14]

A "pretensa" colaboração dos Estados Unidos para a paz na Nicarágua, aventada na conferência de Havana, se dava através do envio de mais tropas para esse país, com o intuito de combater as tropas sandinistas:

A paz em Nicaragua
WASHINGTON, 3 (Especial) – Os Estados Unidos pretendem cooperar amplamente e effectivamente com policia nicaraguense, no restabelecimento da ordem, no paiz, ao que diz uma declaração do Departamento do Estado, hoje publicado como explicação das ordens do Departamento da Marinha, enviando mais 1.000 fuzileiros navaes para Nicarágua. (*FM*, 4 jan. 1928, p.7)

Com o início da conferência, os piores prognósticos se confirmaram: os Estados Unidos, com o apoio de diversas delegações diplomáticas, conseguiram minimizar as possíveis manifestações de repúdio aos desmandos cometidos na Nicarágua. Um país que

---

14 A culpa do conflito foi atribuída, através de uma nota publicada na *Folha da Manhã* em 5 de janeiro de 1928, ao congresso norte-americano, dizendo que aquela casa havia solicitado, por iniciativa dos representantes democratas, explicações aos secretários de Estado e da Marinha, Kellog e Wilburg, mas os contingentes de fuzileiros não deixavam de ser enviados para a Nicarágua.

não se submeteu às "negociações" com os norte-americanos foi a Argentina, que já ocupava patamar de destaque na crítica aos norte-americanos desde a reocupação do território nicaraguense pelos *marines*, e que se posicionou da seguinte maneira, às vésperas do início da reunião em Cuba:

Buenos Aires, 13 (A.A.) – "El Diario" comenta hoje, em termos elogiosos, a nota hontem publicada pelo Ministerio das Relações Exteriores, sobre a provavel attitude da delegação Argentina à VI Conferencia Pan-Americana, no caso de ali vir a ser discutida a questão da intervenção norte-americana em Nicaragua.

Diz "El Diario" que a nota oficial traduz fielmente e com efficaz acerto, os compromissos da historia internacional Argentina e a personalidade do actual governo.

A posição da Argentina – continua o jornal – é muito delicada, porque evidentemente a opinião publica da Nicaragua considera a intervenção norte-americana indispensavel à realização do programma de seu progresso futuro. Pelo menos, o quadro real da situação da Nicaragua é muito different daquelle que no exterior se suppõe, segundo o que se podia inferir das declarações feitas pelo proprio presidente da delegação daquelle paiz da America Central à Conferencia de Havana.

Buenos Aires, 13 (A.A.) – Depois da publicação da nota de hontem, sobre a attitude da delegação Argentina em Havana, no caso Nicaragua-Estados Unidos, conseguimos obter de fontes officiosas que reputamos seguras, alguns detalhes que melhor esclarecem qual a verdadeira norma a ser seguida pela delegação Argentina no caso.

Segundo taes informações, a delegação Argentina votará contra qualquer proposta ou moção que venha a surgir naquella Assembléa, no sentido de trazer o assumpto à discussão do plenario. Essa attitude será assumida por julgar-se que a Assembléa não poderá tratar de assumptos estranhos à ordem do dia.

Caso, porém, a maioria da Conferencia resolva discutir o assumpto, então a delegação Argentina definirá seu ponto de vista, conforme com a orientação tradicional da politica externa do paiz, dentro dos conceitos estabelecidos na nota official hontem publicada. (*CMh*, 14 jan. 1928, p.1)

A participação do Brasil na conferência que, como vimos num dos artigos acima citados, despertava interesse dos periódicos brasileiros, foi comentada pelo *Correio da Manhã* da seguinte forma:

> A participação do Brasil na conferencia de Havana, se já preoccupava muito a opinião publica, tornou-se com o episodio da Nicaragua motivo de serias apprehensões. Os nossos representantes naquella assembléa internacional tinham o pesado encargo de desfazer a obra diplomatica do antigo chanceller do bernardismo, que muito comprometteu a representação brasileira na última reunião da conferencia pan-americana, no Chile. Já era muita coisa... Mas, ante a perspectiva de qualquer attitude a ser tomada ali, relativamente à intervenção norte-americana em Nicaragua ainda mais se complica a situação desses nossos patrícios, encarregados de elevar o nome do paiz, no conceito das nações continentaes.
>
> A quinta conferencia pan-americana constituiu uma tentativa fracassada em prol do problema sempre palpitante da paz continental, porque a intransigente attitude da chancellaria pachecal assim o quiz. Não fomos à Santiago do Chile collaborar na obra de limitação dos armamentos das republicas americanas. Mas, tão extemporanea foi a conducta da nossa delegação, que conseguimos nos impôr aos nossos irmãos do continente como um paiz imperialista e temível, que admittiria toda e qualquer discussão no tapete das competições internacionaes e do direito das gentes, desde que não trocassem no arcabouço inexpugnavel de sua estructura militar!
>
> Foi essa a impressão que a America ali teve do Brasil. Nós brasileiros sabemos quanto ella tem de falsa, de contraria à índole do nosso povo! Mas o paiz estava desgraçadamente entregue a uma récua de impatriotas e imbecis, guindados aos altos postos da administração pelos azares da politicagem, e que conseguiram imprimir à orientação da politica externa as proprias miserias de suas tristes

individualidades. E a attitude do Brasil, desarmado mas roncando como se seus alicerces se firmassem em uma praça de guerra, acarretou em relação ao nosso paiz a desconfiança de todos os americanos, sem excepção. A Argentina, testemunha da diplomacia do senhor Afranio de Mello Franco, tratou logo de obter de seu Congresso creditos para reforçar o seu apparelhamento bellico, já possuidor de uma conhecida efficacia. Em relação ao poder militar argentino teve palavras de admiração o nosso addido naval na Argentina, commandante Armando Duval, quando publicou seu livro, em dois grossos volumes, sobre a "Argentina, Potencia Militar".

A impressão que os erros de nossa claudicante diplomacia deixaram no scenario americano, foi gravada nas seguintes palavras de um jornal dos Estados Unidos: *"A loucura brasileira pelos ornamentos foi o rochedo sobre o qual as generosas esperanças de Santiago se desfizeram"*. Ora, o Brasil entre agora em Havana conduzido pelos braços de um homem notoriamente oscillante, qual o sr. Raul Fernandes, celebre nos annaes de politica interna pela dubiedade de suas attitudes e pelo pulso pouco firme. E o fez em momento solenníssimo para a paz do continente, quando a paz americana vae ser analysada a dois passos do theatro em que os Estados Unidos exhibem a arrogancia do seu imperialismo. A America, convidada mais uma vez a assentar os alicerces de sua paz, não pode fugir à influencia que sobre a deliberação de seus diplomatas, ali acreditados, terá fatalmente a luta sangrenta da Nicaragua, travada na mesma America Central, sobre a mesma latitude onde se reunem, em posturas doutrinarias e displicente, os panegyristas da fraternidade continental.

Sempre encaramos a perspectiva dessa reunião de Havana com grandes apprehensões. Sabíamos do ambiente de desconfiança que a diplomacia do chanceller Pacheco tinha preparado para o Brasil. Depois da preliminar de Valparaiso e da conferencia de Santiago, que nos pintaram aos olhos da America como armamentistas rubros, precisavamos de muita arguúcia e intelligencia para lavar, na sexta conferencia pan-americana, reunida em Havana, a pecha que nos atirou a diplomacia bernardesca.

O incidente de Nicaragua veio difficultar a missão entregue nas mãos tremulas do sr. Raul Fernandes... A imprensa do continente, entre ellas a da Argentina, está pregando a necessidade de conferir ao embaixador Pueyerredon, delegado daquella Republica, poderes para uma intervenção amistosa no sentido de resalvar o direito de soberania, posto em cheque pelo militarismo norte-americano. Que fará o Brasil, em face desse novo problema, depois que já accusaram a sua loucura armamentista e lhe chamaram de obstaculo à paz continental? A esta interrogação, mais do que a qualquer outra, cabe o qualificativo de dolorosa... (*CMh*, "Topicos & Noticias", 14 jan. 1928, p.4, grifos nossos)

Esse editorial do *Correio da Manhã* traz a discussão acerca da violação, por parte dos Estados Unidos, de um dos princípios liberais mais prezados à época: a soberania nacional. Pode-se dizer que a soberania das nações era um dos principais motivadores da publicação de notícias nas páginas dos jornais brasileiros aqui estudados, de orientação liberal. E a preocupação com a soberania nacional passava, necessariamente, pelo debate das características, virtudes e limitações do corpo diplomático brasileiro, visivelmente frágil e duramente criticado naquela circunstância. Em outro trecho já mencionado anteriormente, a missão diplomática brasileira que rumaria para Havana demonstrava ser objeto de preocupação dos grupos políticos do Brasil, mas neste editorial percebe-se quão grave se julgava a situação de subserviência da chancelaria brasileira com relação aos desígnios do Departamento de Estado norte-americano.

Enquanto muitos debatiam acerca das definições para a intervenção norte-americana na Nicarágua, a *Folha da Manhã* publicou, no dia 14 de janeiro de 1928, uma nota tratando de declarações proferidas por Carlos Cuadra Pozoa,[15] chefe da delegação da Nicarágua para a Sexta Conferência Pan-americana, e outra com declarações atribuídas a José Maria Moncada:

---

15 Esse sobrenome também aparece grafado como "Quadrapazos" ou "Quadra Passos", em outras notas.

HAVANA, 13 (A.) – O sr. Carlos Cuadra Pozoa, chefe da delegação de Nicaragua à 6.a Conferencia Pan-Americana, foi entrevistado por alguns jornalistas, tendo-lhe falado longamente sobre a situação actual da Nicaragua e suas relações com os Estados Unidos.

De suas palavras podemos fazer o seguinte resumo:

"Todos os nicaraguenses nascem com uma unica idéa no coração: o canal interoceanico: E só os Estados Unidos podem emprehender a construcção dessa grande obra, que é o sonho dourado do nosso desenvolvimento.

Os paizes sul americanos não nos conhecem e nem siquer manteem representação diplomatica em nossa capital. Outrosim, nunca por lá apparecem jornalistas daquella procedencia, ao passo que, frequentemente, somos visitados pelos representantes dos maiores jornaes dos Estados Unidos, que procuram estudar-nos em nossa propria casa.

Ao estalar a luta interna dos partidos, só se levantou a voz dos Estados Unidos para offerecer sua mediação.

Tudo isso mostra que a questão é exclusivamente entre nós e a União norte americana, e temos o direito de julgar absurda a intervenção, no momento actual, de paizes que poderiam tel-o feito mais opportunamente, entrando em accôrdo com os Estados Unidos para uma intervenção conjuncta.

Quanto ao levantamento do general Sandino, só o exaggero das noticias transmittidas pelas agencias telegraphicas, é que o faz parecer uma coisa seria, mas quem fôr a Nicaragua verá que ali nem se nota a existencia desse movimento.

NOVA YORK, 13 (A.) – O "Nova York Times", por intermedio de seu correspondente em Managua, publica declarações attribuidas ao general Moncada, chefe do partido liberal nicaraguense, nas quaes o declarante diz considerar a actividade dos marinheiros americanos, no seu paiz como de grande auxilio para a restauração da paz nacional. Moncada consideraria a presença dos destacamentos dos fuzileiros navaes estadunidenses como segura garantia para a realização, em instantes, do proximo pleito presidencial de Nicaragua. (*FM*, 14 jan. 1928, p.7)

As notas acima mostram que havia um contraponto aos debates mencionados anteriormente, sobretudo aqueles que tratavam do tema da soberania nacional. A soberania da Nicarágua, ao que parece, não era tão valorizada por segmentos que dirigiam os rumos desse país, e a opinião pretensamente atribuída a Moncada demonstra o posicionamento desse general que possuía interesses óbvios em defender a presença dos Estados Unidos na Nicarágua, uma vez que o apoio norte-americano poderia garantir a ele o posto de presidente.

No dia 16 de janeiro de 1928, imersa numa atmosfera de disputas e interpretações diversas e divergentes, teve início a Sexta Conferência Pan-americana. Os trabalhos foram inaugurados pelos presidentes Machado e Coolidge, de Cuba e dos EUA, respectivamente. A presença do chefe de estado norte-americano refletia a preocupação dos Estados Unidos em procurar minimizar os debates em torno da intervenção na Nicarágua, e da guerra travada entre *marines* e as tropas sandinistas. Na primeira página do *Correio da Manhã* do dia 17 de janeiro daquele mês foi estampada a manchete "Installou-se hontem na capital de Cuba a Sexta Conferencia Pan-Americana", e logo abaixo estava um extenso noticiário telegráfico a respeito do início das atividades, com a transcrição praticamente integral do discurso do presidente Coolidge na sessão de abertura, no qual ele evitou mencionar a Nicarágua. Contudo, no mesmo dia 17, na página 4 do periódico da família Bittencourt, foi publicada uma nota proveniente de Manágua, capital nicaraguense:

> **Managua, 16 (Associated Press)** – Quatro a cinco aeroplanos dos Estados Unidos estão voando todas as manhãs na direcção de Ocotal e Quilali, com instrucções para bombardear os lugares suspeitos de esconderijo dos partidarios do general Sandino, afim de os desmoralizar.

Tambem cinco navios de guerra americanos acabam de chegar a Corinto, com seiscentos fuzileiros navaes, aeroplano, munições e abastecimentos. (*CMh*, 17 jan. 1928, p.4)

Essa nota é extremamente interessante, na medida em que é assinada por uma agência norte-americana e contradiz o discurso conciliador e apaziguador proferido por Calvin Coolidge em Havana, exatamente no mesmo dia de divulgação da nota. As contradições entre o discurso e a prática dos norte-americanos também foram destacados em um artigo publicado na *Folha da Manhã*:

[...] Agora [...] realiza-se uma Conferencia Pan-Americana de Direito Internacional e salientada pelo comparecimento do presidente Coolidge, dos Estados Unidos.

A presença deste estadista anglo-saxonio nesse congresso de jurisprudencia politica, até certo ponto, servirá de advertencia aos governos dos pequenos paizes da America Latina, que a aguia do Capitolio de Washington está fitando-as de muito alto.

O exemplo de Nicaragua talvez que seja significativo para a America Central e para as Antilhas na occasião em que a artilharia do couraçado "Texas" vem saudar o pavilhão da estrella cubana no porto de Havana... (*FM*, "Conferencia de Havana", 16 jan. 1928, p.5)

A Conferência de Havana foi de tal forma tomada pelos debates a respeito do imperialismo norte-americano, sobretudo na Nicarágua, que a *Folha da Manhã* de 18 de janeiro de 1928 deu o título de "A conferencia de Nicaragua" para o segmento que reunia as notas das agências acerca do encontro. Nas notas agrupadas sob esse título, comentava-se que nos círculos da conferência julgava-se quase impossível conseguir os dois terços de votos necessários para trazer à pauta a questão da Nicarágua. Uma das notas, há que se ressaltar, mencionava inclusive que México, Argentina e Uruguai votariam contra o exame da problemática nicaraguense, algo bastante improvável uma vez que esses países eram alguns dos críticos mais ferrenhos da atitude norte-americana.

Os jornais concentraram-se no comentário do discurso proferido por Coolidge na abertura dos trabalhos, e um artigo com tom de advertência perante o pretenso "otimismo" despertado pelo discurso do presidente norte-americano apareceu já no dia 18 de janeiro, na *Folha da Manhã*:

> Na abertura da Sexta Conferencia Pan-Americana, o sr. Calvin Coolidge, presidente dos Estados Unidos, pronunciou o seu esperado discurso sob uma atmosphera de enthusiasmo official bastante significativo. O orador foi varias vezes interrompido por delirantes ovações da assembléa dos representantes de todos os governos das nações americanas.
>
> Isso que dizem os telegrammas procendentes de Cuba, deve ter sido uma realidade.
>
> *Resta saber, entretanto, si esse optimismo governamental traduz o sentimento das nações da America e si o pensamento do pan-americanismo official reflecte as necessidades e aspirações dos povos que vivem no hemispherio occidental.*
>
> Mas, não adeantemos qualquer juizo antes da analyse de alguns topicos principaes do discurso do sr. Coolidge.
>
> Disse o presidente dos Estados Unidos que "entre todas as nações (da America), predominam as attitudes de paz e de boa vontade. A determinação de ajustar as nossas divergencias entre nós mesmos, não pelo recurso da força, mas pela applicação dos princípios de justiça e equidade é uma das nossas mais fortes características.
>
> A soberania das pequenas nações é respeitada". Ora, é mais que sabido que tal affirmação não traduz a verdade. As annexações de territorios, como a California e o Novo Mexico, as intervenções militares em Cuba, Haiti, Porto Rico e Mexico, a dominação forçada do Panamá, a dominação econômico-financeira da grande maioria das nações americanas, a lucta pela conquista de Tacna e Arica, a guerra aberta contra o povo da Nicaragua, ainda agora, tudo isso que praticou e ainda está praticando a Norte America, acreditamos ser o sufficiente para desautorar as affirmações do sr. Coolidge.

Mais adeante, referindo-se à independencia e soberania das nações da America, disse s. s.: "Mas, uma coisa é estar preparado para defender os nossos direitos até o último extremo, e outra coisa completamente differente é confiar na força, quando a razão deve prevalecer". Existe nesse topico uma referencia occulta à Nicaragua. Um povo de quinhentos mil habitantes, luctando pela propria soberania contra o domínio do colosso do norte! Esqueceu entretanto o sr. Coolidge de inverter os papeis. Contra a pequenez e fraqueza da Nicaragua os Estados Unidos é que deveriam lançar mão da razão e não da força, como estão fazendo. O povo da Nicaragua não aceita as suas imposições? Respeitasse então, o governo "yankee" a soberania desse povo. É que no caso, muito maior é o interesse do Manhattan. Transformar a Nicaragua em um novo Panamá. A abertura de outro canal para a maior expansão do imperialismo norte-americano...

E, por ultimo: "Devemos considerar não somente a nossa força, mas tambem a nossa fraqueza. Devemos pensar não só nas nossas virtudes, mas também nos nossos defeitos. A attitude, justa e propria, de um espirito aberto e franco, é o que deve prevalecer. Acima de tudo, deveis guiarvos pela paciencia, pela tolerancia e pela caridade (sic!), julgando as nações irmãs, não pelo que já realizaram, mas pelas suas aspirações"... *Eis o conselho do sr. Coolidge. Não fosse s. s. adepto da classica doutrina – faça o que eu mando, não faça o que eu faço!... Mas, o mais interessante nesse topico é a sua contradição flagrante com as resoluções tomadas pela União Pan--Americana de que é presidente o secretario de Estado da Norte America, o sr. Kellog. O programma da Conferencia de Havana manda evitar qualquer discussão de ordem politica capaz de trazer à baila o momentoso caso da Nicaragua e acarretando assim o desprestigio do pan-americanismo official.*

Será que tem razão o jornalista de Havana quando disse que o discurso do sr. Coolidge foi uma peça de habil diplomacia politica? (FM, "O discurso do sr. Coolidge", 18 jan. 1928, p.5, grifos nossos)

Concordamos aqui com a observação do jornalista de Havana, por acreditarmos que o discurso de Coolidge nada mais significava do que uma tentativa – valendo-se da representatividade do presidente – por parte dos Estados Unidos de conservar alguma estabilidade política e diplomática entre as nações do continente americano. Mas o esforço parecia "descoordenado", pois conforme se ressalta no artigo, presidente e secretário de Estado acabaram assumindo, em diferentes momentos, posições que se confrontaram em sua essência.

Jornais de todo o mundo criticaram o discurso de Coolidge, conforme ressaltaram os periódicos brasileiros, publicando diversas notas. Contudo, a conferência prosseguiu, já com a ausência de Coolidge, que se retirou logo após os momentos iniciais, deixando a negociação a cargo dos diplomatas *yankees*. Os protestos e as tentativas, por parte de alguns países, de se discutir a questão do imperialismo foram gradativamente sendo sufocados pela união das nações em prol de uma cooperação com os Estados Unidos, mas a centelha de instabilidade não chegou a abandonar por completo as mesas da conferência.

Foram cogitadas algumas alternativas para a solução das controvérsias entre países do continente americano, como, por exemplo, o arbitramento, propostas que naturalmente foram rejeitadas pelos norte-americanos. Concomitantemente ao destaque conferido aos noticiários acerca da conferência, os jornais brasileiros não deixavam de publicar notas referentes ao desenrolar dos acontecimentos na Nicarágua, notas muitas vezes vindas de agências norte-americanas, que serviam de contraponto ao encaminhamento das discussões em Havana, rumo ao apaziguamento e à calmaria diplomática:

> **HAVANA, 22 (U.P.)** – No seu discurso, por occasião do banquete offerecido hontem à noite pela Camara de Commercio Cubana Americana à delegação dos Estados Unidos, o sr. Hughes disse: *O pan-americanismo assenta em fortes pilares, dos quaes o primeiro é representado por uma independencia firme. A politica dos Estados Unidos é respeitar a integridade territorial das Republicas americanas, pois não desejamos uma politica de aggressão. Desejamos*

egualmente o bem de todas, querendo para as grandes extensões, população e riqueza, e para as mais pequenas força e não fraqueza. Seria uma idéa absurda suppor que os Estados Unidos desejem que qualquer dessas nações seja fraca ou victima da sua propria desordem, pois nada teriam a lucrar com isso, visto não pretendermos o seu territorio e termos já bastantes preoccupações dentro de casa para irmos procurar novas responsabilidades fora. Os direitos que reservamos para nós, concedemmol-os aos outros.

Outro pilar do pan-americanismo reside na estabilidade da independencia. Tão grande é o nosso desejo de estimular a estabilidade, no interesse de independencia, que estamos neste momento na Nicaragua, mas o que alli fazemos e os encargos que nos impuzemos, responde ao pedido de dois partidos, a favor da paz e da ordem, e têm por fim assegurar uma eleição eqüitativa. Não queremos ficar naquelle paiz e o nosso desejo é que a Nicaragua seja forte, prospera e independente.

O novo pilar é constituido pela "boa vontade", o que não significa identidade de opiniões, nem pode ser prejudicado pelas sinceras e sempre amistosas divergencias, pois muitas vezes tem de haver pontos de vista differentes. Inimigos da boa vontade existem em toda a parte, procurando encontrar em todos os actos uma má intenção. São elles quem envenenam o ar com suspeitas e quem nunca está contente.

A cooperação entre os Estados Pan-americanos não significa a organização de um super-Estado, nem quer dizer que qualquer das vinte e uma Republicas ou quaesquer procurem dominar as outras".

O sr. Hughes terminou o seu importante discurso, recommendando às nações americanas que não se preoccupem com futeis anciedades sobre o futuro, antes contribuam com a sua parte para o bem commum.

"E, concluiu, se isso fôr feito com sinceridade e encarecendo o proposito de servir a causa da civilização, as gerações futuras gosarão a herança dos nossos labores". (FM, 23 jan. 1928, p.2, grifos nossos)

Mais uma vez, através de um dos órgãos de maior vinculação junto do governo norte-americano, a United Press, divulga-se uma nota "justificando" os motivos da intervenção dos Estados Unidos na Nicarágua, motivos esses desqualificáveis por si só, mas esclarecedores das atitudes tomadas pelos *yankees*. O pan-americanismo foi mais uma vez invocado, como artifício de acobertamento de interesses e atitudes desaprováveis, pelo menos para aqueles que realmente se preocupavam com a situação da Nicarágua, o que não parece ser o caso dos indivíduos que frequentavam os círculos diplomáticos à época.

A intervenção norte-americana na Nicarágua provocava, cada vez mais, um mal-estar nos círculos pensantes ao redor do mundo, e no Brasil isso não poderia se expressar de maneira mais evidente do que nos jornais, sobretudo aqueles de tendência liberal. Esse "mal-estar" pode ser visualizado em alguns rompantes de defesa dos Estados Unidos:

> Na America do Sul prepondera ainda uma inexacta apreciação com relação aos Estados Unidos e às suas attitudes. Os americanos não tem intervindo nunca na vida, por exemplo, da Argentina, do Uruguay, do Chile e outros paizes sul-americanos, que se governam regularmente, que cumprem os seus compromissos, que marcham em ordem. Intervieram na vida de pequenas republiquetas que tomam emprestado dinheiro nos Bancos de Nova York e depois não cumprem os seus compromissos, vivem em cháos permanente, em desordem chronica.
>
> *Entretanto, exercendo essas intervenções, cumpre lembrar o exemplo de Cuba. Era esta ilha, sob o dominio hespanhol, até 1898, um foco de revoluções, uma terra de infecções, epidemias, desordens, um antro de analphabetismo, atrazo, cháos, recriminações de toda especie, uma gehenna, um Inferno de Dante. Pois bem, os americanos intervieram em Cuba, a arrancaram do dominio hespanhol, em nome da civilisação, e hoje Cuba é um dos paraísos do mundo. Os americanos transformaram Cuba num paiz civilizado, cheio de escolas, estradas, hygiene. Educaram a população, tornaram limpas e bellas as cidades que eram focos de epidemias, espalharam a saúde, a hygiene, a instrucção, a civilização, a cultura, o trabalho. E depois de faze-*

rem tudo isso, os americanos entregaram Cuba aos cubanos, que hoje desfructam uma vida como nunca tiveram, nem teriam si não fosse a influencia americana.

Demais, os americanos adquiriram o poder que têm graças ao trabalho, ao esforço, ao estudo, à applicação, à energia, à actividade. Os Estados Unidos são no mundo o paiz que mais gasta com a instrucção do povo. Tanto basta para affirmar que o povo americano é o mais idealista do mundo.

Na America do Norte não ha um só menor que não receba instrucção e educação adequada.

Entre os pretos na America do Norte ha apenas 22,9 por cento que são analphabetos, ao passo que entre os brancos da America do Sul há seguramente 70 por cento de illetrados.

Sob a influencia americana, Cuba, em 1923, exportou 85.27.250 libras esterlinas, ao passo que o Brasil, com uma população dez vezes maior, exportou no mesmo anno apenas...... 73.183.948 de libras esterlinas.

Exproba-se aos Estados Unidos o ter feito a Republica do Panamá. A accusação é procedente. Mas si não fosse isso, o mundo civilizado não teria o canal do Panamá e seria mister aos navios de todos os paizes fazer a volta inteira da America do Sul, passar pelo estreito de Magalhães para irem ter ao Pacífico.

Os paizes que se mantêm atrazados, incultos, ignorantes, rotineiros, tornam-se trambolhos e obstaculos à civilização.

Si todos os paizes da Ameracia (sic) Latina tivessem o mesmo adeantamento e cultura do povo que têm os Etasdos (sic) Unidos, é claro que estes não teriam o topete de intervir em nenhum delles.

Portanto, os povos latino-americanos não têm sinão imitar os japonezes. Quando estes viram as esquadras occidentaes arrombando-lhes à força os portos, os sagazes nipponicos trataram de educar-se, instruir-se e pôr-se ao mesmo nível mental dos europeus e norte-americanos. Eis porque os japonezes não temem mais os europeus e americanos, é porque adquiriram o valor e preparo destes.

Neste mundo os povos que não querem ficar à disposição dos caprichos dos mais fortes precisam apenas apprender os methodos e processos pelos quaes se adquire a força, e estes consistem em dar uma completa educação physica e mental à população em todas as suas classes.

Os latino-americanos que fizeram como a Argentina, que educaram a sua população, evidentemente não têm que temer os americanos.

Os latino-americanos que continuarem a viver no analphabetismo, no literatismo, na vaniloquencia, tomando dinheiro emprestado para malbaratal-o em roubalheiras políticas, em negociatas administrativas, esses estão sempre arriscados a attentados contra a sua soberania.

Os Estados Unidos representam no caso a sancção natural para os erros, as imprevidencias, a falta de preparo e educação do povo, a anarchia politica e administrativa.

A fraqueza dos povos resulta dos seus proprios erros, como no caso dos paizes latino-americanos. A força resulta do trabalho, do estudo, da applicação, da tenacidade.

Nós brasileiros devemos, contemplando o caso da Nicaragua, pôr as nossas barbas de molho. Temos oitenta por cento de analphabetos, temos uma politiquice delapidadora de dinheiro de empréstimos, que emprega em roubalheiras administrativas. Continuemos nesses erros todos e a sancção natural será uma intervenção americana hygienizadora, civilizadora, limpadora, desinfectadora, como se deu em Cuba, acabando com os focos de pestilencia microbica e politica. Tenhamos juízo antes que os americanos venham nos obrigar a ter juízo. (*FM*, "Em defesa dos Estados Unidos", 27 jan. 1928, p.1, grifos nossos)

Esse artigo, assinado por Mario Pinto Serva, apresenta-se como um contraponto à defesa da soberania nacional nicaraguense que se fazia presente nas páginas dos jornais brasileiros. Fortemente marcado por uma ideia derivada do "Destino Manifesto" e do pan-americanismo, os norte-americanos são apresentados como força providencial no continente, portadores de inúmeras virtudes, e responsáveis pela "criação" e "manutenção" da civilização entre os povos latino-americanos, dentre os quais os brasileiros. Estes, inclusive, são admoestados pelo autor do artigo a "civilizarem-se", antes que os norte-americanos o fizessem.

Encontramos no *Correio da Manhã*, do dia 20 de janeiro de 1928, nas palavras de seu diretor, M. Paulo Filho, um posicionamento diferenciado em relação às discussões que se travavam naquele momento, acerca da intervenção norte-americana na Nicarágua:

> Convem informar, talvez porque o assumpto não esteja sufficientemente debatido e esclarecido nas suas attribuladas origens, que a situação, de facto, da politica interna da Nicaragua, é a de um paiz sob o flagello de dois governos, cada qual se considerando legal e constitucionalmente investido no poder. Dois partidos pleitearam, com unhas e dentes, a direcção nacional e um delles, justamente o que está arrecadando as rendas públicas e pagando o numeroso funccionalismo do Estado, conseguiu empossar-se, entrando em relações diplomaticas e consulares com os outros povos. Ao ultimo, tendo-o como governo organizado, os Estados Unidos reconheceram, com elle iniciando os entendimentos ordinarios que as administrações em boa paz costumam manter.
>
> Mas, o microbio do caudilhismo estava alerta e vigilante. O terreno era safaro e prodigioso. Desencadeou-se a guerra civil e o partido eventualmente no poder, sem solidez nem raízes na estima e na confiança popular – coisa que succede a quase todas as democracias improvisadas desta parte meridional do continente, viu-se, num lance, premido, ameaçado e coagido pelos adversarios, que se ajuntaram e pegaram em armas contra elle. A guerra civil caracterizou-se nos seus multiplos e tragicos detalhes. Então, o governo de Nicaragua, que não é melhor nem peor do que outros governos das republiquetas do mar das Antilhas ou do golpho do Mexico, pediu a intervenção dos Estados Unidos a fim de que estes o auxiliassem a pacificar o paiz, restabelecendo a ordem, assegurando o trabalho e protegendo a vida e os bens dos cidadãos estrangeiros. Em caso contrario, se quem estivesse no poder fossem os revolucionarios, e revolucionarios fossem os actuaes legalistas, as coisas não se teriam passado de maneira differente. O mesmo appello a Tio Sam se teria

encaminhado, sem outras razões que não fossem as do egoísmo da permanencia no mando, de qualquer forma, custasse o que custasse. Na America Central, onde as ambições caudilhescas não têm limites, todos os antecedentes endossam essas conjecturas.

Ora, se a intervenção norte-americana é abusiva e insolente, isso não é comnosco. É lá com os proprios nicaragüenses, divididos em duas facções, uma que a solicitou e a auxilia, e outra que a repelle. Além disso, nenhum motivo existe para tomarmos, à distancia, posição sentimental nessa pendência para a qual não fomos consultados, nem convidados.

A America Latina é uma supposição que está ficando obsoleta. Politicamente, cremos que ella só existe para o continente das sociedades hispano-americanas. Quando na Argentina, no Uruguay, no Paraguay, no Chile, no Peru, no Equador, na Bolivia, na Venezuela, na Colombia, mesmo no Mexico, enfim, em todas as collectividades de colonização castelhana, se diz *America Latina*, a hypothese não comporta o Brasil, que está historica, geographica e etnographicamente isolado. Já o Barão de Cotegipe costumava dizer que os brasileiros *falavam*, emquanto os demais sul-americanos *hablavan*. O velho estadista do segundo imperio, que tantas questões sérias dos nossos interesses externos teve de contornar sob as prevenções e os embaraços dos nossos irmãos e amigos latinos do Hemispherio, sabia a que queria alludir na subtileza da suphrase. A America Latina não é o Brasil falando um idioma semi-barbaro, onde, no meio de 40 milhões de habitantes, 80% de analphabetos se acotovelam idioma esse que, em Portugal, tambem só é falado por cinco milhões de pessoas, das quaes mais de quatro milhões egualmente não sabem ler, nem escrever. Não temos affinidades, por excellencia, com os outros hispano-americanos, os quaes, por uma attração natural e comprehensivel, dia a dia, mais se approximam da Argentina, com ella se identificando do surto avantajado de hegemonia racial. No primeiro momento difficil e arriscado, perigoso e decisivo, em que nos encontrarmos em face da Argentina, nós, que estamos inteiramente desapparelhados, toda a chamada America Latina, inclusive a Nicaragua, desde Cuba até à Patagônia, será naturalmente, irresistivelmente, impellida a sympathizar com a causa do outro lado. É uma previsão que todos nós devemos fazer com a certeza mathematica de gente sem o direito de se illudir com as coisas inilludiveis.

Não é porque devamos morrer de amores pelos Estados Unidos, que nos cumpre aguardar o desfecho do incidente, que nos cumpre aguardar o desfecho do incidente nicaraguense com a maior reserva e a mais segura discreção, sem nos precipitarmos numa aventura. Os povos, hoje, depois do Tratado de Versalhes, não se norteiam por accessos sentimentaes. Foi o nosso sentimentalismo piegas que nos levou a confiar nos delegados da America Latina, dentro da Liga das Nações, e o resultado foi o que se viu. Sozinhos estávamos, sozinhos ficamos. De Genebra saímos numa situação de menino malcreado que aborrece e se torna importuno.

A nossa política de aproximação com os Estados Unidos se justifica por uma serie de imprevistos, que não é prudente, nem acertado desdenharmos. A Argentina, no orgulho da sua superioridade e com a preoccupação de guiar, na America Latina, o movimento contra o *yankee*, se tem afastado muito da Casa Branca. Ella procura, coma a sua invariável habilidade, cercar-se de prestigio e fortaleccer-se no seio dos povos que falam a língua commum. Entre estes povos não está, não pode estar o Brasil. Pois bem. **Aproveitemos o ensejo e estreitemos essa amizade norte-americana, que os argentinos desprezam.**

Nabuco, que foi incontestavelmente um dos maiores pensadores políticos da America, quando acceitava, em maio de 1905, o posto de nosso embaixador em Washington, não acceitava, apenas, um emprego. Dispunha-se a executar um alto e nobre programma de idealismo, e este consistia em vincular, cada vez mais, a amizade brasileira norte-americana. Ninguém errará, acompanhando agora, na reunião de Havana, o glorioso espírito desse incomparável diplomata. Lembremo-nos das suas memoráveis palavras pronunciadas na Universidade de Chicago, em 28 de agosto de 1908: "As Conferências Pan-Americanas são assembléas diplomáticas; os povos não se reúnem nellas para declarar aos outros os seus erros, nem para appellar para sympathia dos outros; a questão do progresso interno de uma communidade não é das que a diplomacia pode abertamente auxiliar. De sorte que, ao lado das Conferencias, ha logar para um maior factor, já uma vez alludido por Mr. Root, para uma opinião pública pan-americana."

E é a essa opinião brasileira que cumpre avisar, arredando-a de uma convicção apressada sobre os negocios intimos de Nicaragua, convicção que os acontecimentos de hora que atravessamos, taes como elles se apresentam, não autorizam. (*CMh*, "O caso de Nicaragua", 20 jan. 1928, p.4, negritos nossos)

A conferência, em fins de janeiro, em virtude dos "esforços" diplomáticos norte-americanos, converteu-se num ambiente mais calmo, e pretendia afastar definitivamente a discussão da questão nicaraguense das esferas diplomáticas reunidas em Cuba, e também das páginas dos jornais ao redor do mundo, o que, como vimos no artigo acima, se estava conseguindo realizar. A *Folha da Manhã* foi, nesse momento, um periódico que consideramos interessante destacar, por sua ênfase na publicação de notas e artigos que pareciam pretender trazer de volta um tom "parcimonioso" às discussões diplomáticas do continente americano, sobretudo àquelas que envolviam os Estados Unidos, e muitos jornais "encamparam", mesmo circunstancialmente, esse discurso:

> **HAVANA, 28 (A)** – Os jornaes cubanos começam a bordar commentarios de natureza pratica e definitivo em torno das deliberações do Congresso Pan-Americano.
>
> Dissipou-se, dess'arte, o ambiente carregado de ameaças, nascidas de certas attitudes emphaticas acerca do caso de Nicaragua, que pareciam perturbar ou entravar mesmo o curso natural dos trabalhos.
>
> O proprio discurso do presidente Coolidge, ouvido com profunda attenção, foi commentado tão diversamente pela imprensa dos paizes hispano-americanos que, em verdade, não conseguiu

desfazer completamente a pesada atmosphera dos primeiros dias da Conferencia.

Os vaticínios de um adiamento possível da Conferencia, mercê o caso de Nicaragua, assim como os augurios de que essa reunião ficasse prejudicada por debates inconvenientes, estão felizmente desvanecidos. Os delegados das potencias americanas, reunidos, nesta capital, comprehenderam desde logo o declive em que resvalavam, a despeito do esforço desenvolvido pelos que procuravam transformar a assembléa num tribunal, como referiu o presidente de Cuba, recuaram a tempo, de maneira a não compromter os resultados dessa obra de harmonia continental.

Nos circulos da Conferencia, o retrospecto desses dias de labor persistente, depois de 48 horas do impasse em que se viram os mais abnegados e bem intencionados delegados, mostra agora como a VI Conferencia esteve à beira do classico abysmo, onde naufragaram muitas das mais bellas e efficazes intenções do pacifismo internacional e de collaboração humanitaria. Accentua-se em todos os circulos que a attitude reservada da chancelaria brasileira, procurando cooperar, com os mais beneficos resultados, em proveito do espirito de concórdia continental, veio contribuir para que todas as questões suscitadas em Havana fossem collocadas no seguro terreno das formulas de caracter absolutamente jurídico [...]. (*FM*, 29 jan. 1928, p.10, grifos nossos)

A defesa da soberania nacional era um "debate inconveniente"? Parece que para os periódicos brasileiros aqui estudados, defensores da inviolabilidade das nações, essa questão não se configurava de maneira tão "simples". Apesar dos artigos e notas publicados em jornais como a *Folha da Manhã* e a *Folha da Noite* por vezes contradizerem os editoriais desses mesmos periódicos ou do *Correio da Manhã* e de *O Estado de S. Paulo*, a tendência de crítica à intervenção norte-americana se acentuou com o advento da Sexta Conferência. Contudo, mesmo com a crítica não deixaram de aparecer notas, escolhidas propositadamente ou não pelos jornais, que "justificavam" a intervenção norte-americana na Nicarágua:

HAVANA, 29 (H.) – O ministro dos Negocios Extrangeiros da Nicaragua concedeu ao representante da "Agencia Havanas"[16] longa entrevista a proposito da situação actual do seu paiz.

O sr. Quadra Passos começou por declarar que as relações dos Estados Unidos com os paizes do mar das Caraíbas estão intimamente ligadas como elle proprio accentuou no seu relatorio, à questão do Paraná.[17]

O facto preponderante das relações da Nicaragua com a grande Republica norte-americana, proseguiu o chefe da delegação nicaraguense, é a perspectiva da construcção do canal de Nicaragua para cujos trabalhos os Estados Unidos obtiveram opção com o tratado internacional assignado em 1926. A politica internacional da Nicaragua tem por base a cooperação leal e sincera com as outras republicas da America.

Fala-se muito – accrescentou o ministro – do caso da Nicaragua, como se a situação actual no meu paiz constituisse uma violação da nossa soberania por um acto arbitrário do governo norte-americano.

Mas a conferencia de que fazemos parte dissipará este erro e demonstrará cabalmente que os Estados Unidos não cobiçam nem uma pollegada sequer do teritorio [sic] da Nicaragua.

Cançados [sic] e exgottados [sic] por um anno de guerra civil, sangrenta, destruidora e sem esperança de um fim proximo e ainda mais sem um objectivo patriotico, as partes em lucta combinaram com o sr. Stimsom, representante especial do presidente Coolidge, depor as armas, mas impuzeram a condição fundamental de que os Estados Unidos fiscalizariam as eleições presidenciaes de Outubro proximo, depois da posse dos cidadãos eleitores para os altos cargos

---

16 Aqui evidentemente se percebe um possível erro de transcrição do telegrama, pois o correto seria "Agência Havas", por sinal a produtora da nota.
17 Novamente nos parece um erro de transcrição, pois evidentemente se trata da questão do "Panamá", e não do "Paraná", como aparece na nota.

da administração publica, se retirariam do territorio nacional e automaticamente cessaria a sua cooperação temporaria. A partir desse dia a Nicaragua continuaria a sua existencia de nação livre e independente.

Os conservadores executaram fielmente o accôrdo relativo ao arbitramento; os liberaes não lhe puderam dar cumprimento integral porque, apesar dos desejos e da bôa vontade da maioria, um grupo chefiado por Sandino julgou preferível romper o pacto e emprehender contra os Estados Unidos uma guerra sangrenta que a imprensa mal informada qualifica de patriota, mas que na realidade não passa de uma violação esteril, inutil, irreflectida, de uma combinação racional subscripta desde o principio pelo proprio Sandino. A Nicaragua em todas as suas difficuldades nunca teve a assistencia do visinho, salvo raras excepções, e a quase totalidade do seu povo achou que em vez de fugir para as montanhas para matar, sem proveito, alguns americanos que agiam com nobreza e mais patriotismo, honrando compromissos que assumiram e dando credito às declarações do presidente Coolidge de que os Estados Unidos desejavam a paz e o bem estar da Nicaragua sem lhe ambicionar um palmo sequer do seu territorio.

A politica nacional da Nicaragua está assenta na confiança de que os Estados Unidos continuarão a respeitar, como até agora, a sua fraqueza militar.

No estrangeiro não se sabe a verdade porque os factos têm sido deturpados por certa imprensa que propositalmente espalha noticias falsas ou tendenciosas e chama para a situação do meu piz[18] a attenção do mundo e muito particularmente da America Latina.

A Nicaragua tem plena confiança no pan-americanismo e na amizade dos Estados Unidos e não admitte sequer a hypo-

---

18 Leia-se "paiz".

these de ficar afastada do movimento da união das nacionalidades. Segue o caminho que lhe aconselham a sua honra, os seus interesses e a sua propria existência. (*FM*, 30 jan. 1928, p.6, negritos nossos)

A nota que lemos acima é um dos exemplos aos quais nos referimos anteriormente, de "justificativa" da intervenção em terras nicaraguenses. Sendo o entrevistado – e defensor dos EUA – o ministro de Negócios Estrangeiros da Nicarágua, o argumento possuía ainda maior representatividade, por exemplo, entre os leitores da *Folha da Manhã*, jornal onde foi publicada a nota. Ainda que houvesse um predomínio da argumentação em prol dos "valores" ou "princípios" liberais, principalmente da não intervenção e da defesa da soberania nacional, a importância dos Estados Unidos no cenário político e econômico – sem falar do militar – do continente americano continuava a motivar ressalvas, em alguns momentos, quanto ao "real" caráter das atitudes do Departamento de Estado norte-americano. Como na nota acima, a "culpa" da intervenção era atribuída a grupos políticos nicaraguenses, e sua manutenção seria motivada pela necessidade de combate às tropas sandinistas e pela solicitação de fiscalização das eleições.

A despeito do esforço para a retirada da pauta de discussões da questão da Nicarágua, periódicos como o *Correio da Manhã* não desviaram sua atenção da conferência e dos acontecimentos naquele país da América Central. O enfrentamento e a contradição entre as propostas pan-americanistas e a prática imperialista não passava despercebida:

> Para a capital da minuscula republica cubana estão, neste momento, voltados os olhos do mundo inteiro. Os paizes do novo mundo ali reunidos, por seus delegados tratam de estudar directrizes e normas que mais convenham à política pan-americana. *Muito discurso, como, aliás, é de vezo, succeder em congressos que taes, troca de elogios, algumas victorias e algum brilhareto – força é convir – da delegação brasileira, algumas festas e, não demorará, a estar encer-*

rada a conferencia, sem que o assumpto maximo que, actualmente preoccupa todos quantos temem pela sorte de liberalismo na America, tivesse sido trazido a debate: a triste sorte de Nicaragua, victima do imperialismo "yankee".

Encerrar-se-á a conferencia e, parece incrivel, o caso da Nicaragua foi como si não existe. No entanto, em torno do que ali ocorre, se didivem,[19] definindo-se bem, as duas tendências completamente oppostas, da America setemptrional e da America meridional. É a Nicaragua, no seu soffrimento, a barreira onde se chocam, contrapondo-se os sentimentos das duas Americas.

Será contudo um paiz americano de fachada, em pan-americanismo fictício, ou então comprehendel-a à moda de certa gente – a America para os americanos... do norte – acceitar um protesto o que occorre relativamente à martyrizada Nicaragua.

E, em tudo isso, o que há de mais triste, de mais deprimento para nós, é o acumpliciamento em que consente a delegação brasileira, conformada com a incomprehensivel reserva dos congressistas reunidos em Havana.

E dizer-se que, do Brasil, é que partiu o primeiro brado em favor da Bélgica, que daqui saíram palavras de protesto e conforto para com a Polonia... (*FM*, "A conferencia de Havana", 7 fev. 1928, p.7, grifos nossos)

A partir da crítica ao posicionamento da delegação brasileira em Havana, a *Folha da Manhã* publica então um artigo de tendência oposta à da nota anteriormente citada, e também veiculada nas páginas desse matutino. Esse tipo de veiculação das notícias, com notas contradizendo artigos, e vice-versa, não foi exclusividade das *Folhas*, sobretudo da *Folha da Manhã*, mas foi mais perceptível nos jornais então dirigidos por Olival Costa. Esse movimento pendular, entre os polos da crítica e da justificativa, tendeu um pouco mais para o primeiro, no dia 18 de fevereiro de 1928, próximo ao

---

19 Evidentemente, a grafia correta seria "dividem".

fim da conferência, num artigo cujo título e subtítulo apresentavam o conteúdo com os seguintes dizeres: "A conferencia de Havana e o Brasil. O sr Coolidge prega a Paz, bombardeia a Nicaragua e escravisa a Europa – Onde se muda a phrase de Monroe". Vejamos o texto, assinado por Pina de Moraes:

PARIS, 21.
A Europa esperava com muito interesse a conferencia de Havana. A Europa quer dizer a politica européa, a finança, o alto commercio. A sinceridade do americano era de timbre que marcaria a posição de importancia da conferencia no mundo. Esperavam-se situações claras, directivas, definidas e sobretudo modificações profundas, no antiquado e já hoje injustificado modo de comprehender a ciosa phrase de Monroe. A Europa nutria a esperança de que tão magna assembléa preconizaria uma reacção formidavel da parte de todos os Estados das Americas do Norte e centro contra a politica Coolidge.

Acreditamos na sinceridade do illustre presidente da grande Republica que fez uma tão longa viagem para pregar a Paz.

[...] O Brasil não tem nada que se admirar do successo do seu ultimo emprestimo em Nova York, terá quantos quizer, porque a escravidão a que a America do Norte vem sujeitando a Europa, faz parte dum formidavel plano geral de ruée contra todo o mundo.

O unico paiz que podia oppôr-se aos desejos americanos do norte – é o Brasil. Os latinos de todo o mundo põe nesse espantoso paiz todas as suas esperanças.

Mesmo que a Europa tivesse de ser escravizada pelas Americas – ao menos aproveitaria da lucta entre o dollar e o cruzeiro, com a inegável differença de que o brasileiro tem um grande respeito pela liberdade dos povos e pela civilização, abandonando por tal o utilitarismo absoluto do americano do norte.

E portanto não ha que extranhar a dedicada lhaneza com que a America do Norte procura ser agradavel à do Sul.

A doutrina de Monroe, está transformada num instrumento de politica imperialista, para atacar a independencia e a liberdade dos outros. De começo, comprehendo a doutrina de Monroe porque tinha o inviolavel principio de propulsionar a actividade nacional de maneira a bastar-se a si mesma. Era o credo dum paiz em marcha para a conquista dum logar até ao plano onde já se encontravam os outros. Era a porfiada these que Ibesen desenvolve num dos seus volumes e que termina pela synthese: o homem mais forte é o homem mais só. Estava certo. Não é, como se vê, um grito de domínio arrastando o grande paiz a tomar-lhe os valores, a roubar-lhe a independencia e a violar o direito. Monroe se hoje viesse ao mundo, com seu inegualavel espirito de perspicácia transformaria a sua phrase, diria certamente: A America basta aos americanos. (*FM*, "A conferencia de Havana e o Brasil", 18 fev. 1928, p.6)

A contradição entre o discurso diplomático norte-americano e as práticas bélicas daquele país foi objeto de destaque nas páginas dos jornais brasileiros, que se dedicaram, a cada circunstância, à elaboração de críticas, em geral dirigidas ao presidente e ao secretário de Estado norte-americanos. Exemplos dessas críticas podem ser visualizados, principalmente, nas páginas do *Correio da Manhã* e de *O Estado de S. Paulo*, em fins do mês de janeiro de 1928, mas também eram encontrados nas *Folhas*.[20]

Mesmo com todos os esforços empreendidos pelos norte-americanos durante o primeiro mês da conferência (janeiro), em fins de fevereiro de 1928, ocaso da assembleia, ocorreu um debate, em Havana, a respeito da ocupação da Nicarágua por tropas de *marines*, e este debate apareceu na primeira página do *Correio da Manhã*, numa cobertura produzida pelo próprio matutino carioca:

---

20 No dia 31 de janeiro de 1928, o *Correio da Manhã* publicou uma série de notas, provenientes da *United Press*, que discutiam a possibilidade de instauração de investigação, por parte do senado norte-americano, com o objetivo de averiguar a intervenção na Nicarágua, ainda que a contragosto do governo dos EUA. A investigação não ocorreu. Junto às notas, *CMh* publicou algumas informações acerca da Nicarágua, as quais intitulou "Aspectos e coisas pittorescas da Nicaragua", versando a respeito de características do povo e do território do país da América Central.

HAVANA, 4 de fevereiro de 1928. – A VI Conferencia Pan-Americana realisou, hoje, a sua primeira reunião verdadeiramente interessante. O telegrapho, em tempo opportuno, já divulgou pelo mundo em fora, o que foi esse prello sensacional. Testemunha que fomos dos debates, que, por vezes, assumiram feição alarmante, ameaçando derrubar de chofre a immensa obra do pan-americanismo tentaremos não descrever os factos, por já conhecidos, mas realçar circumnstancias curiosas que observamos naquella memoravel assemblea de nações.

Desde logo, não escapa à attenção do menos arguto o ambiente de hostilidade que se formou, em todos os paizes da America, mesmo naquelles que se acham em situação especial, contra os Estados Unidos. A intervenção yankee na Nicaragua, no momento mesmo em que, neste congresso se prega o respeito à soberania de todos os Estados, parece estar affirmando, de forma eloqüente, a insinceridade das palavras, mais ou menos expressivas, que pronunciam, a cada instante, os plenipotenciarios da grande Republica. E a desconfiança, como consequencia, augmenta, fazendo aballar até os espíritos mais optimistas quanto aos propósitos da protecção norte-americana.

De contrario, se não poderia explicar, convenientemente, a tempestade que, hoje, se levantou, sacudindo, em rajadas violentas, a maioria, ou melhor, a quasi unanimidade, dos paizes ora reunidos. Outro fora o ambiente, outros foram os exemplos da política protectora de Washington, e os debates teriam, por certo, transcorrido em calma e com serenidade. E isso porque sobre o assumpto em foco – a não intervenção de um Estado em outro – não havia duas opiniões diversas. Todas estavam de accordo. A divergencia cingia-se a uma questão de formula. Mas a paixão patriótica, louvável e digna sem duvida, como que cegava os contendores, mais os afastando a medida que a discussão se generalizava...

Os prenuncios

Pouco antes da abertura da conferencia, a impressão geral era de que os trabalhos estavam fadados a ruidoso fracasso. A delegação de São Salvador, por seu presidente, sr. Gustavo Guerrero, ministro das Relações Exteriores, em chegando a esta capital, condemnou, de modo formal, pela imprensa, a interferencia dos Estados Unidos na Nicaragua, deixando claro que o assumpto teria de ser tratado na conferencia. Outras representações, como a do Uruguay, tambem não tiveram reservas sobre a norma que as nortearia. À chegada do presidente Coolidge, os delegados norte-americanos fizeram divulgar que se achavam preparados para responder a interpellação sobre o caso e demonstrar a sinceridade de seus intuitos pacifistas. *Essa declaração serviu de deixa, ao que parece, para a delegação da Nicaragua, pois esta, immediatamente, fez sentir publicamente que desautoraria quaesquer iniciativas sobre o assumpto, accentuando que a ingerencia yankee fora reclamada – e não imposta – por todos os partidos políticos de sua pátria.*

Ainda assim, o sr. Charles Hughes, diplomata hábil e psychologo profundo, receando possíveis investidas de São Salvador – que parece ter vindo à conferencia somente para fazer pirraças ao colosso do Norte – encaixou, por via das duvidas, o sr. Guerrero na presidencia da commissão. Seria o meio de fechar-se a boca, arredando-o dos debates...

Com esse golpe de habilidade julgou-se morta a questão. E nos dias que succederam, em meio de troca de amabilidades, num rasgar de sedas incessante, mais se arraigou essa convicção, chegando-se a tel-a como realidade, ante a harmonia com que os Estados Unidos e o Mexico – o unico que restava capaz de quebrar o encantamento – viam os problemas de estado [...]

O ambiente nas camadas populares é de franca hostilidade ao chamado imperialismo yankee. Por occasião da abertura da Conferencia, ao içar das bandeiras dos vinte e um paizes reunidos, assistiu-se ao espetaculo grandioso da consagração, perante as altas autoridades norte-americanas, dos pavilhões de Mexico e da Nicaragua, em meio à displicência com que eram hasteados os das demais nações. E, hoje, não menos eloqüente foi a conducta do povo cubano. Os oradores contrarios à intervenção, irreconciliáveis, tinham as palavras abafadas pelos applausos ruidosos, emquanto os demais, contrarios tambem à intervenção, mas favoraveis a uma formula conciliatória, eram ouvidos numa atmosphera quase hostil. E o publico que ali estava, enchendo o salão, era constituído de estudantes e dos vultos de maior destaque da sociedade.

A coisa foi de tal ordem que até o delegado de Cuba, o embaixador Ferrara, por não formar na primeira corrente, por pouco não recebeu apupos [...]

O Brasil, a quem coube presidir a memoravel reunião, foi o ultimo a manifestar seu ponto de vista. Lembrando a formula conciliatória, sem a espectaculosidade de outros, fez muito mais, na opinião unanime dos espíritos ponderados, de que aquelles, pela concordia continental. Resta saber se as suas palavras de fé e de harmonia serão ouvidas pelos representantes dos demais paizes. De qualquer forma, o seu esforço em prol da paz no continente não poderá ser esquecido. E, após tantos dissabores, que a chancelaria passada provocou, o registro do procedimento actual é, sem duvida, confortador. Valha-nos, ao menos, isto. (*CMh*, "As consequencias da acção protectora dos Estados Unidos na America Central", 29 fev. 1928, p.1, grifos nossos)

    Ainda que tenha havido momentos de extrema instabilidade, como o acima citado, na reunião em Havana, demostrando que os Estados Unidos não saiam da assembleia incólumes, com o término da conferência permanecia nos defensores da soberania das nações uma espécie de sentimento de frustração, pois nenhuma medida efetiva pôde ser tomada contra os Estados Unidos, em prol da desocupação da Nicarágua. Os críticos perdiam seu espaço temporário de veiculação de ideias, criado pela Conferência, e os jornais gradativamente diminuíram o volume de publicações que diziam respeito aos embates que, diga-se de passagem, continuavam cada vez mais intensos em território nicaraguense.

    Apesar do fim da conferência, os jornais brasileiros não deixaram de lado seu posicionamento de atentar para as ações, quer fossem políticas, econômicas ou sociais, encabeçadas pelos norte-

-americanos. Exemplos significativos podem ser encontrados num artigo publicado na *Folha da Noite*, de 28 de julho de 1928, que versava acerca do pretenso caráter imperialista da concessão dada a Henry Ford, para exploração de áreas da Amazônia, no estado do Pará (*FM*, "Chegou a vez da Amazonia, atravéz da concessão Henry Ford", 28 jul. 1928, p.1), mas principalmente num editorial publicado no *Correio da Manhã*, de 9 de junho de 1928:

> Um telegramma da United Press conta que os fuzileiros navaes norte-americanos, empenhados na guerra de intervenção dos Estados Unidos nos negocios internos da Nicaragua, estão aprestando aviões com o fim de fazel-os voar sobre a zona do mallogrado paiz centro-americano, onde operaram os sandinistas.
>
> Mas ninguem pense que esses aviões levem toneladas de trotil para despejar sobre os patriotas insurgidos contra a traição do governo Diaz e contra a intromissão estranha da Aguia Americana. Não. O que elles farão cair sobre os liberaes em armas serão proclamações, offerecendo-lhes amnistia, se se renderem com armas e equipamentos.
>
> Certo, o que na realidade os *marines* do sr. Coolidge vão offerecer aos revoltosos será a traição em troca do esquecimento, e sem duvida os homens visados não abandonarão as suas ideas em bem da conquista fácil dos dominadores. Mas ao menos fica evidenciado que os norte-americanos não desdenham de assegurar ao inimigo de optima pontaria e com o fuzil ainda na mão o beneficio da esponja sobre o quadro negro do passado.
>
> Como se vê, até os imperialistas consideram a amnistia uma medida pacificadora e sempre opportuna. Só não a consideram como tal os turrões do Brasil que, julgando-se predestinados e imaginando que a medida exigida pela nação para os heroicos revoltados contra o bernardismo só a estes beneficia, estão firmes na negativa, esquecidos de que cada novo gesto de ódio contribuira para alargar mais o abysmo sobre que despenhará a lamentável olygarchia, que está infelicitando o paiz. (*CMh*, "Topicos & Noticias", 9 jun. 1928, p.4)

Para além da crítica aos EUA, pode-se visualizar, no trecho anterior, um recurso costumeiramente adotado pelo *Correio da Manhã*, mas também presente nos demais periódicos analisados: a utilização de temas internacionais como motivo para o comentário e crítica de problemas internos. A partir dos acontecimentos na Nicarágua, foram reivindicadas soluções para os dilemas nacionais que, como se sabe, não eram poucos em fins da década de 1920.[21]

Nos Estados Unidos, os problemas internos também se multiplicavam, e a eleição de Herbert Hoover, em fins do ano de 1928, ocorreu em torno de uma atmosfera de expectativa e de possibilidade de mudança e melhora, como bem ressaltou o *Correio da Manhã* em um longo artigo publicado no dia 4 de novembro de 1928.[22] Hoover, assim que foi eleito presidente, confirmou uma longa viagem de visita aos países latino-americanos, com o pretenso intuito de "desenvolver a cordialidade".[23] Os motivos da viagem foram exaustivamente debatidos nas páginas de todos os jornais analisados, e os argumentos apresentados pelos EUA não convenciam o "Juca Pato", célebre personagem das páginas da *Folha da Manhã* e da *Folha da Noite* que, no dia 10 de novembro de 1928, comentava de maneira bem-humorada, mas não menos crítica, a viagem do presidente norte-americano eleito:

> O sr. Hoover vem ahi! [...] Todo o mundo sabe quem é o sr. Hoover: é o bicho que vae dirigir, no proximo quatriennio presidencial, os destinos da Republica dos Estados Unidos da America do Norte, puxa.

---

21 Este recurso foi utilizado pelo *Correio da Manhã* num editorial publicado no dia 24 de novembro de 1928, no qual o matutino carioca se valeu da viagem de Herbert Hoover, e dos jornalistas que o acompanhavam, para criticar as leis de censura à imprensa que vigiam no Brasil, segundo o jornal utilizadas "[...] para acobertar as ligeirezas dos arruinadores desta terra [...]" (*CMh*, "Topicos & Noticias", 24/11/1928, p.4).
22 *CMh*, "As proximas eleições presidenciaes norte-americanas", 4/11/1928, p.1.
23 *CMh*, "A viagem do futuro presidente dos Estados Unidos vista pela imprensa norte-americana", 22/11/1928, p.1.

É um homem que ganhou lisamente as eleições, isto é, lisamente até quando o poude ser. Que houve estrepes e buracos, também alli não ha duvida. Mas, a tramoia lá é como cá: a mola da victoria de um partido não é a fraude, nem a violência, mas chelpas, chelpinhas e chelponas![24]

Quem mais chelpas tiver, para movimentar a opinião publica, emphase essencialmente "yankee" de propaganda eleitoral, – esse é que é o vulto nacional dos americanos ou o partido talhado para talhar o queijo da governação!

Pois bem. Vem ahi o sr. Hoover, candidato victorioso da Nação, prestigiado pelo Partido Republicano!

Homeiessa! Assim mesmo é que começa o começo do fim!

Assim mesmo é que o imperialismo se insinua. Todos nós sabemos que o sr. Hoover pertence à aggremiação contraria àquella do sr. Smith, que combate a política de intervenção nas republicas latino americanas...

Logo, tá certo. O presidente eleito dos Estados Unidos vem espiar, medir, apalpar de perto a largura do costado do Juca Pato! Está no seu papel, e no seu direito...

Mas, apraza aos céus que s. exa. o protestantismo traga bons olhos para ver que o Brasil não é precisamente a Nicaragua, e outras costadas mais ou menos ao alcance do paladar de Tio Sam!

Todavia... que beuba! (*FM*, 10 nov. 1928, p.5)

A viagem de Hoover se iniciou em fins do mês de novembro, com o presidente visitando cada país, e no início de dezembro, também bastante contundente – e bem-humorada – é a crítica do mesmo "Juca Pato":

Palavrinha franca! Tambem isto já dá na vista!

A esmola, quando demais...

O santo ta desconfiado. E, com razão. A principio, no começo, a rolha da cortezia e a vascina da hospitalidade, combinadas entre si para matar o Juca Pato na cabeça, faziam a gente engulir, sem dizer nem gato, aquillo que era substancialmente indigesto...

---

24 "Chelpa": dinheiro.

— Oh! Pois não, mister Hoover tem razão, talvez um pouco extravagante, mas no fundo é isso mesmo!...
O presidente eleito dos Estados Unidos, apesar de todas as fosquinhas do Adamastor sul-americano, vae furando, a bordo do "Maryland", as distancias traçadas na sua excursão...
No momento, cruza o Equador. E, sob um sol de rachar, s. exa. enguliu o banquete official. "Au desert", porém, vingou-se: affirmou a sua individualidade, que está provado não ha banquetes (nem o equatorial!...) que amolgue ou derreta: —
— "Sei que no coração do povo dos Estados Unidos existe um sentimento de boa vontade para com as republicas irmãs" — exclama o sr. Hoover.
Pucha! Qua baita franqueza, ruda e eruda...
Mas é sempre nesse diapasão que o estadista "yankee", nesta sua memoravel viagem a prestações, se vem dirigindo aos povos latino-americanos. Por mais que s. exa. procure dar um geito mais amavel à propria physionomia, no fim é aquella bulleza majestática, de bancar, por "spleen", elegancia ou philantropia, o tolerante benigno para com os fracos...
Ora, pirula. Pois, então sempre é verdade que inxeste mesmo, essa coisa no coração do norte-americano?!
Que grande novidade! Boa vontade...
Sabia o sr. Hoover que dellas está o inferno cheio inté os cornos da Lua?
Pois, tá... (*FM*, 4 dez. 1928, p.3)

A despeito do tom cômico conferido por "Juca Pato", personagem de Belmonte, às críticas, elas são extremamente duras e demonstram, com eloquência, a visão que se tinha da política externa norte-americana à época: uma ameaça constante, a ser observada com cautela. Contudo, pode-se dizer que a viagem de Hoover, para além de seu componente imperialista, pretendia-se um esforço de aproximação efetiva dos países latino-americanos, por motivos, sobretudo, econômicos. O novo presidente tinha consciência de que a política externa teria que ser gradativamente alterada, para a manutenção e ampliação dos mercados consumidores representados pelos países latino-americanos. Entretanto, durante sua administração, não deixou de intervir militarmente nos países, quando julgou conveniente, ainda que ao longo de sua incursão pela América tenha dito o contrário:

> Um jornal argentino, dos que traduzem o pensamento do presidente da Republica, noticiando a conferencia havida entre os srs. Hoover e Irigoyen, diz que assumpto versou sobre a política intervencionista dos Estados Unidos, que de algum tempo para cá vem alarmando os paizes latino-americanos.
> Inquirido sobre a política a ser seguida pelo seu governo, disse o sr. Hoover ao presidente argentino que ella será pautada e orientada pelo princípio do respeito e asseguramento a cada paiz da liberdade de resolver sosinho sobre os seus destinos e negocios internos.
> Justificando a attitude do governo actual, disse o presidente eleito que o sr. Coolidge, levando as forças norte-americanas a intervirem nos outros paizes, o fizera premido pelas circumstancias, sendo que nesse acto tivera que vencer não só a sua repugnancia, como a de todo o povo norte-americano.
> Das duas affirmações, – a que se refere ao seu governo e a que justifica a attitude do outro, – só nos interessa a primeira.
> O que está feito está feito.
> Com ou sem razão, premido ou não pelas circumstancias, vencendo a sua repugnancia ou agindo com intenção malevola, o certo é que os Estados Unidos, abusando dos fracos com seus vasos de guerra e os seus canhões, intervieram em paizes extranhos, passando com os seus soldados sobre a soberania alheia enxovalhadas. Nada adeanta ao sr. Hoover querer remendar o acto daquelle a quem irá succeder. O unico remedio, se houver, será o tempo, com o fatal esquecimento.
> O que interessa agora é a sua norma de conducta, nesta ponto, ao assumir o governo de seu paiz.
> E sobre o que fará, o sr. Hoover já se manifestou perante o sr. Irigoyen, ou melhor, perante a nação Argentina. As suas palavras,

repercutindo pela America, representam um sério compromisso assumido perante o continente.

O sr. Hoover falou pela nação norte-americana. Faltando a esse compromisso, não lhe deve causar extranheza a repulsa que o resto do continente venha a votar ao seu paiz e ao seu governo. Nessa repulsa incidem todos os que, sobrepondo interesses particulares e imperialistas ao respeito que se deve à soberania alheia, passam não só sobre a bandeira de paizes fracos, como tambem sobre a sua palavra de honra.

Não incida nisso o governo do sr. Hoover, são os votos de todo o povo latino-americano. (*FN*, "A renuncia ao imperialismo", 20 dez. 1928, p.1)

Outros artigos importantes foram publicados no fim do ano de 1928, versando acerca das "previsões" a respeito da possível conduta da política externa norte-americana no novo governo Hoover.[25] Retornava à pauta o tema do pan-americanismo, apontado, sobretudo durante a Sexta Conferência em Cuba, como uma bandeira fadada irremediavelmente ao fracasso, e agora apontado como possível justificativa para a viagem de Hoover e sua tentativa de reaproximação com os países latino-americanos, o que, segundo os periódicos brasileiros – com ênfase para o *Correio da Manhã* – não passaria de uma "desculpa", haja vista que o propósito fundamental, como já dissemos anteriormente, seria o reavivamento do intercâmbio comercial com os países do sul, que decaía sensivelmente. Isto sem contar no reaparecimento das menções, nas páginas dos jornais brasileiros, ao debate a respeito da construção do canal interoceânico através do território nicaraguense.[26]

---

25 Poderíamos citar, como exemplos mais significativos, os artigos "Hoover e o seu pan-americanismo" (*CMh*, 29/11/1928, p.2), "O que não convinha dizer ao sr. Hoover" (*CMh*, 5 jan. 1929, p.4).

26 Os dois artigos mais importantes dedicados à análise desta temática, nesse momento, apareceram no *Correio da Manhã* e foram intitulados "O projectado canal de Nicaragua" (*CMh*, 9 jan. 929, p.1) e "O canal que os Estados Unidos sempre quizeram e vão ter atravez de Nicaragua" (*CMh*, 13 jan. 1929, p.4).

Data de fins de 1928, um dos mais expressivos artigos veiculados por *OESP* em relação ao conflito na Nicarágua, talvez o mais expressivo, por se tratar de um extenso trecho de um editorial do jornal. É um comentário acerca da luta naquele país, veiculado na seção "Notas e Informações" que, como já mencionado, era o editorial do jornal na época, e seção de maior importância do periódico, por expressar mais explicitamente as concepções de seus representantes em relação às questões políticas, econômicas e sociais.

A importância dessa matéria reside no fato de que, em sua maioria, os editoriais de *OESP* – e dos jornais brasileiros em geral – dedicavam a maior parte de seu espaço aos comentários das questões nacionais, ainda que referências a questões internacionais estivessem presentes. No caso deste trecho, publicado no dia 6 de dezembro de 1928, se fazia referência às declarações do presidente norte-americano, Calvin Coolidge. Vejamos o trecho em sua totalidade:

> Um dos pontos delicados da política internacional americana é a attitude dos Estados Unidos com as pequeninas republicas da America Central. Essa attitude faz suppor, às vezes, que a grande Republica americana não tem em muito apreço a soberania das suas pequeninas irmans do continente. Ainda ha pouco, forças americanas combateram no territorio da Nicaragua cidadãos daquella Republica e, nas recentes eleições presidenciaes que alli se realizaram, appareceram nas vizinhanças das urnas com outro caracter que não o de simples espectadores de um acontecimento curioso...
>
> O sr. Coolidge acaba de explicar na mensagem que dirigiu ao Congresso americano, que só interviu na Nicaragua a pedido insistente do próprio governo nicaraguense. Os dois partidos existentes naquelle paiz solicitaram tambem, com empenho, a cooperação americana nas eleições. Ninguém pode suppor, concluiu s. exa., que os Estados Unidos alimentem quaesquer intenções militaristas ou imperialistas contra quaesquer paises europeus, como tambem não as possuem contra outras nações pequenas, das quaes não ambicionam coisa alguma.

Acceitemos estas palavras pelo que ellas soam. Taes declarações, se não destroem factos passados, constituem promessas para o futuro. Denotam, quando menos, a consciência, no governo americano, de que não é sustentável a política de intervenção na casa alheia e de que o interesse de todas as nações, assim das grandes como das pequenas, está no respeito integral da soberania de cada uma. O que precisamos na America, uns e outros, é aquillo que Rio Branco chamou o bafejo sempre crescente de amizade de todos os povos americanos. Deste lado do Atlantico nenhuma nação se deve deixar dominar de espírito aggressivo, de expansão e de conquista. Devem todas, à imitação da brasileira, como assignalou o mesmo Rio Branco, ambicionar engrandecer-se pelas obras fecundas da paz, com seus próprios elementos, dentro das fronteiras em que se fala a língua dos seus maiores.

As palavras do presidente Coolidge traduzem sentimento identico e definem o mesmo ideal. Merecem, portanto, os applausos dos bons americanos, quer sejam do centro, quer sejam do sul, que não desejam para o seu continente as misérias e as tormentas políticas dos outros. (*OESP*, "Notas e Informações", 6 dez. 1928, p.3)

Esse editorial demonstra algumas das concepções de *OESP* acerca do conflito naquele momento. Ainda que desaprovasse a atitude norte-americana em relação às "pequeninas repúblicas da América Central", o jornal fez questão de apresentar considerações nesse editorial que, de certa forma, demonstram o posicionamento por vezes indeciso e até mesmo contraditório do "bravo matutino", que parecia se encontrar numa situação desconfortável com o conflito, pois se referir a ele tornava imperativo criticar os desmandos imperialistas norte-americanos o que, julgamos, não devia ser tarefa simples para um grupo de indivíduos que admirava e espelhava-se na sociedade dos Estados Unidos como modelo a ser seguido no Brasil.

Nota-se, também, que apesar de passado quase um ano do fim da Sexta Conferência, muitos dos argumentos arrolados nesse editorial por *OESP* para criticar os Estados Unidos já haviam sido exaustivamente utilizados durante a reunião em Havana. A repetição – ou reaparecimento – de certos elementos de crítica nas páginas de jornais como O *Estado de S. Paulo* denota que os periódicos brasileiros tinham informações de que a situação na Nicarágua não havia se alterado em sua essência.

As críticas ao imperialismo norte-americano, como se pode perceber, não desapareceram com o fim da conferência em Havana; antes se mantiveram nos periódicos brasileiros, mesmo sem a concentração constatada à época da reunião na capital cubana. Ainda que timidamente – lembremos que os Estados Unidos só retiraram por completo as tropas da Nicarágua em 1933 – pode-se visualizar uma modificação na política externa norte-americana no início do ano de 1929, mudança que irá se radicalizar, segundo Schilling (1984, p.35), com o advento da crise de 1929, e o agente dessa alteração será, a partir de 1932, o presidente eleito Franklin Delano Roosevelt.

No que se refere às características da produção dos jornais brasileiros acerca do conflito na Nicarágua, a partir desse momento passa-se a enfocar, com maior ênfase – tal movimento tenderia a crescer até 1934 – a figura de Sandino e as notícias sobre as batalhas entre suas tropas e os *marines*, em detrimento do debate com relação às contradições entre a prática imperialista norte-americana e sua decadente, porém ainda viva, defesa do pan-americanismo.[27]

---

27 Contradição problematizada, por exemplo, num editorial do *Correio da Manhã*, do dia 18 de janeiro de 1929, intitulado "O mytho da paz!", que discutia a aprovação do pacto Kellogg, destinado a defender o desarmamento das nações e combater conflitos armados entre países. Contudo, como bem ressalta *CMh*, enquanto os Estados Unidos o defendiam e aprovavam, seus fuzileiros, em nome "[...] da paz, do direito das gentes, da autonomia dos povos, do mutuo respeito entre nações e da cordialidade panamericana, invadiam a Nicaragua". Ressaltava ainda o periódico do Rio de Janeiro que, no momento imediatamente após a aprovação do referido pacto, os EUA acrescentam quinze cruzadores à já poderosíssima frota americana, como dizia *CMh*, "[...] para contrabalancear a fantasia da paz, com que ridícula e hypocritamente o sr. Kellogg pensou enganar os que estão de olhos bem abertos..." (*CMh*, "Topicos & Noticias" [O mytho da paz!], 19 jan. 1929, p.4).

Vejamos, então, qual o caráter assumido pelos artigos e notas desde o início do ano de 1929.[28]

Da crise norte-americana à "Política da Boa Vizinhança"

Em fins de 1928 e início de 1929, o aparato governamental nicaraguense, que havia se alterado por conta das eleições, de certa forma estabilizou-se, e o governo norte-americano começou a perceber que as dificuldades econômicas e sociais que enfrentava dentro de seus limites territoriais eram cada vez mais graves, fazendo que as questões externas fossem perdendo importância no terreno das decisões estratégicas do Departamento de Estado dos EUA, que naquele momento passava a pensar em formas de manter a hegemonia no continente mesmo com as dificuldades que desembocariam na grande crise de 1929.

Devemos também mencionar que, nos anos de 1929 e 1930, se intensificou a predisposição do governo da Nicarágua em aceitar a fiscalização de seus processos eleitorais pelos norte-americanos. Isso já havia se dado na eleição de Moncada em 1928, e vai

---

28 Um dos últimos artigos a mencionar, com maior destaque, a temática do pan-americanismo, foi publicado no *Correio da Manhã* do dia 6 de março de 1929. Intitulado "Novos horizontes pan-americanos", versava a respeito de quais deveriam ser as expectativas brasileiras com relação ao governo de Hoover, dizendo que os brasileiros, "[...] pacifistas por índole, por humanitarismo e por determinação constitucional, sentem-se fortes no ambiente de cordialidade que se crearam e não se inclinam por illações. E porque se habituaram, num entendimento franco com a irmã mais velha, a comprehender a grandeza de alma com que esta se desempenha da sua missão continental, esperam que, como ocorrerá com o Brasil, as relações interamericanas recebam os benefícios de uma nova orientação na Casa Branca, oriunda das observações feitas *in loco* pelo espírito apprehendedor do novo presidente americano" (*CMh*, "Novos horizontes pan-americanos", 6 mar. 1929, p.4). A esperança de alguns, nesse caso brasileiros, na "boa vontade" norte-americana nos soa hoje quase ingênua.

acentuar-se durante o governo deste. Esse fato é facilmente notado através das notas publicadas nos periódicos brasileiros, ainda que as informações a respeito das eleições não fossem muito aprofundadas, pois os jornais davam preferência às notas que mencionavam Sandino, ou os conflitos de suas tropas com os norte-americanos.

No início de 1929, surgem artigos discutindo a Doutrina de Monroe, por causa dos ecos da Sexta Conferência Pan-americana e da Conferência de Conciliação e Arbitragem, ocorrida em Washington pouco tempo depois do fim da reunião em Cuba.[29] Assumindo a defesa ou criticando os Estados Unidos, o fato é que esses artigos são pouco percebidos, pois as atenções dos jornais estão voltadas para a partida de Sandino da Nicarágua, rumo ao México, onde pretendia encontrar apoio para sua causa.[30]

Entretanto, um evento específico motivou a publicação, no *Correio da Manhã*, de um artigo que novamente criticava os desmandos na Nicarágua. Assinado mais uma vez por João Prestes, correspondente do matutino carioca em Nova York, e veiculado no espaço comumente intitulado "O que vae pela Broadway", o artigo tomava como ponto de partida a passagem do controle da nação norte-americana de Calvin Coolidge para Herbert Hoover, para enumerar o "debito internacional de Coolidge":

---

29 No *Correio da Manhã* de 10 de abril de 1929, foi publicada uma nota referindo-se a uma afirmação do senador Borah, conhecido crítico das atitudes intervencionistas do Departamento de Estado de seu país, na qual o senador dizia que o referido departamento estaria preparando um documento que proporia uma redefinição e uma reconstituição histórica da doutrina Monroe, a partir do qual o presidente Hoover poderia basear um eventual esclarecimento quanto ao significado e a finalidade da doutrina naquele momento. O senador dizia: "Muitas interpretações têm sido dadas, afastando-se dos fins originarios da doutrina [...] A doutrina deveria permanecer em plena concordancia com os fins e os effeitos que Monroe enunciou" (*CMh*, 10/4/1929, p.1).

30 Os jornais publicaram diversas notas internacionais, que insistiram em vincular a partida de Sandino a um término das atividades revolucionárias, justificando sua viagem, na maioria das vezes, como uma "mudança" do general para o México.

Nova York, março de 1929.
Calvin Coolidge entregou as rédeas do governo ao seu successor [...]
Teria sido elle grande? Serão justos os elogios que se lhe fazem? Quem sabe? [...]
Não creio que em época alguma da historia os Estados Unidos tenham contado com tanta antipathia, animosidade e desconfiança no estrangeiro, como conseguiram crear durante este ultimo quadriennio. Não se pode impunemente arrotar fartura e grandeza no seio dos que padecem todas as agruras da fome e da miséria. Em todos os discursos de Coolidge brilhava o punhal impiedoso com que elle se deleitava em reabrir a chaga da Europa dilacerada [...]
A America Latina resentiu a política imperialista que levou os fuzileiros e aviadores aos campos da Nicaragua. Não contesto que a muitos dos paizes do nosso continente falta ainda sufficiente idoneidade para que lhes seja autorizado um governo autonomo. Mas isso não deve preoccupar as outras nações ao ponto de leval-as a se intrometterem nas pequeninas disputas locaes e quererem ensinar-lhes a ferro e fogo o modo pelo qual devem portar-se no futuro. O dever do forte é garantir a independencia do fraco e não abusar da sua força para lhe impôr a vontade e ditar-lhe leis. Isso não é sentimentalismo piegas e doentio, mas uma pura questão de justiça! Então só porque a topographia da Nicaragua se presta à construcção de um novo canal ligando os dois oceanos, deve alguem prival-a da sua liberdade? O Mexico arranja muito maior numero de revoluções e "pronunciamentos" do que toda a America Central, mas o Mexico também é um pouco mais forte e o seu terreno não offerece as grandes possibilidades de lá [...]. (*CMh,* "O occaso de Coolidge", 10 abr. 1929, p.1)

Em julho de 1929, são feitas menções à retirada das tropas de fuzileiros navais norte-americanos da Nicarágua. Considerando-se o fato de que essa época coincide com a viagem de Sandino rumo ao México, não há nada a se admirar com a saída de parte das tropas do território nicaraguense. Apenas uma parte, há que se ressaltar, pois quando o exército sandinista se reorganizou ainda haviam muitos fuzileiros – cerca de 1300, segundo nota publicada no *Correio da Manhã* de 24 de julho de 1929 – em diversos pontos da Nicarágua.

Enquanto da estada de Sandino em terras mexicanas, o número de notas e artigos a respeito do conflito em terras nicaraguenses diminui sensivelmente, e o próximo artigo importante a mencionar o debate acerca do pan-americanismo, apareceu em 27 de março de 1930, assinado por João Prestes, em sua coluna supracitada:

> **Nova York, março de 1930, –**
> É curioso notar-se que toda a attenção se concentra neste momento na pequena comedia que está sendo representada em Londres, como se os demais problemas internacionaes fossem de somenos importancia. A conferencia para se reduzirem os armamentos navaes, naturalmente, que deve interessar à todo o mundo, mas com franqueza, por causa das descabidas exigencias da França e da prudente attitude tradicional dos inglezes eu não vejo motivo algum para que se deixe em silencio e no mais absoluto desprezo um assumpto da máxima significação para nós, os filhos deste continente.
> Refiro-me ao Tratado Pan-Americano de Arbitragem que se acha ainda a dormir nos archivos do Senado, à espera da necessaria ratificação legislativa.
> Nunca houve um ensejo tão favoravel como este para os Estados Unidos darem provas da boa fé e sinceridade da sua política pacifista e da sua tão appregoada solidariedade com os outros paizes da America [...]
> O valor unico de qualquer tratado encontra-se na solenne promessa que um paiz faz de se submetter sempre às clausulas do contrato que assigna. Permittir-se ao Senado que julgue da conveniencia de se resolver uma questão qualquer por meios pacíficos, no momento em que as paixões estejam mais accesas e vivas, seria o mesmo que se declarar de antemão que o único meio seguro seria a guerra [...]

> Dizem os senadores que os latino-americanos não se fiam no Tio Sam, mas parece que temos o direito de duvidar da sua tão proclamada boa fé e amizade...
> O unico modo deste paiz provar de que não pretende illudir-nos é o de adoptar o Tratado Pan-Americano de Arbitragem o quanto antes e de cumprir à risca com todos os seus mandatos e disposições. Então, sim, todos nós acreditaremos com prazer na sinceridade de suas intenções e theorias. (*CMh*, "O pan-americanismo dos americanos", 27 mar. 1930, p.2)

Mencionando um dos momentos em que se esperava uma atitude de transformação definitiva do Departamento de Estado com relação à sua prática intervencionista, e publicado numa época em que as menções à Nicarágua se davam de maneira indireta, ou praticamente não existiam, o artigo acima mostra que alguns comentaristas ainda acreditavam numa transformação completa da política externa dos EUA, apesar de serem realistas quanto às chances disso ocorrer. Dentro dessa perspectiva, podemos mencionar um editorial do *Correio da Manhã*, de 30 de agosto de 1930, intitulado "O dia da paz mundial":

> Nos Estados Unidos foi festejado o "Dia da paz mundial", designação esta pela qual ficou assignalada a data da assignatura do pacto Kellog-Briand. Esse acto da iniciativa diplomatica franco-americana recebeu posteriormente a sua consagração universal pela adhesão de quase todos os governos das nações civilizadas. Assim foi reconhecida e proclamada a sua importancia decisiva para a estabilidade das boas relações internacionais, com as garantias de renuncia ao recurso da guerra como acção política das soberanias, nas mutuas garantias de amisade solennemente asseguradas pelas potencias signatarias.
> A commemoração do primeiro anniversario desse convenio culminou num grande almoço, realisado na cidade de Chicago, em que se fez ouvir o sr. Cartle, sub-secretario do governo americano. Como era natural, o orador, alludindo aos casos de intervenção na

America Central, procurou justificar taes actos, exculpando-os da argüição de imperialistas, pela difficuldade em que o seu paiz se encontraria para se manter indifferente aos pedidos de auxilio que lhe fossem eventualmente dirigidos, quando a simples remessa de alguns homens era bastante para restabelecer a ordem.

Não ha como estranhar essa defesa, que vem de molde à ultima interpretação norte-americana da doutrina de Monroe. Ao contrario, seria para admirar se de outra maneira se expressasse o interprete da politica internacional *yankee*.

Mas, tambem, não deve haver espanto em que todo o mundo não julgue tão innocente, como o preopinante, o "simples gesto de destacar soldados ao serviço do *direito*", para proteger os visinhos mais fracos.

Talvez ainda pudesse haver alguma coisa a salvaguardar, no tocante à independencia dos povos e respeito das soberanias. (*CMh*, "Topicos & Noticias", 30 ago. 1930, p.4)

Manifestava-se a iniciativa de "redefinir" a Doutrina Monroe, e isso evidentemente gerou comentários de diversos jornalistas. Nesse momento devemos destacar o *Correio da Manhã*, publicando inúmeras notas e artigos, como o periódico mais presente nos debates acerca das tentativas norte-americanas de reinterpretar seus atos do passado à luz daquele presente:

Albany, Nova York, 25 (Associated Press) – O secretario de Estado, sr. Stimson, em um discurso notavel perante a Convenção Republicana do Estado, hoje, elogiou a administração do presidente Hoover no conduzir dos negocios das Relações Exteriores, particularmente no que diz respeito dos Estados Unidos e aos paizes da America Latina.

"As relações entre este paiz e os da America Latina – disse elle – foram orientadas sobre novas bases mais solidas. E o sr. Stimson diz que isto foi o resultado das visitas de cordialidade do presidente Hoover às Américas do Sul e Central e das que realizaram a este paiz os presidentes eleitos do Brasil, da Colômbia e do Mexico.

[...] O sr. Stimson disse que a presença de fuzileiros navaes dos Estados Unidos no Haitii fôra aproveitada pelos forgicadores de intrigas para incitar o sentimento de suspeita, predispondo os Estados Unidos com America do Sul.

Como prova da boa vontade deste paiz para com os outros povos continentaes, o secretario de Estado citou a reducção do numero de fusileiros navaes na Nicaragua e no Haitii e o auxilio dos Estados Unidos para o solucionamento da questão de Tacna e Arica [...].
(*CMh*, 26 set. 1930, p.1)

Provas de boa vontade dos norte-americanos eram proclamadas aos quatro ventos pelos artífices de sua política externa, como vemos na nota acima. Contudo, a contradição permanecia, na medida em que as tropas que ainda estavam nos países latino-americanos prosseguiam o combate contra os grupos locais, e essa incongruência entre discurso e prática dos Estados Unidos – como vimos ao longo do capítulo, algo bastante comum desde o início da intervenção na Nicarágua – continuava a suscitar críticas:

Nova York, 5 (U.P.) – O sr. John Bassett Moore, antigo juiz da Côrte Internacional de Haya, falando na Ordem do Advogado de Nova York, esta noite, criticou a politica dos Estados Unidos na America Latina, considerando-a "como um navio perdido no nevoeiro", accrescentando que presentenmente essa politica é ineffectiva e perigosa e consiste "na supposição falsa e injustificavel de que o reconhecimento dos governos latino-americanos implica na approvação da sua constituição e do seu systema economico e do curso geral da sua conducta politica". O orador tomou os recentes acontecimentos no Brasil como illustração para a sua these. O sr. Moore falou do embargo opposto pelos Estados Unidos à venda de armas aos revolucionários brasileiros e affirmou que o Departamento de Estado se encontra numa posição esquerda, sendo obrigado a defender-se e allegando as obrigações internacionaes de accordo com a resolução do Congresso, originada pelas condições excepcionaes da controversia entre o presidente Wilson e o governo Huerta, do Mexico. (*CMh*, 6 dez. 1930, p.6)

Se nessa época os editoriais e até mesmo os artigos abordando o conflito na Nicarágua praticamente desaparecem das páginas dos jornais aqui analisados, a nota acima nos fornece uma pista de um dos motivos. Durante esse período poderíamos assinalar alguns fatores que "influenciaram" esse comportamento dos periódicos, dentre os quais o principal é a transição política pela qual passava o Brasil desde a ascensão de Getúlio Vargas como presidente do governo "revolucionário", "temporário" ou de "transição", em 1930. Desde então, os periódicos dedicavam grande parte de seu esforço interpretativo para a discussão das questões políticas internas, sobretudo nos editoriais.

A despeito da maior atenção dada pelos periódicos às questões internas, uns poucos artigos foram publicados, a partir do início de 1931, continuando o debate em torno das interpretações da Doutrina Monroe, do pan-americanismo e da contradição deste com a atitude intervencionista norte-americana, que havia diminuído, mas continuava a ameaçar os países latino-americanos. A Nicarágua é mencionada nesses artigos geralmente como exemplo dos desmandos dos EUA, mas deixa de ser assunto principal da maioria dos textos.[31]

---

31 Como dissemos, no caso das notas isso não se dá da mesma forma, pois os jornais continuavam a publicar notícias acerca dos combates em território nicaraguense, ainda que com menor frequência do que antes. No dia 15 de fevereiro de 1931, por exemplo, foram publicadas notas no *Correio da Manhã* que merecem menção, pois tratam dos "custos" da intervenção na Nicarágua para os Estados Unidos, das ordens recentes de desocupação do país por parte dos *marines*, e da posição de Sandino naquele momento:
Washington, 14 (Associated Press) – Em consequencia da decisão do governo de retirar as tropas de Nicaragua, ficou-se sabendo que a occupação do paiz tinha custado aos Estados Unidos a quantia de 6 milhões e 500 mil dollars. Desde 1926, os marinheiros travaram 300 combates com os revolucionários, perdendo 43 vidas.
Mexico, 14 (Associated Press) – O representante de Sandino nesta capital, sr. Pedro Zepeda declarou que a retirada gradativa de tropas de Nicaragua não traria a immediata pacificação do paiz, porquanto Sandino continuava em armas e havia de combater até o momento em que o ultimo fuzileiro americano deixasse o solo de Nicaragua. (*CMh*, 15 fev. 1931, p.3)

As temáticas acima mencionadas – imperialismo, pan-americanismo, soberania nacional, Doutrina Monroe, canal interoceânico – repetem-se ao longo do ano de 1931, aparecendo cada vez menos nas páginas dos jornais. Em contrapartida deste "desprestígio" do conflito nicaraguense nas páginas dos jornais aqui analisados, os anos de 1931 e 1932 se constituem na época de maior projeção e crescimento do "Exército Defensor da Soberania Nacional da Nicarágua".

Notícias das propostas de paz oferecidas por Sandino passam a ocupar as páginas dos jornais em 1931, e a desocupação vai sendo "esclarecida" para os leitores brasileiros, que há tanto acompanhavam o desenrolar dos fatos. Mesmo assim, não deixam de aparecer as notas mencionando o envio de novas tropas e navios dos Estados Unidos para combater os sandinistas.

Um artigo importante acerca da desocupação foi publicado no *Correio da Manhã*, em 30 de abril de 1931. Intitulado "A desoccupação da Nicaragua – E o dever dos povos latino-americanos", vinha do correspondente em Buenos Aires, Silo Meirelles:

> Segundo notícias telegraphicas chegadas de Washington, o governo norte-americano teria resolvido levantar a vergonhosa occupação militar com que, vae para vinte annos, opprime a soberania da Nicaragua e ultraja a consciencia politica dos povos latino-americanos.
>
> Stimson, em entendimento com Moncada, presidente nicaraguense, teria sido o inspirador de tal providencia, tendo assentado com elle as bases de um accordo segundo as quaes, em junho proximo, será retirado do territorio nacional o grosso dos contingentes navaes que ali se encontram, restando apenas 500 homens que se retirarão também, uma vez realizadas determinadas tarefas de ordem technica e policial, respectivamente junto ao exercito e aos ferro-carris do Estado centro-americano, e eleitos, o anno que vem, os seus futuros governantes. **O presidente Moncada, sem surpresa, alias, para quem conhece a sua triste chronica de revolucionario opportunista, sobretudo os antecedentes do man-**

dato que ora desempenha, mostra-se radiante com a solução encontrada para o vilipendio duríssimo a que foi submettido o seu povo, e, num rasgo de repugnante insensibilidade, teria chegado mesmo a declarar, segundo noticiaram alguns jornaes, que, ao encerrar-se tão negro episodio histórico, "ha motivos para agradecer à America do Norte ter querido tratar dos negocios nicaraguenses"! O governo de Washington, por sua vez, manifesta um grande jubilo pelo desfecho da questão. Stimson especialmente tão zeloso e absorvido que anda, estes últimos tempos, com a sua politica pan-americanista...

É mister, porém, que deante do acontecimento não percamos o critério com que vinhamos observando, até hontem, aquella revoltante mosntruosidade, attentatoria não já dos mandamentos fundamentaes do direito internacional, mas dos proprios sentimentos de fraternidade humana. Não nos perturbemos, nem com os indecorosos derramamentos de satisfação (usemos do euphemismo) de que teria sido presa o mandatario nicaraguense, nem com as alegrias de Stimson, personagem bem saliente em toda a grande tragedia que tem vivido a Nicaragua heroica de Sandino. Examinemos o facto, sem maiores emoções, friamente, como elle deve ser examinado.

Antes de tudo, convém accentuar que a desoccupação da Nicaragua não se effectuará senão daqui a um anno. Emquanto houver em seu territorio um unico marinheiro *yankee*, seja sob que pretexto for, ella não terá recobrado suas faculdades de nação livre. Continuará afrontada. Não importa que se reduzam, ou se promettam reduzir, paulatinamente, até extingui-los, os effectivos que lhe vem montando guarda. Do ponto de vista jurídico, a situação do Estado conservar-se-á a mesma.

La Prensa, em editorial singularmente claro, acaba de focalizar esse aspecto preliminar da questão, fazendo ressaltar que "haverá em controle estrangeiro nas actividades internas: o exercito nacional continuará sob o commando de norte-americanos; a aviação estado-unidense tomará parte, mais ou menos directa, na perseguição dos rebeldes e as eleições do anno vindouro serão fiscalizadas por funccionarios estranhos". E conclue assim: "A noticia da retirada das tropas não reveste a importancia que se lhe poderia attribuir, desde que se conserva um destacamento e se insiste em fiscalizar as futuras eleições". Assim, a começar pelo aspecto meramente jurídico, aquelle que é tão do agrado geral dos senhores da diplomacia, á flagrante a precariedade do accordo. Mas, só incidentalmente, eu me lembrei de examinal-o em face do direito...

Continuemos acompanhando a argumentação de Meirelles, espécie de resumo-síntese crítico da história do conflito:

> Tres motivos preponderantes, a meu ver, ditaram ao governo *yankee* a conducta que o mesmo acaba de ter, agora, para com a Nicaragua. Primeiro, a absoluta e urgente necessidade de reconciliar a sua politica, ferozmente imperialista, com a opinião de alguns nucleos de opposição que se tem formado contra ella em varios paizes latino-americanos. É o choque inevitável do grande conflicto inter-imperialista, que se vem desenhando, cada vez com maior nitidez, aos olhos de suas classes dirigentes. Urge mystificar, pois, com falsas e serodias demonstrações de fraternidade e com repetidas e espertas definições da *Doutrina de Monroe*, a nossa desventurada America Latina, para que os seus filhos vão morrer em defesa de interesses que não são os seus, vão para a guerra dar-se em holocausto à oppressão, à hypocrisia e à cupidez com que têm sido tratados, indifferentemente, pelas duas grandes forças em luta.
>
> Depois, descubro que, retirando as suas tropas da Nicaragua, o governo norte-americano obedece a uma opportuna medida de caracter orçamentario. Numa hora, como esta, em que o problema dos "sem trabalho" assume, por todos os cantos, proporções de verdadeira catastrophe, os Estados Unidos se vêem tambem assoberbados por seus effeitos. E cuidam de restringir ao mínimo indispensável os gastos dos seus orçamentos, dos militares sobretudo. Pode-se ter uma idea do que estes representam para a economia nacional, lembrando-se que dos 293 milhões de dollars que os mes-

mos consumiam em 1913, já reclamavam, em 1928, a elevadíssima somma de 653 milhões. Sei bem que com as despesas de seus marinheiros em território estrangeiro, não é que a União iria à bancarrota, mas sei tambem que a actual crise de super-producção, aggravada pelo retraimento geral dos mercados de consumo, reveste ali aspectos dia a dia mais agudos, pondo por terra a famosa lenda do "capitalismo prospero"... E os seus estadistas, certos embora do unico caminho que lhes resta, emquanto podem contemporizar, contemporizam, e vão fazendo as suas economiazinhas de palito, sobre tudo quando estas servem para tocar a emotividade do latino-americano...

O terceiro motivo determinante da generosidade do governo de Hoover com a Nicaragua está patente num facto concreto, iniludível e sabido: os seus soldados, abandonando amanhã o territorio que assaltaram, não deixarão, nem menos humilhado nem menos opprimido, o povo nicaraguense. Sua escravidão economica, base da escravidão politica e moral, que o suffoca ha tantos annos, não cessará. Não nos impressionemos com as palavras que se vão pronunciando, nem muito menos com as expressões jurídicas que ha de tornar o accordo leonino. Não foi por vaidade que Tio Sam occupou a Nicaragua, como tambem não foi por vaidade que ali esteve, esse tempo todo. O que elle pretendia conseguiu-o plenamente. Agora, pode largar a presa infeliz. Dominal-a por mais tempo, ou annexal-a, de vez, aos seus domínios: se não fosse demasiado oneroso, seria escandaloso e provocador...

Mas que é que o imperialismo norte-americano conseguiu do pequenino e indefeso paiz? Tudo quanto pretendia, ainda em 1909, quando começou a assalariar os politiqueiros nacionaes para a obra miserável de desorganizarem a Republica, cohonestando assim as primeiras intervenções para "restabelecimento da ordem" e preparando o campo para a sua futura politica de rapinagem legal. Conseguiu endividar o paiz até onde não iam as suas possibilidades economicas. Conseguiu apoderar-se de suas alfândegas, e dirigiu, e em seguida appropriou-se do Banco Nacional (1911), sob o pretexto de acautelar os interesses em Nova York. Conseguiu, segundo a mesma manobra indecorosa, apoderar-se das estradas de ferro nacionaes (1913). Conseguiu, ainda, o maximo que aspirara: exhausta a Nicaragua, o seu povo reduzido a angustiosa miseria, teve ella de firmar o *Tratado Bryan-Chamorro* (1914), pelo qual se lhe cedeu a chamada *zona do canal,* em pagamento dos emprestimos que fora compellida a contrair anteriormente. Conseguiu formar a *Alta Comissão,* composta de dois funcionários norte-americanos e de um lacaio nacional, por intermédio da qual passou a controlar toda a vida financeira e economica do Estado, sugando monstruosamente o sangue e a vida de suas massas trabalhadoras. Conseguiu, findo esse longo e atormentado captiveiro, conseguiu "vender" – pasmem de horror os homens de sentimento e de brio! – a pobre terra expoliada de Sandino tudo que fora arrancado do seu próprio patrimonio, e que não mais interessava aos onzenarios *yankees!* Conseguiu servir-se da "diplomacia" nicaraguense e perturbou, como exigiam os interesses de seu commercio e da sua politica, a vida de toda a America Central, até chegar à celebração dos famosos *Pactos de Washington* (1922-23) "que reaffirmam o *protectorado moral* da União sobre as cinco Republicas do isthmo"! Conseguiu isso tudo, fez conquistas como a da *zona do canal,* por exemplo, que lhe deve ficar "penhorada" durante dois seculos, e fala agora em desoccupar a Nicaragua, como se o não fizesse, senão depois de havel-a reduzido a um Estado de absoluta inanição economica e completa vassallagem politica!...

Não vejo a menor razão que justifique as notas alviçareiras com que alguns órgãos da imprensa sul-americana registraram a noticia de que a Nicaragua, afinal, iria recobrar sua independencia. Pelo contrario: vejo nesse facto o indicio claríssimo de que o governo de Hoover, longe de enveredar pelo caminho da "rectificação dos erros de seus antecessores", como viu *La Nación,* e outros diários desta capital, enveda, sim, pelo caminho tortuoso da mystificação, procurando com isso contornar ou vencer as justas resistencias que se

lhe oppõem, aqui e ali, e remendar, à pressas, a esfarrapada bandeira pan-americanista, à sombra da qual pensa offerecer batalha àquelles que conspiram, nesta hora, contra a segurança dos seus vastos domínios e contra a marcha dos seus altos negocios. Tio Sam tem que ir para a guerra, e não quer ir sozinho, nem, muito menos, na frente...
Em taes condições, é iniludível e clara a linha que devem seguir os povos latino-americanos.
É congregarem-se, solidamente, esperando, com coragem, a hora da luta. E, desencadeada a catastrophe, que elles se voltem conscientes de sua força, contra aquelles que os tem opprimido secularmente quebrando, do mesmo passo, os grilhões e as algemas com que os degradam os Moncada traidores que vivem de beijar a mão clementissima daquelle que trucidam e perseguem os Sandinos inflexíveis, que se **não deixam domesticar**! (*CMh*, "A desoccupação da Nicaragua – E o dever dos povos latino-americanos", 30 abr. 1931, p.2, itálicos no texto, negritos nossos)

Apesar de um pouco extenso, julgamos que a transcrição deste artigo é imprescindível para demonstrar que, apesar da maioria dos jornais analisados encontrar-se numa espécie de "apatia" diante dos acontecimentos que continuavam a se desenrolar na Nicarágua e nos círculos diplomático-estratégicos dos Estados Unidos e de outros países, o *Correio da Manhã* permaneceu em busca de informações que elucidassem o processo de desocupação do território nicaraguense e publicou, do nosso ponto de vista, o artigo mais importante dentro dessa perspectiva que estamos analisando neste capítulo, ou seja, a discussão da contradição fundamental e irreparável entre imperialismo e pan-americanismo, nas ações do Departamento de Estado dos EUA. Esse artigo merece destaque também por apresentar uma interpretação detalhada do conflito, com a qual, pode-se dizer, afiniza-se a maior parte da produção historiográfica acerca do conflito entre Nicarágua e EUA e do movimento sandinista com a qual dialogamos.

O ano de 1931 prosseguiu, e as notas e telegramas divulgando o envio de novas tropas para a Nicarágua não deixaram de aparecer. Em meio a esses acontecimentos, os Estados Unidos desistiram de construir o canal interoceânico por conta, sobretudo, do investimento vultoso que seria necessário, do qual, naquela circunstância, os norte-americanos não poderiam dispor.

O ano de 1932 não foi muito diferente de seu predecessor. Devemos lembrar que, naquele ano, ocorreu a chamada "Revolução Constitucionalista", em São Paulo. Durante o período de agitação revolucionária, *OESP*, há muito praticamente ausente dos debates acerca do conflito na Nicarágua,[32] partidário dos ideais dos grupos que lideravam a revolução, dedicou suas edições quase exclusivamente à narração dos acontecimentos e discussões acerca dos conflitos entre as tropas paulistas e as tropas governamentais. Nessa época as notas internacionais praticamente desapareceram das páginas do periódico.

Outra questão a ser ressaltada é um processo de transição na política externa norte-americana, que se concentrou em fins da gestão do presidente Herbert Hoover e culminou, no início de 1933, na desocupação definitiva da Nicarágua, pelo menos até 1936, no período que antecede a chamada "Dinastia Somoza" (1936-1979). Essa transição parece influenciar os jornais como *OESP* e as *Folhas* no sentido de diminuir as críticas ao governo norte-americano.

Cabe aqui tecer alguns comentários a respeito desse processo de transição na política externa norte-americana. Se até meados da década de 1920, os Estados Unidos adotavam para com a América Latina uma política que podemos considerar agressiva, de intervenção armada direta, a crise de 1929 terminou por fazer que a política externa dos Estados Unidos sofresse uma radical alteração.

---

32 Conforme se pode notar pelo pequeno número de menções que fizemos, neste último trecho do capítulo, há artigos e notas publicados em *O Estado de S. Paulo*. Para efeito de comparação entre o número de artigos e editoriais publicados por *OESP* e *CMh*, entre os anos de 1930 e 1934, ver as tabelas no Anexo A deste trabalho.

O principal agente dessa alteração foi o presidente Franklin D. Roosevelt, eleito em 1932 e empossado no ano seguinte. Tornou-se célebre sua afirmação sobre a necessidade dos Estados Unidos exercerem o papel de "bons vizinhos"[33] em relação aos demais países. A raiz dessa postura, de ênfase na diplomacia, se devia à fragilidade do país, então corroído pela crise e pela depressão.

No dia 3 de janeiro de 1933, conforme estabelecido anteriormente, os últimos fuzileiros navais norte-americanos abandonaram o território nicaraguense, deixando empossado o novo presidente Juan Bautista Sacasa e entregando o controle da Guarda Nacional aos nicaraguenses, nomeando como seu comandante Anastasio Somoza García. *OESP* publicou uma nota fazendo alusão à partida dos *marines*, no mesmo dia 3 de janeiro.

Em 1933, assume a presidência norte-americana Franklin D. Roosevelt. Envolto numa crise de dimensões até então desconhecidas, era natural que não pudesse brandir o "porrete" como seu semi-homônimo. Era necessário primeiro congelar os efeitos mais daninhos da depressão sobre a estrutura social e econômica dos Estados Unidos adotando-se a política do "novo trato" ou "nova ordem" (*New Deal*). A política de intervenção aberta tinha que ser substituída por um mecanismo mais sutil e sofisticado que o até então empregado, agindo com maior cautela em relação aos seus vizinhos, já que os norte-americanos também haviam percebido que a intervenção militar atrapalhava o uso efetivo do poder político e econômico dos Estados Unidos.

A partir de março de 1933, com a publicação de inúmeras notas a respeito da posse e das propostas de Roosevelt, cada vez mais vão desaparecendo as menções referentes à Nicarágua, até pelo fato da partida dos fuzileiros daquele país. As propostas da política da "boa vizinhança" de Roosevelt vão sendo explicitadas pelos jornais, de modo a esclarecer a "opinião pública" brasileira de quais eram os caminhos que se configuravam a partir daquele momento para a

---

33 Essa afirmação de Roosevelt foi publicada em *OESP*, no dia 05 de março de 1933, através da reprodução de seu discurso de posse.

política interna e externa norte-americana. Esses "caminhos" deveriam ser conhecidos pelos brasileiros, visto que tínhamos interesses comerciais com os norte-americanos, como, por exemplo, a questão da venda do café aos Estados Unidos.

Durante a Sétima Conferência Pan-americana, em Montevidéu, em fins do ano de 1933, consolidou-se essa política de Roosevelt, com a assinatura do "Pacto de Não-intervenção e Inviolabilidade de territórios". Se na Conferência de Havana, em 1928, os Estados Unidos foram duramente criticados por sua política de agressão à soberania dos países latino-americanos, na conferência seguinte os norte-americanos procuram se reorientar politicamente, para garantir sua hegemonia no continente, perante a pregação belicista de Hitler e a crescente influência do nazi-fascismo.

No início de 1934, a Nicarágua havia desaparecido definitivamente das páginas dos jornais brasileiros aqui analisados, quer os de postura "conciliatória", como *O Estado de S. Paulo, Folha da Manhã* e *Folha da Noite,* quer o *Correio da Manhã,* o órgão que mais duramente criticou os Estados Unidos ao longo de todo o período sobre o qual aqui nos debruçamos. As referências, quando existem, aparecem em notas tratando da reorientação da política externa norte-americana. O "pequenino país da América Central" voltou às manchetes, por um curto espaço de tempo, em fins do mês de fevereiro daquele ano, por conta do assassinato de Sandino, mas isso é assunto para o próximo capítulo.

* * *

Após a apresentação e análise do debate, veiculado pelos periódicos brasileiros, acerca da questão da intervenção norte-americana na Nicarágua a partir da confrontação entre as propostas pan-americanistas e as ações imperialistas praticadas pelos Estados Unidos – em detrimento da análise do movimento sandinista, de suas propostas e de seu líder –, pode-se perceber que o enfrentamento ocorrido na Nicarágua, entre os anos de 1926 e 1934, suscitou de maneira singular a discussão nas páginas dos periódicos brasileiros pesquisados – e em diversos periódicos ao redor do mundo, sobretudo durante a Sexta Conferência, em Havana –, do papel ocupado pelos norte-americanos na direção dos rumos da política externa e interna do continente.

A análise aqui realizada procurou destacar artigos, editoriais e notas nos quais esse debate se evidenciou, e nos quais o mote para a discussão foi a intervenção e manutenção das tropas de fuzileiros navais norte-americanos em terras nicaraguenses. Durante o período estudado, outros conflitos também foram provocadores de debate semelhante, como, por exemplo, a intervenção no Haiti, a questão (ou conflito) do Chaco Boreal e a questão (ou conflito) de Tacna e Arica. Contudo, acreditamos que o enfrentamento entre o movimento sandinista e os *marines* tenha sido, dentre os citados, o de maior repercussão e, consecutivamente, aquele que desencadeou com maior amplitude o debate a respeito da política externa norte--americana com relação à América Latina.

Cremos que os debates ocorridos durante a Conferência em Havana, em 1928, e outros momentos mencionados neste capítulo, corroboram nossa afirmação. No próximo capítulo, veremos qual foi o "tom" conferido pelos jornais do Brasil às propostas e práticas do movimento liderado por Augusto "César" Sandino, ainda que, neste caso, tenha havido a predominância das notas e telegramas das agências de notícias internacionais sobre os artigos e editoriais.

4
"PÁTRIA E LIBERDADE":
SANDINO E O MOVIMENTO SANDINISTA NA IMPRENSA BRASILEIRA

Sandino e o "Exército Defensor da Soberania Nacional da Nicarágua" surgiram nas páginas dos jornais brasileiros logo após a criação oficial do exército, em maio de 1927, e permaneceram sendo mencionados até a morte do líder revolucionário, em 1934. Em certos momentos, essas menções se restringiram basicamente às informações provenientes das agências internacionais, mas em outros a análise dos passos do líder revolucionário e de suas tropas se deu na forma de artigos e editoriais, e nessas ocasiões – mais raras – as opiniões a respeito da iniciativa guerrilheira sandinista aparecem explicitamente.

Depois de apresentada, no capítulo anterior, uma análise da produção veiculada pelos periódicos aqui estudados, a partir da temática da intervenção norte-americana na Nicarágua, tendo como referencial o debate entre o pan-americanismo e o imperialismo, nos dedicaremos neste capítulo à discussão da produção jornalística que examinou e comentou aspectos especificamente ligados ao movimento sandinista e seu líder.

Apresentando Sandino

As menções a Sandino surgiram nas páginas dos jornais brasileiros numa conjuntura de perigo iminente para os Estados Unidos, em virtude dos conflitos internos da Nicarágua, gerados pela "Guerra Constitucionalista", que não haviam se extinguido, e das pressões internas enfrentadas pelos *yankees*, que poderiam facilmente desestabilizar sua política exterior e até mesmo seu poderio militar e, sobretudo, seu poderio ideológico.

Nessa conjuntura surgem as referências específicas a Augusto "César" Sandino que, desde maio de 1927, havia constituído um grupo independente para combater os *marines* e a intervenção norte-americana na Nicarágua. As notas a respeito do "Exército Defensor da Soberania Nacional da Nicarágua" e, mais especificamente, a respeito das realizações das tropas de Sandino, avolumaram-se a partir de fins de 1927 tornando-se constantes durante o ano de 1928.

As primeiras notas a mencionar o nome do "general" aparecem, em *O Estado de S. Paulo*, por volta do dia 14 de maio de 1927, quando se noticiava a assinatura do pacto ao qual ele não havia se unido. Durante os meses seguintes, as vitórias de seu exército – captura da mina de San Albino, tomada de cidades, derrota de tropas de *marines* – vão fazendo crescer o interesse ao redor do mundo em torno da figura misteriosa que causava problemas às tropas norte-americanas.

No *Correio da Manhã*, a primeira menção ao nome de Sandino apareceu apenas no dia 17 de julho de 1927. Apresentada pelo título "Remanescentes da luta nicaraguense", dizia:

> **Managua, 16 (Associated Press)** – Foi organizado um forte destacamento de fuzileiros navaes dos Estados Unidos, dentre as tropas americanas desembarcadas no território da Nicaragua, para, em combinação com um outro destacamento especial de forças nicaraguenses, desempenhar uma missão militar contra remanescentes dos rebeldes que estiveram em luta contra o governo.
>
> Esses destacamentos acham-se em marcha sobre a mina de Elcotal,[1] de propriedade de cidadãos dos Estados Unidos e que está

---

1 Com base na nomenclatura das regiões políticas da Nicarágua, imagina-se que a nota estivesse falando a respeito da mina de San Albino, na região também conhecida como "Ocotal" ou "El Ocotal", e não "Elcotal", como consta na nota.

occupada pelo grupo commandado pelo general revolucionario Sandino. Esse chefe rebelde, que depois do accordo pacificador da Nicaragua, foi o unico que não concordou em depor armas, recusando a amnistia que foi concedida como parte do entendimento de paz, declarou terminantemente, em uma mensagem que dirigiu ao commandante dos fuzileiros americanos, que absolutamente não se entregará.[2] (*CMh*, 17 jul. 1927, p.1)

Dois dias depois, o mesmo jornal publicou nova nota intitulada "O general Sandino cumpriu a palavra", que inclusive foi destacada através de uma manchete na primeira página do periódico: "O general Sondino [sic], chefe rebelde nicaraguense, lutou dezesete horas contra um contingente de fuzileiros navaes americanos e tropas do governo de Managua". Vejamos a nota que versava acerca das características do enfrentamento anteriormente anunciado:[3]

Managua, 18 (Associated Press) – Cumprindo o que havia promettido ao commandante do contingente mixto de marinheiros americanos e forças militares nicaraguenses, o general revolucionario Sandino, que se recusara a acceitar a amnistia e reconhecer o accordo de pacificação, não se entregou. À approximação das

---

2 A mensagem de Sandino, dirigida ao capitão G.D. Hatfield, dizia o seguinte: "Campamento de El Chipote, Vía San Fernando.
   Al Capitán G.D. Hatfield.
   El Ocotal.
   Recibí su comunicación ayer y estoy entendido de ella. No me rendiré y aquí los espero. Yo quiero patria libre o morir. No les tengo miedo; cuento con el ardor del patriotismo de los que me acompañan.
   Patria y Libertad.
   A.C. SANDINO" (Sandino, 1988, p.46)
   A circular de Hatfield também consta na referida edição das obras de Sandino, logo em seguida ao trecho acima transcrito, e foi comentada pelo *Correio da Manhã*, juntamente com a resposta de Sandino, numa coluna de 13 de janeiro de 1928, que analisaremos ainda neste capítulo.
3 Tal enfrentamento também foi anunciado pela *Folha da Noite*, numa nota publicada no dia 12 de julho de 1927.

forças combinadas que lhe foram levar o "ultimatum", o general rebelde respondeu que reagiria até perder o ultimo cartucho. Localizado em Elcotal, com um effectivo calculado em 500 homens, o general Sandino offereceu resistencia, abrindo cerrado fogo contra as tropas atacantes. A luta foi formidavel, tendo o general e seus homens lutado sem cessar cerca de dezesete horas, a despeito da intervenção de aeroplanos norte-americanos, que bombardeavam suas posições.

Reunindo, por fim, poucos dos seus soldados restantes, posto que foram mortos mais de duzentos, o general rebelde conseguiu retirar-se, sem que se lhe conheça até agora o paradeiro certo.[4] (*CMh*, 19 jul. 1927, p.1)

Ainda em 21 de julho de 1927, o *Correio da Manhã*, procurando enfatizar a resistência sandinista, publicou mais duas notas tratando, respectivamente, da perseverança das tropas lideradas por Sandino, e da opinião do então secretário de Estado, Kellog, a respeito do líder revolucionário:

Managua, 20 (Associated Press) – Não obstante haver perdido em combate cerca de 300 homens, o general Sandino continua resistindo às forças americanas e nicaraguenses do general Hatfield, tendo conseguido abater um avião.

O general Sandino iniciou uma luta de guerrilhas.

Washington, 20 (Correio da Manhã) – O secretario de Estado Kellog, falando hontem à noite aos jornalistas sobre a situação em Nicaragua, declarou-lhes que o general Sandino não passa de um

---

4 Num documento de 16 de julho de 1927, Sandino diz que o número total de seus homens não passava de 60, incluindo camponeses desarmados. Ao longo de todo o período analisado, muitas outras notas e telegramas que versavam acerca de combates (sobretudo aquelas produzidas por agências norte-americanas, como a *Associated Press* e a *United Press*), apresentavam números a respeito das baixas e capturas de tropas sandinistas que, somados, estariam muito acima do total que elas possivelmente chegaram a possuir (algo próximo dos 6 mil homens, segundo estimativas).

aventureiro e que o mesmo não tem apoio nem dos liberaes nem dos consernadores. (*CMh*, 21 jul. 1927, p.1)

Nota-se que, desde as primeiras menções a Sandino e suas tropas, a interpretação norte-americana acerca dos fatos prevaleceu em virtude das notas e telegramas serem, em sua grande maioria, provenientes de agências de notícias *yankees*. Um primeiro exemplo significativo de artigo que modificou esta perspectiva apareceu também no *Correio da Manhã*, em 10 de setembro de 1927, na coluna "O que vae pela Broadway", do correspondente do jornal nos Estados Unidos, João Prestes. Apesar de já transcrito no capítulo anterior (p.150-52), julgamos que o texto merece aqui nova menção, por conta dos temas debatidos neste capítulo:

> **Nova York,** agosto de 1927
> Honra aos heroes! Louvemos os actos de bravura dos fuzileiros que se cobriram de glorias nos campos da Nicaragua! Curvemo-nos respeitosos perante esse pequeno destacamento que derrotou o inimigo, vinte vezes seu superior em numero! Inimigo? Mas no dizer dos poderes desta nação os Estados Unidos não se acham em guerra com a Nicaragua – ao contrario... Portanto, onde a inimizade? Mas que importa? Que importa, se o nosso sentimento de justiça se ergue indignado perante os abusos que boquiabertos comtemplamos? Que importa, se o mundo inteiro brada contra esse modo de mostrar amizade? Tudo quanto nos resta, é seguir a turba e erguer hosannas aos fortes e poderosos!... Os jornaes daqui explicam que ha na Nicaragua antigos partidarios de Sacasa que approvam a acção da Infantaria da Marinha... Se os carneiros pudessem ser comprehendidos nos seus tristes queixumes, ao marcharem para o matadouro, talvez, oh, leitor amigo, viesses a descobrir que os seus balidos sentimentaes não passam de elogios à rubra gloria do carniceiro que os abate, uns após os outros. A purpura que cobre os açougueiros até hoje ainda não havia sido considerada como padrão de gloria.
> Na edade da aviação militar é a aguia, – serena e majestosa, na sua altura invulneravel, – quem domina. E o que a impõe ao respeito dos outros animaes é o sangue que lhe tinge as garras aduncas!

No dilacerado seio de uma pequena republica da America Central, trezentos e sessenta cadaveres attestam ao mundo que a vontade dos fortes é a lei dos fracos... E sobre elles, deleitando-se com o festim dos corvos, paira a aguia sobrancelra... Ocotal é uma pequena povoação que dista cerca de cento e dez milhas de Managua. A villa achava-se guarnecida por uns quarenta fuzileiros navaes americanos e outros tantos soldados da renegada milícia de Diaz, que haviam sido trenados pelos officiaes da marinha dos Estados Unidos. A guarnição achava-se sob o commando do capitão G. D. Hatfield. Na madrugada de 16 de julho as forças do caudilho Sandino sitiaram a pequena povoação.

[...] As aguerridas tropas de Sandino eram constituídas pelos mais exímios atiradores, Depois de dezessete horas de cerrado tiroteio, sempre conseguiram matar um e ferir dois... Meu Deus, mas que acaso! É consolador dizel-o. *O povo americano em sua absoluta maioria é muito contra essa politica internacional do seu governo, por isso mesmo os boletins officiaes procuram justificar a carnificina rezando: "Atacados por bandidos, em defesa propria, os nossos fuzileiros tiveram que responder ao fogo dos aggressores resultando dahi essas mortes que todos temos a lamentar".*

Bandidos! São bandidos porque abandonaram os seus instrumentos agrarios para tomar do rifle e procurar expulsar de seu solo o estrangeiro que ditava a lei! Bandidos, por não poderem comprehender a razão porque haviam de sacrificar-se para o beneficio de senhores de outras plagas que os escravizam! Bandidos, porque não queriam admittir que um estrangeiro qualquer, a ponta de baioneta, sob o pretexto de amizade, colocasse no poder um filho renegado e sem escrupulos! Bandidos, sim, porque foram condemnados à morte para a maior gloria da Wall Street!

[...] Os fuzileiros foram atacados e tiveram que responder ao fogo em defesa propria. Mas que estão elles fazendo lá? Se os Estados Unidos não se acham em guerra com a Nicaragua, como pôde Kellog justificar a presença de seus fuzileiros bem providos de armas e munições e a dos aviões de combate carregados de bombas?

[...] A pagina escripta em Ocotal, com letras escarlates, é uma lição para os fracos que ousam oppor-se aos desejos dos poderosos!

> *E emquanto soldados e aviões matam, exterminam, escravizam os povos pequenos, nas douradas salas de Genebra os representantes da nação pedem equiparação dos armamentos navaes para a garantia da Paz Universal!* (*CMh*, "O direito dos fortes", 10 set. 1927, p.2, grifos nossos)

Nesse artigo, ao contrário da tendência anterior, a crítica aos Estados Unidos aparece de maneira contundente. Atentando para os trechos, que destacamos em itálico, poderemos notar também uma defesa dos motivos pelos quais Sandino e suas tropas lutavam contra os norte-americanos, desqualificando aqueles que insistiam em chamar os sandinistas de bandidos. O artigo expressa uma tendência que seria verificável nas páginas do *Correio da Manhã* desse momento em diante: os artigos produzidos pelos correspondentes e colaboradores internacionais assumiram papel fundamental na contraposição às ideias veiculadas através das agências de notícias norte-americanas, notas e telegramas que não deixaram de aparecer nem mesmo nas páginas do *Correio da Manhã*, mas que foram veiculadas num volume mais expressivo, por exemplo, em *O Estado de S. Paulo*.[5]

Em fins do ano de 1927, com a aproximação da Sexta Conferência Pan-americana (analisada no capítulo anterior), as menções a Sandino e a seu exército, que se restringiram basicamente, nesse primeiro período – do início de 1926 ao fim de 1927 –, a comentários, através de notas e telegramas internacionais, a respeito das batalhas travadas entre os sandinistas e as tropas aliadas de *marines* e soldados do governo da Nicarágua, praticamente desapareceram. Conforme procuramos mostrar no terceiro capítulo, o centro do debate passa a ser ocupado pelo confronto entre as ideias e propostas pan-americanistas e as práticas imperialistas dos norte-americanos. Deve-se ressaltar que, apesar de haver artigos e editoriais publicados ao longo do período analisado tratando especificamente

---

5 Conforme ressaltamos no capítulo anterior, a crescente importância dos correspondentes e colaboradores internacionais, principalmente no caso do *Correio da Manhã*, trouxe novos elementos para a conformação de um argumento crítico acerca das atitudes dos Estados Unidos em terras nicaraguenses.

de Sandino e do "Exército Defensor da Soberania Nacional da Nicarágua", a maior parte das notícias veiculadas pelos periódicos a respeito dos sandinistas abordava questões de menor relevância como as acima mencionadas (batalhas travadas, número de baixas), deixando de lado a discussão acerca do ideário norteador das práticas do exército revolucionário e de seu líder. Alguns editoriais, notas e artigos procuraram essa discussão, ainda que mencionassem a conferência vindoura, e a eles faremos menção.

A despeito da tendência acima referida, notas significativas a respeito das intenções de Sandino foram publicadas, em *CMh* e em *OESP*, nos dias 5 e 7 de janeiro de 1928, respectivamente. Vejamos o que diziam:

> **Mexico, 4 (Associated Press)** – O dr. Zepeda, representante nesta capital do sr. Sacasa, chefe liberal nicaraguense, declarou que *as actividades actuaes do chefe revolucionario Sandini* [sic] *têm por fim chamar a attenção do mundo para a "invasão americana" e levar o facto ao conhecimento da proxima conferencia pan-americana*, que se reunirá em Havana, no corrente mês. (*CMh*, 5 jan. 1928, p.1, grifo nosso)

> **Os firmes propósitos do general Sandino. Mexico, 6 (U.P.)** – O sr. Zepeda, representante do general Sandino no México, publicou uma carta deste, escripta em 04 de setembro a um amigo de Tegucigalpa, dizendo: "Lutarei emquanto bater o meu coração. A Nicaragua não pode ser um centro de imperialistas. Possuo cinco toneladas de dynamite no meu arsenal, que farei explodir com as minhas proprias mãos. E os que ouvirem o estampido deverão ficar sabendo que o general Sandino morreu, mas não se deixou cahir mas mãos dos invasores traiçoeiros, para que não lhe profannassem os despojos".[6] (*OESP*, 7 jan. 1928, p.5)

---

6 Devemos atentar, nessas notas especificamente, para a contradição das informações. Na primeira delas, Zepeda é denominado representante de Sacasa no México, enquanto na segunda aparece a informação correta: ele era representante de Sandino.

No mesmo dia 7 de janeiro de 1928, o *Correio da Manhã* dedicou um trecho de seu editorial ("Topicos & Noticias") para manifestar seu apoio a Sandino, uma "das principaes figuras da historia da America":

> O nome do general nicaraguense Sandino deve inscrever-se entre os das principaes figuras da historia da America.
> Muita gente suppõe que todos os paizes do hemispherio occidental são livres e independentes, mas isto é uma illusão, pelo menos quanto às pequenas Republicas que a Aguia Americana, apoiando-se na interpretação exclusivamente sua do fallecido e desmoralizado monroismo, collocou sob a *protecção* das sutis azas e das suas garras.
> Ainda agora, o officialismo dos paizes latino-americanos está assistindo ao maior dos crimes internacionaes hodiernos, que é a conquista da Nicaragua pelos dollars e pelos *marines* dos Estados Unidos, **e a não serem os protestos particulares, pela imprensa, tudo correria muito bem para o imperialismo dos Estados Unidos, do qual é expoente a senectude do sr. Frank Kellog.**
> **Sem o menor protesto do mundo latino official,** os norte-americanos mantêm uma *linha de frente* na infeliz Republica da America Central, **praticando a covardia de atacar um grupo minusculo de patriotas e a calumnia de considerar bandidos os chefiados do novo Bolívar, que em Quitali**[7] **bateu bravamente os bandoleiros da maior potencia americana, atirados à conquista das terras alheias numa rapina que deve ter seu termo.**
> Esses acontecimentos estão-se dando nas proximidades da inauguração da Conferência Pan-Americana de Havana, e essa conferencia passará a ser uma inutilidade custosa e apalhaçada, se não tomar a si a defesa de um povo entregue à discreção a um conquistador insaciável.

---

7 O nome correto dessa região nicaraguense é Quilali.

Sandino é um remanescente dos heroes da independencia continental e o resto da America, ao reunir-se na capital cubana, deverá honrar-lhe o nome, patrocinando-lhe a causa nobre, para não se deshonrar com a submissão vergonhosa às velleidades do sr. Kellog. (CMh, "Topicos & Noticias", 7 jan. 1928, p.4, itálicos no texto, negritos nossos)

O editorial acima é exemplo do posicionamento crítico a respeito da intervenção norte-americana na Nicarágua encontrado particularmente no *Correio da Manhã*, jornal que dedicou editoriais e artigos à discussão dos propósitos de Sandino e de seus comandados. É significativa a comparação estabelecida entre Bolívar e o líder revolucionário nicaraguense, sugerindo uma linha de continuidade entre os ideais do primeiro e do segundo, de libertação da América do jugo dos dominadores. Sandino é apresentado como "um remanescente dos heroes da independencia continental", associando ainda, implicitamente, o "general" a outros emblemas da libertação do continente do domínio espanhol, como San Martín.

Outras notas que merecem destaque foram publicadas ainda no dia 7 de janeiro de 1928, também no *Correio da Manhã* e, apesar de serem provenientes da *Associated Press*, expunham as contradições provocadas pela mobilização intervencionista na Nicarágua, inclusive no seio das tropas de fuzileiros:

Washington, 6 (Associated Press) – O estado-maior das forças navaes norte-americanas em operações na Nicaragua informa que as tropas rebeldes do general Sandino foram reforçadas, apresentando uma efficiencia combativa como nunca tiveram desde que iniciaram a luta.

Suppõe o commando americano que os rebeldes receberam grande quantidade de munições e armamento do estrangeiro.

Washington, 6 (Associated Press) – O estado-maior das forças navaes norte-americanas em operações na Nicaragua communicou ao Departamento da Marinha a deserção de dois homens que se foram juntar aos rebeldes do general Sandino. O chefe revolucionario approveitou-os com [sic] instructores.

Washington, 6 (Associated Press) – Noticia-se de Managua que dois fuzileiros navaes dos Estados Unidos, capturados pelo general Sandino, receberam ordem do seu captor de se reunirem aos rebeldes, se não preferissem a morte. Os prisioneiros escolheram a primeira condição.

Os registros officiaes mostram que desapareceram cinco fuzileiros navaes americanos desde agosto, na Nicaragua.

Chicago, 6 (Associated Press) – O sr. Horace Knowles, ex--ministro dos Estados Unidos na Nicaragua, em uma discussão publica, manifestou a sua opinião de que os Estados Unidos haviam errado, reconhecendo o governo do sr. Diaz, pois o conveniente seria apoiar o general Sandino e tambem manter uma attitude de amizade.

O professor William Hass, collocando-se em campo opposto ao do sr. Knowles, sustenta que a Nicaragua ainda não está em situação de ter um governo constitucional e suggere o estabelecimento do protectorado dos Estados Unidos.[8] (*CMh*, 7 jan. 1928, p.4)

Em meio a essa profusão de informações e interpretações contraditórias foram apresentados, ao público leitor dos periódicos brasileiros estudados, Augusto "César" Sandino e seu exército. As contradições, como se pode notar pelas notas, não ocorriam apenas nas páginas dos jornais, mas também nos debates travados nos círculos políticos ao redor do mundo, inclusive nos Estados Unidos. Por conta dessas polêmicas no interior da política norte-americana tornou-se recorrente o aparecimento, nas notas e telegramas inter-

---

8 Knowles já havia se manifestado nessa direção, em setembro de 1927, durante um discurso, que foi mencionado pela *Folha da Noite*, em 7 de setembro de 1927.

nacionais, do nome do senador Borah, opositor ferrenho à intervenção, e que manifestou sua opinião por diversas vezes nesse sentido. Algumas notas trouxeram menções à divulgação de comunicados e documentos diversos por Sandino. Contudo, poucas vezes essas menções foram acompanhadas de análises das ideias propostas e defendidas pelo chefe sandinista. Em contrapartida, ao que parece como esforço de demonstração de seu poderio bélico, os Estados Unidos continuavam a divulgar, através de suas agências de notícias "oficiais/oficiosas", informações a respeito dos efetivos mobilizados para combater os "rebeldes" e "bandidos" nicaraguenses. No dia 10 de janeiro de 1928, uma manchete do *Correio da Manhã* dizia: "Vinte e quatro mil homens reunidos pelos Estados Unidos para dar combate ao pequenino exercito nicaraguense do general Sandino!":[9]

> **Washington, 9 (Associated Press)** – Os reforços para a campanha militar nicaraguense estão-se concentrando hoje em San Diego, California; Norfolk, Virginia e Charleston, South Carolina. São na maioria fusileiros navaes tirados de tres pontos e todos veteranos.
>
> Quando os mil fusileiros do leste e do oeste se reunirem na zona de batalha, serão ao todo de 24.000 homens as forças em Nicaragua que, segundo a opinião do general Lejeune, devotarão as suas actividades à eliminação do general Sandino do horizonte de Nicaragua, que sem elle seria o mais pacifico, e isto deve occorrer antes de agosto, data das eleições presidenciaes. (*CMh*, 10 jan. 1928, p.1)

Durante os meses de janeiro e fevereiro de 1928, com o desenrolar da Sexta Conferência, os jornais dedicaram maior atenção aos debates que ocorriam em Havana, e as notícias a respeito dos acontecimentos na Nicarágua se restringiram quase exclusivamente às notas e telegramas internacionais. De qualquer maneira, o esforço

---

9 Lembremos que este recurso de utilização de manchetes, na primeira página, para dar destaque à determinadas notas ou artigos, foi um artifício utilizado basicamente pelo *Correio da Manhã*.

de eliminação dos sandinistas continuou a ser noticiado, implicando na perpetuação do discurso contraditório entre os ideais, pacifistas e pan-americanistas, propugnados pelos diplomatas norte-americanos em Cuba, e a prática militar imperialista empregada contra o povo da Nicarágua.

Um exemplo significativo do acompanhamento dos acontecimentos em terras nicaraguenses foi publicado pelo *Correio da Manhã*, em prol do seu esforço de crítica aos Estados Unidos, no dia 13 de janeiro de 1928, numa coluna na primeira página, com a transcrição de comunicados de Sandino, demonstração de apoio às palavras proferidas pelo "general":

> **Para que se tenha uma noção exacta do que são os arreganhos do imperialismo norte-americano, toda a vez que a aguia afia as garras para estrangular a liberdade dos paizes mais fracos do continente**, basta que transcrevamos o *ultimatum* que em julho de 1927 o capitão Hatfield, da Armada dos Estados Unidos, dirigiu ao general Sandino, chefe da revolução nicaraguense. **Esse documento vale pelos melhores commentarios que se possam fazer à arrogância norte-americana.** Eil-o:
> "General A.C. Sandino – San Fernando – Nicaragua – Parece impossível que v. s. ainda permaneça surdo a propostas razoaveis, e ainda, apezar de suas respostas insolentes às minhas anteriores insinuações, venha eu de novo dar a v. s. uma opportunidade mais para render-se com honra. Como v. s. ha de saber, sem duvida alguma, estamos preparados para atacal-o nas suas posições, e liquidar de uma vez por todas as suas forças e a sua pessoa se v. s. insistir em oppôr resistencia. Mais ainda: se v. s. lograr escapar-se para Honduras, ou para qualquer outra parte, sua cabeça será posta a premio e nunca poderá v. s. volver em paz à sua patria, mas como um bandido que afugentaria os seus proprios patricios. Se vier a Ocotal com todas as suas forças e entregar suas armas pacificamente, terá v. s. com os seus soldados garantias que lhe offereço como representante de uma grande nação poderosa que não ganha batalhas com traição. Ficará assim v. s. na possibilidade de viver uma vida útil e

honrada na sua propria patria, sendo-lhe possível tambem, amanhã, ajudar os seus patricios, dando agora para o futuro um exemplo de rectidão e de caudilho. De outra forma, será v. s. desterrado e 'fora da lei', perseguido onde quer que se encontre e repudiado por toda a parte, à espera de uma morte vergonhosa, não a do soldado que cae na batalha, mas a do criminoso que merece ser morto pelas costas pelos proprios perseguidores. Ninguem, 'fora da lei', conseguiu até hoje prosperar ou morrer contente; e como exemplo de um que estava no mesmo caso ha vinte e cinco passos a tempo, permitto-me chamar sua attenção para Aguinaldo, das Philippinas, que chegou depois a ser o maior dos caudilhos e um esplendido amigo dos Estados Unidos. Para terminar desejo informar-lhe que a Nicaragua teve a sua ultima revolução, e que os seus soldados, por felicidade, não terão mais opportunidade de empregar as suas actividades em lutas. Tem v. s. dois dias para dar-me uma resposta que salvará a vida de muitos dos seus companheiros, e se v. s. é o patriota que pretende ser eu o esperarei em Ocotal, às 8 horas da manhã do dia 14 de julho de 1927. Faça o favor de dizer-me da sua resolução, se sim ou não, e desejo sinceramente, por bem dos seus soldados e de v. s. mesmo, que a resposta seja sim. – G.D. Hatfield, U.S. Marine Corps. Commanding Officer, Ocotal, Segovia".

E a coluna do *Correio da Manhã* prosseguia, com a resposta de Sandino[10]:

A essa insolente e audaciosa intimação, dirigida ao chefe de uma revolução que se desenrola em um paiz livre, Sandino apressou-se a dar esta singela e altiva resposta:
"Acampamento de Chipote, via San Fernando. – Capitão G.D. Hatfield – Ocotal – Recebi sua communicação hontem e estou inteirado della. Não me renderei e aqui os espero. Quero a patria livre ou a morte. Não os receio. Conto com o ardor do patriotismo daquelles que me acompanham. – A.C. Sandino".

---

10 Já exposta na nota 2 deste capítulo.

Quem responde com tanta sobranceria, um *ultimatum* partido de um representante do paiz que tudo pode na America não é positivamente um bandido, nem pode ser considerado fora da lei como pretende aquelle mandatario da aguia norte-americana. Sandino é, para toda a America livre, um Bolívar em miniatura. Elle mesmo se defini nestas palavras: "Sou nicaraguense e orgulhoso de sentir que nas minhas veias circula, mais que tudo, o sangue indígena, que por atavismo encerra o mysterio de ser patriota, leal e sincero. O vinculo de nacionalidade dá-me o direito de assumir a responsabilidade dos meus actos, sem me importar que os pessimistas e covardes me dêm o titulo que à sua qualidade de eunuchos mais convenha. Meu ideal campeia em um amplo horizonte de internacionalismo, que representa o direito de ser livre e o direito de justiça, ainda que para alcançal-os seja necessário construir os seus alicerces com base de sangue. Sou plebeu, dirão os olygarchas. Não importa. Minha maior honra é surgir do seio dos opprimidos, que são alma e nervo da raça e que têm vivido postergados, à mercê dos desavergonhados sicarios que ajudaram a incubar o crime de alta traição, mostrando-se indifferentes à dor e miseria do liberalismo e aos quaes perseguiam encarniçadamente como se não fossemos filhos de uma mesma nação".

Em outro topico da proclamação que lançou ao se tornar chefe do actual movimento, o general Sandino diz:

"Quem são os que ataram minha patria no poste da ignomínia? Diaz e Chamorro. E ainda querem esses mercenarios ter o direito de se declarar olygarchas apoiados pela Springpield do invasor. Mil vezes não! A revolução liberal para mim e os meus companheiros de armas que não trairam, que não claudicaram e que não venderam os seus fuzis para satisfazer sua ambição, está de pé, e hoje mais que nunca está fortalecida, porque somente permanecerão nella os elementos que deixaram demonstrados o valor e a abnegação de que se acha revestido todo o liberal".

Como se sabe, os Estados Unidos possuem actualmente na Nicaragua um exercito de 24.000 marinheiros para combater o heróico exercito de Sandino, calculado em quinhentos homens. É fatal a derrota do chefe liberal nicaraguense; mas a victoria não honrará o vencedor, que está convencido de que na Conferencia de Havana ninguém ousará erguer a voz contra a conquista... (*CMh*, "Os acontecimentos de Nicaragua", 13 jan. 1928, p.1, itálicos no texto, **negritos nossos)

Temos acima mais um exemplo da valorização de Sandino e de sua causa, em detrimento dos propósitos norte-americanos. A comparação reiterada de Sandino com os "mártires" da independência das nações latino-americanas denota também, no *Correio da Manhã*, a preocupação com a valorização da figura do "General de Homens Livres", tal como veremos, em diferentes momentos e em menor escala, nos outros periódicos. A defesa da soberania nacional se coloca como pano de fundo da argumentação de *CMh*, e o descompasso entre o discurso dos políticos norte-americanos e as ações de seu exército é constantemente ressaltado, bem como a descrença de que a Sexta Conferência pudesse demover os *yankees* de seus propósitos.[11]

Sandino protestou, em diversas oportunidades, contra a violação da independência da Nicarágua e contra as consequências da intervenção militar norte-americana para a população nicaraguense, e seus protestos foram encampados em diversos locais do mundo, onde houve mobilização e apoio:

Mexico, 20 (A. A.)[12] – O *Universal* publica uma carta, assignada pelo general rebelde nicaraguense Augustino [sic] Sandino, na qual o caudilho revolucionário diz que civis nicaraguenses, inclusive mulheres, foram ante-hontem atacdados a bomba de dynamite

---

11 Durante o desenrolar da conferência, chegou a ser veiculada uma notícia a respeito da morte de Sandino, que teria falecido durante um bombardeio efetuado por tropas norte-americanas, talvez com o intuito de desestabilização daqueles que procuravam fomentar as críticas aos Estados Unidos em Havana.
12 A sigla "A. A." refere-se à Agência Americana, de propriedade brasileira.

pelos aviadores do corpo de marinha norte-americanos, destacados naquelle paiz.

Na sua carta o general Sandino protesta contra o bombardeio da população civil.[13] (*CMh*, 21 jan. 1928, p.6)

Mexico, 21 (U. P.)[14] – Deante de varios telegramas aqui publicados, em que se dizia que o general revolucionario nicaraguense, Sandino, está em grande necessidade de recursos médicos, a Liga Contra o Imperialismo organizou uma commissão especial de socorros. O jornal "El Graphico", por sua vez, annunciou que o representante liberal nicaraguense aqui, sr. Zepeda, receberá os donativos que forem recolhidos para a acquisição de remedios destinados às tropas sandinistas. (*CMh*, 22 jan. 1928, p.1)

Guatemala, 25 (U.P.) – A policia dispersou tres mil pessoas que procuravam promover uma demonstração a favor do general Sandino, chefe da revolta nicaraguense. Não houve, porém, nenhum choque entre os manifestantes e a polícia. (*CMh*, 26 jan. 1928, p.1)

Mexico, 22 (U.P.) – Um grupo de senhoritas, estudantes, realizou uma manifestação em honra ao general rebelde nicaraguense Augusto Sandino, na Avenida Suarez, erguendo-lhe vivas e soltando fogos inoffensivos.

A policia dissolveu as manifestantes depois que ellas deram para entrar nos restaurantes e hoteis, insultando e zombando dos cidadãos americanos que encontravam. (*CMh*, 23 fev. 1928, p.1)

---

13 A *Folha da Noite* publicou, no dia 24 de outubro de 1928, uma nota divulgada pelo general norte-americano responsável pela intervenção e supervisão das eleições presidenciais na Nicarágua, que acusava Sandino e seus rebeldes de numerosos assassinatos na população civil. Conforme mencionamos no primeiro capítulo desta dissertação, existem ocorrências de grupos e indivíduos, participantes das tropas sandinistas, que cometeram atrocidades contra a população, mas, de acordo com as regras do "Exército Defensor da Soberania Nacional da Nicarágua", a grande maioria foi punida com severidade, por vezes com a pena de morte.

14 A sigla "U.P." refere-se a *United Press*, agência de propriedade norte-americana.

Se havia espaço, mesmo através de agências norte-americanas, para a divulgação dos propósitos de Sandino e de seus homens, bem como das manifestações de apoio à causa sandinista, também foram publicadas notas que procuravam atacar o líder revolucionário:

> **Nova York, janeiro (Communicado epistolar da United Press)** – Foi feita agora, para a United Press, uma analyse da situação nicaraguense, pelo coronel Henry L. Stimson, antigo secretario da guerra e que foi o representante pessoal do presidente Coolidge para negociar, em maio do anno passado, o armistício entre os beligerantes liberaes e conservadores, na Nicaragua, e que é considerado, uma autoridade nos negocios que dizem respeito àquelle paiz.
> O coronel Stimson apresentou a seguinte these:
> **1 – Durante um seculo, os Estados Unidos têm vindo protegendo a independencia das Republicas Centro-Americanas**, não apenas contra a Europa, mas por vezes contra ellas mesmas.
> **2 – A presente occupação da Nicaragua pelos fusileiros navaes dos Estados Unidos foi a pedido do governo nicaraguense**, para a fiscalização das eleições de 1928.
> **3 – Augustino [sic] Sandino, o chefe rebelde nicaraguense, contra cujas forças os fusileiros dos Estados Unidos estão agora lutando, é um bandido**, segundo o sr. Stimson, e não um patriota.
> **4 – O nosso interesse no Canal do Panamá requer que os governos centro-americanos sejam capazes de proteger os direitos dos estrangeiros e assim de evitar o perigo de um** [sic] **intervenção estrangeira.**
> – Qual é a responsabilidade dos Estados Unidos na presente situação nicaraguense? – perguntou a United Press.
> O coronel Stimson respondeu que isso estava amplamente explicado no seu livro "A politica americana na Nicaragua", que diz:
> **"A segurança nacional do nosso paiz impoz-nos a obrigação peculiar de guardar de qualquer influencia estrangeira a via marítima vital pelo mar dos Caraíbas e pelo Canal do**

Panamá, e, por isto, em observar que não surja nenhuma causa para intervenção estrangeira nas terras que margeiam essa via de comunicação. Para proteger esse interesse, estamos procurando conseguir que as nações estrangeiras não tenham direitos a reclamar contra as Republicas Centro-Americanas e do mar dos Caraíbas, cujos territorios são de importancia para a linha marítima e, consequentemente, temos incorrido na obrigação de observar sempre que os direitos dessas nações estejam garantidos contra faltas commettidas por aquellas republicas americanas no exercicio dos seus deveres de responsabilidade, como nações independentes".

– Qual é a situação de Sandino? É um bandido ou um revolucionario? Quaes os fins que visa, oppondo-se ao governo nicaraguense e às forças dos Estados Unidos?

– Nunca me encontrei com Sandino – disse o coronel. No meu livro reproduzo uma declaração a respeito, feita pelo antigo commandante de Sandino, general Moncada, chefe dos antigos revolucionarios sob cujas ordens o commandante rebelde serviu e que é agora o director do partido liberal de Nicaragua. **Pelas observações feitas e pelas declarações que me formulou o general Moncada, a minha opinião é a de que Sandino tem vivido da pilhagem contra liberaes e conservadores, de que de modo algum é um patriota e que veio para a Nicaragua depois de começada a revolução unicamente para o fim de saquear, pois a revolução lhe offerecia essa opportunidade".**

É o seguinte o que declarou o general Moncada e está escripto no livro do general Stimson:

"**Arrancando dinheiro dos nacionaes e estrangeiros, em Jinotega, como já fazia antes, sob ameaças de pilhagem e represalias sangrentas, elle – Sandino – internou-se nas montanhas, poz em armas estrangeiros e dedicou-se ao morticínio de seus inimigos, conservadores ou liberaes. Foi extremamente cruel para com os prisioneiros, cuja vida nunca poupava. Nunca approvarei essa especie de guerra. Jamais a acceitarei".**

Moncada fez esse commentario depois da batalha em Ocotal, nada semelhante aos recentes combates dos soldados de Sandino em Quilali, em que morreram seis fusileiros naves americanos e vinte e oito ficaram feridos, sete gravemente.

— É bastante um governo amigo na Nicaragua para a protecção do Canal do Panamá? Está em jogo qualquer outro dos principaes interesses americanos? Perguntou mais a United Press.

— Eu poderia responder que não — disse — se o que me quer fazer significar como um governo nicaraguense amigo seja o que se encontre especialmente sob a nossa influencia. Tudo quanto se torna necessario aos nossos interesses no Canal do Panamá é que o governo nicaraguense esteja em condições de proteger os direitos dos estrangeiros na Nicaragua e assim evite o perigo da intervenção estrangeira.

— Será necessaria a occupação da Nicaragua por um tempo indefinido? Se não, por quanto tempo?

— A nossa occupação actual, tanto quanto está expressa no accordo negociado, está limitada, pelo pedido do governo nicaraguense, à fiscalização da eleição presidencial que se realizará no outomno do corrente anno. O governo nicaraguense e o partido da opposição, unidos em reclamar a presença dos fusileiros até a realização do pleito, foram accordes em affirmar que uma eleição não poderia ser a expressão da verdade, sem a presença daquellas forças. E tanto quanto sei — concluiu o coronel Stimson — não ha nenhuma outra incumbencia que torne necessaria a presença dos fusileiros americanos posteriormente na Nicaragua". (*CMh*, 19 fev. 1928, p.8)

Nesse longo trecho percebemos uma expressão da opinião muito próxima daquela que direcionava as ações do governo norte-americano. Na medida em que Stimson, naquele momento, se encontrava fora dos quadros administrativos, suas declarações não podem ser consideradas expressão do ponto de vista governamental. Contudo, se considerarmos que a orientação básica da política externa *yankee* não havia se modificado, as afirmações de Stimson ainda continham muito do que poderia ser considerado como princípios norteadores das ações do Departamento de Estado: "proteger os interesses dos cidadãos norte-americanos" foi uma expressão muito usada durante o governo Coolidge. Ademais, pode-se notar que Stimson não considerava que a intervenção dos Estados Unidos pudesse ser definida como uma "intervenção estrangeira", uma vez que os *marines* estavam apenas protegendo a Nicarágua de outras possíveis ameaças, sobretudo europeias.

Nas palavras de Stimson, tomadas de empréstimo às declarações de Moncada, Sandino era um bandido, saqueador, criminoso. Os editoriais e artigos, sobretudo aqueles publicados no *Correio da Manhã*, diziam o contrário, louvando seu aspecto heroico e apresentando-o como um novo mártir latino-americano. As discussões travadas nas cúpulas diplomáticas em Havana mencionavam poucas vezes seu nome, mas sua proposta de desocupação da Nicarágua era partilhada por todos aqueles que criticavam os Estados Unidos.

Conforme procuramos mostrar no capítulo anterior, os representantes do Departamento de Estado norte-americano não conseguiram sair de Havana incólumes: as críticas à intervenção foram severas e sua repercussão nos jornais brasileiros expressiva. Contudo, o grau de severidade não foi suficiente para fazer que elas perdurassem nas páginas dos jornais com a mesma intensidade, após o término da conferência, sobretudo no *Correio da Manhã*.

Todavia, o jornal *O Estado de S. Paulo* publicou, nos meses que se seguiram à reunião em Havana, mais três artigos expressivos que tratavam de fatos da vida e da luta do general nicaraguense. No artigo publicado em 3 de março de 1928, intitulado "A luta na Nicaragua. O general Sandino" (*OESP*, 3 mar. 1928, p.2), *OESP* procurou apresentar aos leitores informações do "grande obstinado que, chefiando um pugillo de patriotas, se vem oppondo às tropas norte-americanas". Nesse artigo, de caráter apologético evidente, publicou-se inclusive uma caricatura da aparência física do general, e o jornal fez questão de ressaltar sua origem humilde, sua ascendência indígena e seu "caráter inquebrantável".

No artigo publicado em 30 de março de 1928, intitulado "Notícias de Nicaragua" (*OESP*, 30 mar. 1928, p.4), o "bravo matutino" apresentou trechos de uma entrevista realizada clandestinamente com Sandino por um repórter de um jornal nova-iorquino, entrevista que *OESP* fazia questão de apresentar como as primeiras notícias diretas que o mundo teve a respeito do movimento revolucionário na Nicarágua, sem o "filtro" do governo de Diaz e de Manágua, ou das fontes "oficiais" norte-americanas de informação.[15] Junto de uma caricatura (desenho) do "general", a entrevista destacava diversos aspectos das convicções políticas de Sandino, dentre os quais gostaríamos de sublinhar o seguinte trecho:

> [...] "Nunca consentiremos em viver numa paz covarde e debaixo de um governo nomeado por uma potência estrangeira. Isto é patriotismo ou não é? Quando tivermos alcançado o que pretendemos, os meus homens ficarão satisfeitos com os seus lotes de terra, as suas ferramentas, o seu gado e as suas famílias". (*OESP*, "Notícias de Nicaragua", 30 mar. 1928, p.4)

Um artigo a respeito do "general" nicaraguense que também merece destaque foi publicado em 6 de abril de 1928, denominado "A lenda de Sandino" (*OESP*, 6 abr. 1928, p.5), título que evidencia qual era a visão que se havia construído – ou se procurava construir – a respeito do líder revolucionário. Neste extenso artigo é apresentada novamente uma biografia de Sandino, com passagens de sua vida e feitos supostamente heroicos cuidadosamente escolhidos pelo jornal para reforçar a construção mítica em torno do comandante. Para que possamos notar este intuito de *OESP*, basta que transcrevamos o trecho final do artigo:

> Sandino não é um bandido. Ha entre os latino-americanos uma opinião que ganha terreno dia a dia, de que Sandino é um exemplar

---

15 Podemos afirmar, com base na coluna anteriormente transcrita do *Correio da Manhã* (de 13 jan. 1928), na qual trechos de comunicados de Sandino foram publicados, que esta reivindicação de primazia por parte de *OESP* não tem sustentação.

da mesma espécie de Bolívar e Sucre e San Martin e Marti. No Hall dos heroes nacionaes, na União Pan-americana em Washington, o pedestal de Nicaragua esta vasio. Agora ha um candidato a este logar.[16] (*OESP*, "A lenda de Sandino", 6 abr. 1928, p.5)

As eleições presidenciais na Nicarágua, sob a fiscalização dos Estados Unidos, em fins de 1928, serviram também para obliterar as discussões a respeito do movimento sandinista, e o findar do referido ano foi marcado pela viagem de Herbert Hoover pelos países da América Latina, deslocando o foco do debate novamente para o âmbito do pan-americanismo e das possíveis mudanças na política externa dos Estados Unidos, mudanças que, como sabemos, não passaram de especulações.

No momento em que já se havia definido, ao menos parcialmente, um perfil de Sandino e de seu exército perante a opinião pública brasileira – um exército ora glorificado, ora demonizado perante os interesses norte-americanos –, o líder revolucionário partiu para o México, e sua viagem trouxe novos elementos para a discussão. Bandido ou herói, ele viajava para o México, no início do ano de 1929, em busca de apoio, principalmente financeiro, para a retomada das ofensivas contra os *marines*.

---

16 A *Folha da Manhã*, no dia 6 de fevereiro de 1928, publicou um pequeno artigo, intitulado "Um heróe", dedicado à apresentação dos aspectos "heroicos" de Sandino, acompanhado de uma caricatura do "general". Dizia o artigo (reproduzido nos anexos a esta dissertação):
O general Augusto C. Sandino, chefe das tropas nicaraguenses que combatem as forças desembarcadas pelos Estados Unidos em território da sua patria. Um heróe.
Uma alta organização heroica, um espirito combativo de fibra, ansioso de liberdade, que se levantou na hora extrema da nacionalidade, num protesto vivo e energico à prepotencia imperialista dos yankees, personificação da audacia e do patriotismo, exemplo nobilitante da cruzada que é uma epopéa, para a repulsa da metralha que anda troando e ensanguentando a terra que os seus olhos sonharam livre...
Um grande heróe. (*FM*, "Um heróe", 6 fev. 1928, p.5)

Em busca de apoio, não de asilo: rumo ao México

No início do ano de 1929, as notas publicadas continuavam enfocando predominantemente as ações de Sandino, seus deslocamentos juntamente com as tropas, e suas condições e propostas para depor as armas. Nessas notas surgem algumas das reivindicações fundamentais do líder revolucionário, como é o caso da nota publicada em *OESP*, no dia 18 de janeiro de 1929, em que está explicitada a condição para a deposição de armas por parte dos revolucionários: a saída definitiva dos *marines* do território nicaraguense. É mencionada inclusive uma suposta intenção de Sandino de requisitar o arbitramento da questão a uma nação sul-americana, proposta que os círculos oficiais nicaraguenses e os dos demais países da América do Sul nunca receberam.

No dia 25 de janeiro de 1929, o *Correio da Manhã* publicou um artigo extremamente significativo a respeito do "General de Homens Livres". Podemos dizer que, entre todos os artigos e editoriais dedicados à análise de aspectos biográficos ou ideológicos do líder nicaraguense, esse é um dos mais expressivos, por ter sido escrito pelo editor do jornal na época – M. Paulo Filho – e por inserir definitivamente Sandino no "panteão" de heróis latino-americanos:

> Entre os caudilhos que infestam as pequenas e atormentadas democracias da America Central, e os seus ancestraes que dominavam e devastavam, mais ou menos ha um século, as Províncias Desunidas do Prata, vae uma differença enorme, que honra, incontestavelmente, a cultura e a civilização da parte meridional do Continente. Pode-se fazer um resumo elucidativo, embora escasso e ligeiro.
> Rosas e Urquiza, na Argentina, foram guerrilheiros terríveis, é verdade. Perturbaram durante muito tempo a ordem e a paz de espírito de um e de outro lado do rio-limite. Mas, devendo figurar na galeria dos combatentes na historia do seu povo, apparecem hoje como individuos que, se não tinham escrupulos para mandar matar, tinham, todavia, para roubar. Rosas, então, cuja excellente cara de medalha napoleonica tanta superstição causa nos museus de

Buenos Aires, apezar de encarniçado inimigo do Imperio do Brasil, gozava da fama de respeitar os dinheiros publicos, não se locupletando à custa delles. Conta-se, até, que, derrotado, apeado e corrido do poder, fugindo para Londres, de lá soube que os seus adversarios o accusavam do desvio de uma somma avultada, a unica que na escripta do Thesouro estava em aberto, sem a devida e documentada explicação. O ex-dictador sanguinario vibrou de raiva. E pegando da penna, escreveu para o seu paiz declarando que aquelle dinheiro fôra subtraido sem justificação clara do seu governo, em virtude de razões de Estado. Elle tivera necessidade de comprar as sympathias de um diplomata estrangeiro, acreditado junto à sua pessoa, afim de melhor manobrar, perante as côrtes européas, a sua politica de offensiva contra os alliados que apertavam o cerco da capital. Fora o seu crime de peculato, em legitima defesa...

No Uruguay, a grandeza de Artigas está justamente na belleza moral do fim que elle teve, lavrando a terra que lhe servia de exilio depois de ter sonhado, embora emmaranhado nas intrigas barbaras de uma campanha rude e confusa, a liberdade da patria.

E Francia, seguido de Carlos Lopez, no Paraguay? Os chronistas da época, mais autorizados do que O'Leary, porque foram testemunhas de vista de tantos episodios agora recompostos e novamente em evidencia, apresentam-n'os como individuos cheios de erros mas absorvidos na prosperidade material do seu povo activo e valente. As hostes aguerridas de Francisco Solano Lopez não estariam em condições de enfrentar a Triplice Alliança se não fosse o preparo calculado e seguro dos tyrannos anteriores. Eram caudilhos todos, talvez sem instrucção, porém norteados por algum lampejo de idealismo que a rajada das emancipações das tutelas das metropoles ainda espalhava.

No perfil de cada qual, mesmo os daquelles mais repudiados pelo juizo da posteridade, se se prescrutar com attenção e serena imparcialidade, encontrar-se-á qualquer rastro de virtude intangível.

Com os que hoje proliferam pelo centro do continente, apesar do seculo do direito e da justiça e das convenções internacionaes que se succedem, no sentido de melhor se firmar a imaginaria concentração monroista, as coisas são differentes; desola o confronto que se queira fazer.

Os caudilhos de Nicaragua, de Honduras, de Costa Rica, da Guatemala e do Haiti, não têm idealismos e são negocistas. Têm os seus representantes secretos junto à Bolsa de Nova York e operam ao sabor de conveniencias financeiras, sob o aguilhão da cobiça insaciavel. No Mexico houve um – Pancho y Villa – o mais desassombrado e o mais temivel de todos, modelo ficado, cujo nome e retrato interessaram o mundo, que começou a carreira cheia de lances heroicos como salteador de estrada e ladrão de cavallos.

Quando Madero conspirou a escalada ao throno republicano de Porfírio Diaz, um dos primeiros associados que logrou foi Pancho, até então só conhecido nas montanhas. Dizem que elle, após o triumpho, consultado pelo vencedor se desejava a pasta da Guerra na nova situação, respondeu que não, contentando-se em que o governo lhe desse licença para montar nos arredores da capital um vasto matadouro onde pudesse abater gado roubado. Queria ser assim uma especie de gatuno official, garantido por lei... Madero recusou. Pancho y Villa organizou a contra-revolução e lutou bravamente até derrubar o antigo companheiro. Veiu Huerta, a quem ajudou. Se elle repetiu ou não o mesmo pedido, não se sabe. Sabe-se, entretanto, que logo rompeu com Huerta e sobre este se atirou como um tigre, até escorraçal-o da chefia da nação. Compromettido com Carranza, tambem deste se separou mais tarde, hostilizando-o furiosamente. E tornou a ganhar partida, com a eliminação do antecessor de Obregon. É que não lhe davam o matadouro.

Os demais caudilhos vizinhos são da escola de Pancho, sem a sua bravura, o seu sangue frio, a sua incomparavel sagacidade de estrategista. Os "matadouros" que elles ambicionam estão na Wall Street, funccionando aos impulsos da alta finança yankee.

Salva-se, comtudo, a figura desse general Sandino, de quem um telegramma recente diz estar disposto a pactuar um armistício, entregando a Nicaragua ao socego [sic], ao trabalho e, sem duvida, à infiltração industrialistica dos norte-americanos. O communista

Lovestone affirmou que não basta à sua poderosa patria o cannal do Panamá. Os Estados Unidos carecem de se armar contra a Inglaterra no Pacifico, furando outra faixa de terra, que lhes facilitarão os Chamorros, os Diaz e os Moncadas. Assim, o Alaska, os Havaii e as Philippinas estarão a coberto de surpresas fataes. Ha de haver exagero. De ordinario, os idealistas fanaticos claudicam nas proporções da verdade...

Sejam quaes forem os intuitos das intervenções de Tio Sam na Nicaragua, não se negará, pelo menos até agora, a belleza do papel desempenhado por Sandino, tornado libertador após o golpe de audacia dos conservadores de Chamorro. Sandino teria retomado a sua influencia legalmente constituída se não fossem os fuzileiros de Coolidge desembarcados em Corinto. E contra elles e contra os seus patricios que se lhes submetteram bateu-se como Leonidas nas Thermophylas gregas.

Soldado pobre, roído de necessidades, sacrificado até a raiz dos cabellos para manter o punhado de fieis que lhe obedecem, Sandino erra pelas florestas nicaraguenses como um cão acuado, que se não rende. Varias e magnificas propostas já lhe foram feitas para ensarilhar as armas. A Wall Street despachou representantes, que o procuraram. Moncada, por sua vez, lhe acenou com uma divisão de mando na attribulada Republica, que elle repelliu. Quer acabar como começou: a Nicaragua para os nicaraguenses, sem o imperialismo de fora a decidir dos destinos communs.

É a derradeira reminiscencia de uma raça valorosa que já desappareceu e que o utilitarismo delirante dos dias que correm, o fetichismo do dollar e da libra, não permittem mais que resurja, reproduzindo façanhas que hoje, apagados os resentimentos, esquecidos os odios, somos levados a recordar, não sem uma certa dose accentuada de respeito e admiração. (CMh, "Sandino", 25 jan. 1929, p.4, grifos nossos)

Apesar de bastante longo, acreditamos que a transcrição integral do artigo é plenamente justificável. Aproximando Sandino mais dos "caudilhos" do que dos "mártires", M. Paulo Filho acaba por conferir mais um "rótulo" ao líder revolucionário nicaraguense, rótulo que, aliás, se tornou recorrente. Caudilho, mas portador de virtudes "de uma raça valorosa". Portador, sobretudo, das virtudes, pois o editor do *Correio da Manhã* não busca em Sandino os defeitos dos "caudilhos", mas sim seus aspectos positivos, que promoviam progresso e denotavam virtude.

OESP, por sua vez, fez questão de publicar, durante o início de 1929, notas que mencionavam o grande número de fuzileiros norte-americanos na Nicarágua, e que discorriam sobre a necessidade da retirada destes do território do país, para que fossem evitados mais conflitos. O *Correio da Manhã*, contudo, publicou uma nota no dia 24 de fevereiro de 1929, com declarações do então secretário de Estado, Frank Kellog, opondo-se veementemente à retirada das tropas de fuzileiros norte-americanos da Nicarágua, por acreditar que tal medida "causaria serias dificuldades ao programma dos Estados Unidos na Nicaragua [...]" (*CMh*, 24 fev. 1929, p.1).

Por volta de abril de 1929, Sandino partiu para o México, com Farabundo Martí. Essa viagem do chefe revolucionário é noticiada nos jornais brasileiros, em geral, de maneira distorcida. Segundo as notas publicadas em *OESP*, por exemplo, Sandino teria ido ao México em busca de asilo político, porém as notas que apareceram em 28 de agosto de 1929 dizem que ele estaria "descansando da luta", na cidade de Mérida, e que não teria intenção de retornar à Nicarágua, quando na verdade foi ao país em busca da ampliação da solidariedade com a causa nicaraguense, de forma a romper o silêncio provocado pela manipulação das informações por parte dos Estados Unidos, sobretudo através de suas agências de notícias, e também com o intuito de conseguir apoio financeiro para seu exército. No *Correio da Manhã*, do dia 18 de abril de 1929, uma manchete anunciava: "Terminada a revolução nicaraguense, o general Sandino, que a chefiou, vae viver no Mexico" (*CMh*, 18 abr. 1929, p.1).

Essa ideia de término da revolução apareceu em mais de um periódico, e no *Correio da Manhã* foi publicada uma nota (*CMh*, 18 abr. 1929, p.1) dizendo que Honduras havia concedido salvo-

-conduto a Sandino, para que atravessasse o território daquele país, rumo ao México. A nota foi desmentida pelo governo hondurenho no dia seguinte (*CMh*, 19 abr. 1929, p.1), mas mesmo sem autorização governamental o "general" nicaraguense atravessou o território do país vizinho, com o objetivo de alcançar terras mexicanas, pois o governo mexicano havia concedido permissão para que Sandino entrasse em seu país (*CMh*, 20 abr. 1929, p.1; *CMh*, 28 abr. 1929, p.1).

Ao longo dos meses seguintes, com a partida de Sandino, os noticiários diminuíram e se concentraram na apresentação das propostas de retiradas parciais das tropas de fuzileiros norte-americanos da Nicarágua (*CMh*, 24 jul. 1929, p.1). Em fins de 1929, as notas acenavam para um possível retorno de Sandino à Nicarágua, que se consolidou apenas por volta de maio de 1930. O chefe revolucionário retornou de maneira clandestina para seu país e reorganizou suas tropas para a retomada das ofensivas contra os fuzileiros norte-americanos.

Numa nota publicada em *OESP*, no dia 9 de abril de 1930, a executiva da Liga Internacional contra o Imperialismo, órgão sediado em Berlim que sempre apoiara a causa nicaraguense, desmentiu a acusação de que Sandino teria sido subornado pelos EUA, e reafirmou o compromisso daquele na luta contra o imperialismo dos Estados Unidos. Ainda a respeito da questão do retorno de Sandino à sua pátria e da retomada de suas atividades, *OESP* publicou uma nota,[17] no dia 28 de maio de 1930, na qual apresentava a convicção máxima do "general" nicaraguense de "libertar sua pátria do imperialismo ou morrer".

Devemos aqui também mencionar que, nos anos de 1929 e 1930, se intensifica a predisposição do governo da Nicarágua em aceitar a fiscalização de seus processos eleitorais pelos norte-ame-

---

17 Note-se que, a partir de 1929, as menções ao conflito na Nicarágua em *OESP* se farão, sobretudo, através das notas de agências de notícias, praticamente desaparecendo as matérias de cunho analítico-explicativo publicadas anteriormente.

ricanos. Isso já havia se dado na eleição de Moncada em 1928, e vai acentuar-se durante o governo deste. Esse fato é facilmente notado através das notas publicadas nos periódicos analisados, ainda que as informações a respeito das eleições não fossem muito aprofundadas, pois os jornais davam preferência às notas que mencionavam Sandino ou os conflitos de suas tropas com os norte-americanos.

Em 1930, aparece o segundo – e último – trecho de "Notas e Informações" – editorial de *OESP* – a respeito do conflito na Nicarágua. Dentro da tendência de focar a figura de Sandino, esse editorial tinha o propósito de "esclarecer" algumas questões vinculadas a ele. Vejamos o trecho:

> O general Augusto Sandino, antigo adversario dos americanos na Nicaragua, é inimigo do communismo.
>
> O antigo chefe revolucionario nicaraguense dirigiu uma carta ao sr. Pedro Zepeda, seu representante pessoal na cidade do Mexico, communicando-lhe ter demittido o coronel Augustin Marti do cargo que occupava no "Exercito da Defesa da Soberania da Nicaragua". Marti era tambem secretario particular de Sandino.
>
> Segundo informações recebidas na capital mexicana, Marti foi preso sob a accusação de ter feito propaganda communista depois de regressar do Mexico, onde estivera em companhia de seu chefe, no mês de Fevereiro ultimo.
>
> A policia secreta mexicana declarou ter surprehendido Marti fazendo observações pouco satisfactorias sobre o governo do presidente Ortiz Rubio, por occasiao de um discurso pronunciado em uma reunião política realisada no Mexico.
>
> Sandino diz, em sua carta a Zepeda, que a conducta de Marti feriu a dignidade do "Exercito Defensor da Soberania Nicaraguense". (*OESP*, "Notas e Informações", 3 jun. 1930, p.3)

Nesse editorial podemos notar o posicionamento do jornal a respeito de uma questão muito debatida na época: a influência comunista na América Latina. Parece-nos que *OESP* se preocupa em esclarecer o posicionamento político de Sandino, pois mesmo não abertamente o jornal apoiava algumas das intenções do líder revolucionário contra os desmandos dos EUA, ainda que costumasse tratá-lo pejorativamente por "caudilho nicaraguense". Como representante de um grupo liberal, o periódico não poderia deixar de desqualificar possíveis associações entre os revolucionários da Nicarágua e a "ameaça comunista" que rondava a América Latina.

No trecho também apreendemos uma referência ao apoio recebido pelo "Exército Defensor da Soberania Nacional da Nicarágua". Nesse caso específico é mencionado o apoio de Farabundo Martí, que foi um dos líderes pela libertação dos países da América Central, sobretudo de El Salvador. Incorporado às tropas de Sandino em 1928, posteriormente rompeu com o líder nicaraguense por divergências políticas. Martí era um comunista, enquanto Sandino era fundamentalmente um nacionalista.[18]

Assim, desde a partida de Sandino para o México até o seu retorno, as notícias acerca do conflito na Nicarágua diminuíram significativamente nas páginas dos jornais brasileiros, até mesmo pelo fato de que no período as tropas sandinistas se encontravam praticamente desmobilizadas, tendo muitos soldados retornado, temporariamente, aos seus afazeres camponeses. O fim do ano de 1930 foi um período de reorganização das tropas e, no início de 1931, emergindo em meio ao debate que se travava nas páginas dos jornais brasileiros com relação à construção do canal interoceânico em terras nicaraguenses, ressurgiram nas páginas dos periódicos as menções a Sandino e seus comandados. O líder havia retornado, e seus propósitos haviam sido potencializados e ressignificados durante sua estada no México.[19]

---

18 Ainda que, como mostramos no primeiro capítulo deste trabalho, seu ideário político contivesse elementos das mais diversas correntes de pensamento, até mesmo comunistas e religiosas.

19 Como procuramos mostrar no capítulo 1, a segunda estada de Sandino no México também contribuiu para a modificação de alguns aspectos de seu ideário político e para o fortalecimento de elementos religiosos enquanto componentes desse ideário.

Do retorno à Nicarágua ao acordo de paz

Os anos de 1931 e 1932 se constituem na época de maior projeção e crescimento do "Exército Defensor da Soberania Nacional da Nicarágua", que chegou a ter cerca de 6 mil homens e controlar perto de três quartos do território nicaraguense. Suas oito colunas volantes estavam compostas essencialmente por camponeses da região de Las Segovias, operários mineradores, artesãos e combatentes internacionalistas do México, El Salvador, Colômbia, Guatemala, Costa Rica, Venezuela, Peru, Argentina e Honduras, que lutavam como soldados de linha de frente ou eram membros do estado maior de Sandino.

Contudo, conforme já mencionamos no capítulo anterior (p.201), a partir desse período é possível notar uma significativa diminuição das notícias publicadas nos periódicos analisados – sobretudo em *OESP* –, a respeito do conflito. Alguns fatores, tais como o período de transição política pelo qual passava o Brasil desde fins de 1930, a Revolução Constitucionalista de 1932 (no caso dos jornais de São Paulo, principalmente) e o momento de transformação na política externa norte-americana, entre outros, podem ter contribuído para tal diminuição.

A despeito dessa "retração", as notícias acerca do retorno de Sandino à Nicarágua, e principalmente de suas tropas ao combate, não demoraram a aparecer nos jornais brasileiros. Em 15 de fevereiro de 1931, o *Correio da Manhã* publicou uma nota – apresentada, na primeira página, por uma das características "manchetes" –, esclarecendo mais uma vez as condições de Sandino para o término de sua luta:

> **Mexico, 14 (Associated Press)** – O representante de Sandino nesta capital, sr. Pedro Zepeda declarou que a retirada gradativa de tropas de Nicaragua não traria a immediata pacificação do paiz, porquanto Sandino continuava em armas e havia de combater até o momento em que o ultimo fusileiro americano deixasse o solo de Nicaragua. (*CMh*, 15 fev. 1931, p.3)

Dois dias depois, *CMh* publicou outra nota, também proveniente da *Associated Press*, com declarações de Stimson, dizendo o que "entendia da situação da Nicaragua", uma resposta evidente às declarações proferidas por Sandino:

Washington, 16 (Associated Press) – O secretario de Estado, sr. Stimson, fez as seguintes declarações: "Os Estados Unidos não estão forçando a permanencia dos fuzileiros dentro da Nicaragua. Receio mesmo, que os chefes deste paiz, dentro de muito breve, venham a necessitar da ajuda dos Estados Unidos, afim de manter a situação interna". (*CMh*, 17 fev. 1931, p.1)

Diante do recrudescimento dos conflitos, Zepeda, porta-voz de Sandino no México, ofereceu-se como intermediário para um processo de negociação com vistas ao estabelecimento da paz:

Mexico, 21 (Associated Press) – O sr. Zepeda, representante do general nicaraguense Sandino, chefe dos elementos revolucionarios que operam na Nicaragua, offereceu-se para interceder no sentido de pôr termo à luta armada no seu paiz.
Se o seu offerecimento for recebido favoravelmente pelo governo nicaraguense e pelas autoridades dos Estados Unidos, o sr. Zepeda acredita que Sandino poderá concordar em desistir de continuar realizando as suas investidas, *como meio de se garantir contra os ataques feitos aos seus baluartes nas montanhas*.
Disse elle que, além do mais, os fuzileiros navaes americanos deverão ser retirados, voltando aos Estados Unidos, e, até isto, as operações de guerra continuarão (grifos nossos).

Washington, 21 (Associated Press) – As autoridades dizem que as hostilidades somente cessarão na Nicaragua quando os insurrectos depuzerem as armas. Sustentam que nenhum accordo é necessario e que não serão favoraveis a um accordo subscripto por Sandino, uma vez que elle antes já recusára submetter-se a um entendimento para a terminação da luta. (*CMh*, 22 fev. 1931, p.1)

Apesar das "bravatas" do Departamento de Estado na nota supracitada, no dia 8 de março de 1931 foi publicada uma nota no *Correio da Manhã* que tratava – mais uma vez – do processo de retirada gradativa das tropas de fuzileiros da Nicarágua:

> **WASHINGTON, 7 (Associated Press)** – O almirante Arthur Smith, commandante das forças navaes americanas, na America Central, recebeu instrucções do governo para iniciar a retirada gradativa dos fuzileiros de Nicaragua, que será feita da seguinte maneira: 500 homens no dia 1º de junho e os restantes mil depois da posse do novo governo. (*CMh*, 8 mar. 1931, p.1)

Ainda com relação à desocupação da Nicarágua, a *Folha da Noite* publicou, em 27 de fevereiro de 1931, um artigo intitulado "A America é dos americanos", bastante elucidativo. Vamos a ele:

> *Já agora pode o governo de Washington retirar tranquillamente os seus fuzileiros navaes da Nicaragua... Não porque Sandino tenha abandonado o campo da luta. O bravo caudilho continuará nas montanhas a sua tactica de guerrilhas. Mas, porque já não duvida alguma sobre as possibilidades practicas da construcção do canal inter-oceanico no pequeno paiz da Centro-America. A commissão de engenheiros incumbida de traçar o ante-projecto dessa obra sem duvida grandiosa, feita embora com o sacrificio da independencia de uma nação fraca e indefesa, chegaram à conclusão de que os trabalhos, orçados em 700 milhões de dollares, são realizaveis, quer do ponto de vista technico, quer do ponto de vista das condições sanitarias locaes. Para o governo de Washington já se acha, portanto, praticamente resolvido o problema nicaraguense, no qual o interessava, não o apoio do governo pseudo-constitucional, cuja burocracia se inclinava diante de suas pretenções, contra a campanha nacionalista de Sandino, mas a possibilidade de fazer uma nova ligação inter-oceanica que permittisse, em caso de guerra, uma liberdade maior de acção às suas poderosas esquadras do Atlantico e do Pacifico. Seja com a Inglaterra, seja com o Japão, as duas grandes potencias navaes que lhe fazem sombra no dominio dos mares, essa guerra, construindo um novo canal, lhe será extraordinariamente facilitada, do ponto de vista tactico.*

> A occupação da Nicaragua, examinada sob todos os seus aspectos, resulta, pois, no testemunho mais claro, seguro e insophismavel do imperialismo *"yankee"*, que a chancellaria de Washington sempre buscou desculpar, justificando-o com a necessidade de garantir aos pequenos paizes centro-americanos a estabilidade politica indispensavel ao seu progresso. Desta vez, porém, as baterias desmascararam-se. As cartas foram postas na mesa. O jogo tornou-se franco. Os que se illudiram com a formula monroista já agora não têm senão que se render à evidencia dos factos. Mas, Sandino continua nas suas montanhas, tambem imperturbavel e tranquillo. – O. (*FN*, "A America é dos americanos", 27 fev. 1931, p.2 [1ª ed.], grifos nossos)

Todavia, mesmo com a tentativa de "desmascaramento" dos interesses norte-americanos, do aparecimento de propostas de busca da paz, e de proposições formuladas com o intuito de iniciar a retirada dos *marines* da Nicarágua, os conflitos entre estes, que permaneciam no país da América Central, aliados aos guardas nacionais nicaraguenses, e os sandinistas não cessaram. E as notícias acerca do "resultado" das batalhas continuavam a ser divergentes, como o foram durante todo o conflito:

> **Mexico, 10 (Associated Press)** – O representante de Sandino sr. Zepeda recebeu do quartel general do chefe revolucionario, situado em Segovia, a noticia de que os rebeldes haviam ganho ultimamente cinco combates travados com os guardas nacionais nicaraguenses, em que estes tiveram 150 mortos. O ultimo deu-se em 1º do corrente, em que um corpo de cavallaria sandinista, composto de mil homens, aprisionou Daraili, causando cem mortes entre os guardas e desbaratando uma columna de soccorros commandada por um official da marinha americana. As munições e armamento dessa columna cairam em poder dos rebeldes.
>
> **Washington, 10 (Associated Press)** – O Departamento da Marinha informa que nos ultimos cinco combates com as tropas de Sandino só ficaram feridos um guarda nacional e tres civis, emquanto que morreram sete sandinistas, ficando feridos 31 e

caindo tres prisioneiros em poder das tropas legaes. Accrescenta a informação que o numero de feridos nas tropas de Sandino é approximativo, porquanto ellas costumam retirar do campo de batalha tanto os mortos como os feridos. (*CMh*, 11 mar. 1931, p.1)

Nos primeiros dias do mês de abril de 1931, houve um grande terremoto na cidade de Manágua e, diante da amplitude do desastre, Sandino expediu um comunicado, ordenando a suspensão temporária das hostilidades e dos combates.[20] Entretanto, passados cerca de quinze dias do ocorrido, as tropas sandinistas voltaram ao combate, conforme noticiado no dia 18 de abril, pelo *Correio da Manhã* (*CMh*, 18 abr. 1931, p.1).

A crescente partida de cidadãos norte-americanos que viviam, à época, na Nicarágua, motivou mais uma manifestação do Departamento de Estado, que disse não estar disposto a "enfrentar as difficuldades de uma politica mais accentuadamente intervencionista" (*CMh*, 19 abr. 1931, p.1 [manchete]) para garantir a proteção dos seus patrícios, aconselhando-os a deixarem o país ou dirigirem-se às cidades litorâneas, onde a concentração das tropas de fuzileiros era maior.[21]

---

20 Esta iniciativa de Sandino foi noticiada em todos os jornais analisados.
21 A *Folha da Noite* publicou um artigo intitulado "A nova politica de Washington", em 20 de abril de 1931, que objetivava discutir a pretensa "reorientação" da política externa norte-americana, que estaria sendo efetuada pelo presidente Herbert Hoover. Segundo o periódico de São Paulo, Hoover procurava imprimir uma nova característica às ações praticadas na Nicarágua, rompendo com a tradição do imperialismo representada por seu antecessor, Calvin Coolidge. O artigo inclusive justificava a manutenção das atitudes imperialistas num primeiro momento do mandato de Hoover, dizendo que ele "[...] teve naturalmente de ceder aos interesses creados do imperialismo yankee, fechando os ouvidos às advertencias terriveis dos Borahs" (*FN*, "A nova politica de Washington", 20 abr. 1931, p.2 [1ª ed.]). Ao que parece, a *Folha da Noite* cedeu às "tentações" do discurso pan-americanista, retomado – mesmo que implicitamente – pelos diplomatas norte-americanos, e acreditou nas propostas de Hoover de retirada dos *marines* e de desocupação da Nicarágua apenas pelo que de ideal havia nelas, sem levar em consideração – ao menos nesse artigo – a continuidade das ações militares e do envolvimento dos fuzileiros nos conflitos em terras nicaraguenses.

Por alguns meses, as notas das agências internacionais – leia-se, norte-americanas – procuraram enfocar as supostas "ameaças" proferidas por Sandino e seus comandados aos cidadãos norte-americanos e ingleses, como forma de "justificativa" às possíveis respostas das tropas norte-americanas. Contrariando essa tendência de "detração" dos sandinistas, o jornal *O Tempo* publicou um artigo, em sua edição de 3 de junho de 1931, intitulado "O exemplo de Sandino", no qual clamava por uma atitude do povo brasileiro diante da "propaganda da política intervencionista" norte-americana. Evocando a memória da Coluna Prestes, o periódico tenentista dizia:

> A imprensa paulistana publica, de vez em quando, informações de agencias yankees sobre os acontecimentos de Nicaragua. E não é raro vêr-se, acompanhando a photographia de um guapo tenente de fuzileiros, a noticia circumstanciada de massacres perpetrados pelos "bandidos" nicaraguenses contra os sympathicos sobrinhos de Tio Sam.
>
> Não nos causa admiração que empresas de publicidade norte-americanas, como a do famigerado Hearst, dêem tal orientação à sua literatura, na propaganda da política intervencionista. O que os reis da Wall Street mandam dizer pelos seus caixeiros, não pode ser outra coisa. E o plano de um novo Panamá, com o canal e tudo mais, ha de inspirar sempre aos detractores da raça indo-latina os pretextos para bombardeios e desembarques de tropas de ocupação.
>
> *O que é inadmissível, o que o povo brasileiro não deve tolerar é o desenvolvimento de tal propaganda através de nossa imprensa. Que jornaes de nossa terra, por ignorancia ou por conveniencia inconfessavel, abram suas columnas às infamias contra uma nação pequena que se defende heroicamente, sustentando uma luta de bravos guerrilheiros, a quebrar a impetuosidade e a desmoralizar a supposta omnipotencia dos conquistadores...*
>
> * * *
>
> *Como ibero-americanos e como revolucionarios devemos solidariedade ao exercito libertador do general Sandino. Porque a resistencia*

de seus soldados, a tenacidade que revelam, a inquebrantavel energia numa guerra defensiva, a incorruptibilidade tantas vezes posta à prova na repulsa aos acenos de accôrdos, constituem lições aproveitaveis aos povos mais ou menos sujeitos à dominação imperialista.

Ainda a Columna Prestes rasgava os sertões do Brasil, apontando-nos o caminho da redempção, e já o caudilho glorioso, à frente de algumas centenas de compatriotas, levantava a bandeira da rebeldia na America Central. Ameaçava o governo de nativos mancommunados com os tubarões estrangeiros. E quando estes, allegando a falta de garantias para a vida e a propriedade dos seus representantes, conseguiam a intervenção das tropas regulares dos Estados Unidos, na violação do direito das gentes, na continuação de uma politica expansionista que levanta em protestos ruidosos o proprio povo norte-americano, Sandino mostrou que a superioridade de recursos bellicos não assegura a victoria a uma potencia, se ella tem de vencer à custa do extermínio de um povo.

Até hoje, os libertadores nicaraguenses mantêm a mesma attitude de dignidade, batendo-se com valentia. Não se deixam arrastar pela seducção dos partidos corrompidos. Não mentem à causa de seu paiz. Não toleram cambalachos com os alienigenas exploradores. Sustentam, com a convicção de revolucionarios conscientes, os postulados inscriptos em sua bandeira. Preferem esperar, com honra, uma victoria mais remota de sua causa, a desvirtual-a em manobras de puro opportunismo, esquecendo as promessas feitas às massas, desprezando como inutilidade um programma adiantado, para abocanhar, na transitoriedade das situações sem base nas camadas populares, as posições de caixeiros do imperialismo.

* * *

Sandino continua a ser o chefe invencivel do povo da Nicaragua. O exemplo de bravura e de honestidade que todos os sul-americanos deveriamos admirar e seguir.

Elle tem demonstrado que não é impossivel a defesa de um grande ideal numa terra pequenina. Elle, o general indomito, ha de vencer o adversario mais forte, porque a criminosa aventura está custando muito em dollares e em vidas. E vencerá porque é um caracter firme, porque é um soldado digno, porque é um revolucionario de vergonha, porque tem a consciencia do seu destino. (O Tempo, "O exemplo de Sandino", 3 jun. 1931, p.3, grifos nossos)

O artigo acima, o único expressivo encontrado no jornal *O Tempo* a respeito do conflito na Nicarágua,[22] demonstra mais uma vez que Sandino foi evocado em algumas ocasiões pelos periódicos brasileiros aqui analisados, como portador de qualidades e virtudes que, de certa forma, conferiam legitimidade à sua causa. A lembrança, no artigo, da Coluna Prestes, não pode nos passar despercebida: enaltecendo as qualidades de Sandino e de seu exército, e comparando-se a ele (*"Como ibero-americanos e como revolucionarios* devemos solidariedade ao exercito libertador do general Sandino"), os membros da Legião Revolucionária procuravam também elementos para a legitimação de sua causa particular. Pode-se dizer que a sentença final do artigo ("E vencerá porque é um caracter firme, porque é um soldado digno, porque é um revolucionario de vergonha, porque tem a consciencia do seu destino") é um brado em prol das qualidades que se esperava que os "revolucionários" brasileiros possuíssem.

Enquanto a defesa de Sandino, de suas tropas e da causa advogada pelos sandinistas não costumavam aparecer de maneira tão explícita nas páginas dos jornais brasileiros, como visto no artigo acima, as críticas às contradições entre discurso e prática norte-americanos apareciam continuamente. Entretanto, elas diminuíram após a veiculação do abandono, por parte dos Estados Unidos, do projeto de construção do canal através da Nicarágua. Esta atitude, a despeito dos motivos que a tenham gerado, foi interpretada como um sinal dos norte-americanos rumo a uma nova fase em sua política externa com relação à América Latina:

---

22 Ressalte-se que o período pesquisado do jornal *O Tempo* restringiu-se aos meses entre janeiro e setembro de 1931, em virtude de limitações de acesso aos períodos restantes (dezembro de 1930; outubro de 1931 a abril de 1932).

Washington, 17 (U.T.B.)[23] – Está officialmente annunciado, que, por motivo de outros problemas economicos de grande monta, que tem em estudos, o governo dos Estados Unidos resolveu abandonar, por emquanto, a idéa da construcção de um canal através da Nicaragua, para ligar o Atlantico ao Pacifico. (*CMh*, 18 set. 1931, p.1)

O fim do ano de 1931 foi marcado pela ausência de notas, artigos ou editoriais expressivos que tratassem do conflito que, mesmo distante das páginas dos jornais brasileiros, continuava a ocorrer na Nicarágua.[24] O início de 1932 não alterou substancialmente este quadro que, aliás, permaneceu praticamente inalterado até os últimos momentos que discutiremos neste trabalho. Um exemplo da continuidade da luta em terras nicaraguenses apareceu no *Correio da Manhã*, no dia 29 de julho de 1932:

Washington, 28 (U.T.B.) – Communicam de Managua, na Nicaragua, que houve um sangrento encontro entre um destacamento da Guarda Nacional e um grupo de cerca de duzentos irregulares nicaraguenses, nas proximidades de Povono, na região occidental do paiz.

A tropa nacional teve um morto e tres feridos, sendo ignoradas as baixas do adversario.

No destacamento da Guarda Nacional figuravam dois fuzileiros americanos, Cecil B. Smith e Lyman S. Wriston, que se acham commissionados como tenentes naquella milicia official da Nicaragua. (*CMh*, 29 jul. 1932, p.2)

Parece-nos que não se pode considerar "casual" a diminuição dos noticiários a respeito do conflito na Nicarágua a partir do ano

---

23 A sigla U.T.B. refere-se à "União Telegraphica Brasileira", consórcio de propriedade brasileira.
24 Os dados quantitativos acerca do número de notas, artigos e editoriais publicados ao longo de todo o período analisado, nos jornais elencados para este estudo, se encontram no "Anexo A" desta dissertação.

de 1931. Tendo o governo de Hoover interesse em "reorientar" sua política externa, ou ao menos fazer que "parecesse" que estava engajado em tal iniciativa, as agências de notícias responsáveis pelo envio da maior parte do material proveniente da Nicarágua, países da América Latina e de Washington até então, a *Associated Press* e a *United Press*, ambas de propriedade de norte-americanos e fortemente vinculadas aos interesses governamentais – como procuramos mostrar no segundo capítulo deste trabalho – "naturalmente" diminuíram sua cobertura dos eventos na Nicarágua, criando a impressão de que eles haviam terminado ou que ao menos não eram mais dignos de nota e acompanhamento.[25]

A *Folha da Noite* foi um periódico que, apesar da tendência anteriormente mencionada, publicou alguns artigos e editoriais importantes, nos anos de 1932 e 1933. O primeiro deles, intitulado "Sandino", apareceu em 15 de novembro de 1932:

> Afinal, a época é mesmo de surpresas...
> Diariamente, as agencias telegraphicas nos estarrecem com noticias absolutamente inesperadas, imprevistas, desnorteantes.
> Quando se pensa que qualquer "caso" internacional foi lançado ao esquecimento ou resolvido definitivamente, lá resurge elle, sem que se saiba como, para boquiabrir de pasmo os leitores desprevenidos.
> O caso da Nicaragua, por exemplo.
> Um dia, quando o governo norte-americano quiz intervir (e acabou intervindo) na politica interna da Nicaragua, Sandino sublevou-se contra o governo de sua patria e contra o governo da Casa Branca. Durante mais de um anno as agencias telegraphicas viveram transbordantes de informações sobre a rebellião de Sandino, a fuga de Sandino, a volta de Sandino, os combates de Sandino...
> De repente, tudo cessou!

---

25 Nesse momento, as agências brasileiras, sobretudo a U.T.B., e os correspondentes particulares dos jornais, serviram de contraponto à esta tendência.

Durante um longo anno não se falou mais nisso. Todo mundo já tinha se esquecido de Sandino e da Nicaragua quando, de repente, tambem, o telegrapho nos annuncia que Sandino não pretende depôr as armas!
Essa noticia nos veio hontem. E vão ver que, daqui a um anno, o telegrapho nos annunciará, novamente, que Sandino ainda não depoz, nem pretende depôr as armas... (*FN*, "À Margem dos Factos" [Sandino], 15 nov. 1932, p.2 [1ª ed.])

Em trechos dos editoriais ("À Margem dos Factos") dos dias 16 e 21 de novembro de 1932, a *Folha da Noite*, motivada pelas informações a respeito de Sandino, se dedicou a comentar as iniciativas "revolucionárias" que se davam – ou haviam se dado – em diversos países da América Latina como Bolívia, Uruguai, Paraguai, Chile, Peru, Colômbia, Venezuela, Equador, Argentina, Brasil, El Salvador, Honduras, Cuba[26] e Nicarágua. Esse "movimento" comum foi discutido, de maneira mais aprofundada, num editorial do dia 28 de novembro de 1932,[27] que versava acerca da questão das intervenções estrangeiras em países convulsionados por "revoluções".

No início do ano de 1933, todos os noticiários se voltaram para o esperado momento, prometido pelo presidente Hoover e por seu sucessor Roosevelt, de retirada definitiva dos últimos *marines* do território nicaraguense. Tal fato, que havia se iniciado no mês de dezembro de 1932, consumou-se nos primeiros dias do

---

26 Notas da agência Havas (H.), publicadas na *Folha da Noite* no dia 16 de setembro de 1933, ou seja, cerca de um ano depois dos editoriais aos quais nos referimos acima, diziam que os Estados Unidos "só interviriam em Cuba para defender os residentes *yankees*" (*FN*, 16 set. 1933, última página). Como se vê, permanecia a contradição entre o discurso e a prática dos norte-americanos, ainda que, dois dias depois, tenha sido publicada uma nota tratando da discordância do senador Borah com relação à possível intervenção (*FN*, 18 set. 1933, última página). O governo havia mudado, os traços fundamentais da política externa não haviam se modificado, e os opositores aos desmandos, como Borah, permaneciam.

27 *FN*, "Idéas e Factos" (As revoluções sul americanas e as intervenções estrangeiras), 28 nov. 1932, p.3 (1ª ed.).

ano seguinte. No dia 2 de janeiro de 1933, uma nota publicada no *Correio da Manhã* anunciava as "novas diretrizes na política internacional dos Estados Unidos":

> **Washington, 2 (U.T.B.)** – Antecipa-se, segundo informações colhidas em fontes muito seguras, que o anno de 1933 assistirá a uma verdadeira renovação da politica internacional dos Estados Unidos, depois dos doze annos de quasi completo isolamento adoptado desde os primordios do governo do presidente Harding.
>
> O futuro presidente Roosevelt e seus conselheiros já teriam mesmo examinado esse assumpto concluindo por se convencerem de que essa politica de isolamento está longe de ter trazido os resultados que della se esperavam, pois nem assim os Estados Unidos estão hoje em posição de "leaderar" o mundo.
>
> Annuncia-se que, convencido desse fracasso, o futuro presidente conferenciará sobre o assumpto com os principaes "leaders" democraticos do Senado e da Camara, para o que os convocou desde já para uma reunião que será levada a effeito quinta-feira em sua residencia particular. (*CMh*, 3 jan. 1933, p.1)

Não obstante a desocupação do território nicaraguense pelos fuzileiros navais norte-americanos, dos prenúncios do que posteriormente se convencionou chamar de "Política da Boa Vizinhança", as contradições não haviam terminado na Nicarágua, como mostrou a *Folha da Noite*:

> A Nicaragua, durante varios annos, viveu immersa em lutas tremendas, oriundas todas de questões de politica interna. Essas lutas, porém, se prolongaram de tal fórma, ameaçando não ter mais fim, que os Estados Unidos acharam de bom aviso intervir na questão.
>
> E se bem o pensaram, melhor o fizeram.
>
> Isso, todavia, só serviu para acirrar os animos. Esquecendo-se dos seus casos internos, os nicaraguenses atiraram-se contra os marujos "yankees". E, durante largos annos, os Estados Unidos tiveram que se haver com a irritação dos nicaraguenses, que, zelo-

sos de sua independencia, não toleravam aquella intromissão violenta na sua vida interna.
– Saiam de nossa terra, que voltaremos à paz! bradavam elles.
E os norte-americanos resolveram sahir. O ultimo contingente de fuzileiros navaes "yankees" deixou a Nicaragua ha poucos dias. E, mal elle se perdeu na linha do horizonte, eis que o telegrapho nos annuncia isto: o novo presidente da Republica resolveu decretar o "estado de sitio".
Entenda-se! (*FN*, "À Margem dos Factos" [A Nicaragua], 23 jan. 1933, p.2 [1ª ed.])

Discussões para a solução desses impasses começaram a se desenvolver na Nicarágua, e Sandino procurou entrar em processo de negociação e acordo da paz:

Managua, 3 (A. B.) – Acaba de ser noticiado que lograram pleno exito as negociações entre o governo e o chefe revolucionario, general José [sic] Sandino, em torno da conclusão de um accordo para a volta da paz à Nicaragua. (*CMh*, 4 fev. 1933, p.1)

Com a retirada dos *marines* do território nicaraguense, Sandino gradativamente se reaproximou do então presidente Sacasa, de quem se havia afastado logo no início do conflito por divergências políticas. O presidente e o "general" firmaram um acordo de paz, em 2 de fevereiro de 1933, através de seus representantes, que colocava fim – ou pelo menos deveria colocar, em virtude da desocupação do território nicaraguense pelas forças estrangeiras – às hostilidades no país e determinava o desarmamento das tropas sandinistas.
No entanto, pouco tempo depois, a Guarda Nacional iniciou uma série de ataques e hostilidades a combatentes sandinistas que haviam entregado as armas, inclusive assassinando alguns deles. Sandino viajou em três ocasiões a Manágua a fim de discutir com Sacasa as violações do acordo de paz, qualificando a Guarda Nacional de inconstitucional. Mas o presidente pouco podia fazer. A Guarda Nacional, sob a liderança de Anastasio Somoza García, se constituía cada vez mais em uma força além do controle do Estado.

A "traição final" e o prenúncio de uma "dinastia"

Por conta dos desmandos da Guarda Nacional, Sandino foi mais uma vez a Manágua, no início de 1934, e foi convidado pelo presidente Sacasa para um jantar, que teria como assunto a discussão dos ataques aos guerrilheiros sandinistas. Ao sair desse jantar, foi preso por soldados da Guarda Nacional e levado, junto com seus "generais" Umanzor e Estrada, a um campo de aviação, onde ficaram detidos e depois foram executados, por ordem de Somoza. O irmão de Sandino, Sócrates Sandino, também foi sequestrado e morto pela Guarda Nacional.

As notícias a respeito da morte de Augusto "César" Sandino publicadas nos jornais brasileiros delimitam o marco final da nossa pesquisa. Depois do assassinato do líder revolucionário nicaraguense, no dia 21 de fevereiro de 1934, as exíguas menções à Nicarágua, que estavam naquele momento diretamente vinculadas à luta empreendida pelos sandinistas, vão desaparecendo das páginas dos jornais, também em virtude do desmantelamento ou desorganização completa dos poucos grupos ligados anteriormente à causa sandinista que conseguiram sobreviver aos ataques liderados por Somoza.

As primeiras notícias acerca do assassinato de Sandino foram publicadas nos periódicos brasileiros no dia 23 de fevereiro de 1934.[28] As notas, em sua maioria provenientes de Manágua, apresentavam declarações diversas, como as do presidente Sacasa, isentando-se da responsabilidade pelas mortes, condenando a atitude da Guarda Nacional, e ordenando a abertura de inquérito para apurar as responsabilidades do ocorrido. Acreditava-se que o motivo do assassinato seriam as declarações de Sandino a respeito da inconstitucionalidade da Guarda Nacional.

---

28 A maior parte das notícias (notas, artigos, editoriais) a respeito da morte de Sandino foi veiculada entre os dias 23 e 26 de fevereiro de 1934, com algumas exceções no início do mês de março.

Num trecho de uma nota publicada em *OESP* menciona-se algo importante para que possamos entender a "estratégia" dos norte-americanos:

> [...] Reinava de longa data velho odio entre Sandino e os guardas nacionaes que haviam sido instruídos pelos fuzileiros navaes norte-americanos e se haviam distinguido na guerra impiedosa movida aos rebeldes [...]. (*OESP*, 23 fev. 1934, p.1)

Assim, os *marines* haviam partido da Nicarágua, mas deixaram no país tropas treinadas por eles com extrema competência, que ainda serviriam a defesa dos interesses dos Estados Unidos em território nicaraguense, bem como cuidariam da eliminação de antigos inimigos, como era o caso de Sandino.

O jornal também fez questão de mencionar, em trecho da mesma nota, o aspecto mítico de Sandino que havia se consolidado na América Latina:

> [...] Sandino, extremamente orgulhoso de seu sangue indiano, era considerado uma figura typica de heroe em varios paizes da America Latina, onde o seu nome servia de bandeira a todas as demonstrações contra os Estados Unidos [...]. (23 fev. 1934, p.1)

Essa exaltação da personalidade e do "heroísmo" de Sandino foi muito bem mapeada por *OESP* através das notas publicadas no dia 24 de fevereiro de 1934. O "bravo matutino" procurou discutir a repercussão do assassinato em diversos países, como nos Estados Unidos, onde jornais teriam dedicado longos artigos à morte de Sandino. Em uma das notas há uma referência a uma matéria do "New York Evening Post", que escreveu a respeito do revolucionário nicaraguense:

> **Nova York, 23 (H.)** – [...] O general rebelde declarou que só deporia as armas depois que as tropas norte-americanas deixassem o territorio da Nicaragua e cumpriu a palavra. Emquanto os fuzi-

leiros norte-americanos permaneceram no paiz, Sandino continuou a guerrear; quando se retiraram, deixou de combater. Extranho[29] procedimento para um "bandido", na expressão do commandante das tropas de occupação, que assim qualificava quantos lhe ofereciam resistência – mas perfeitamente natural por parte de um patriota. (*OESP*, 24 fev. 1934, p.14)

Nessa nota podemos perceber duas questões importantes a serem pensadas: primeiro, se confirma a impressão de que nem toda a opinião pública norte-americana era favorável à política intervencionista de seu país; e em segundo plano, menos explícita, a possível intenção de *OESP* de mais uma vez desmistificar a atuação de Sandino, publicando uma nota em que norte-americanos contestavam sua denominação de "bandido". Ainda a respeito do debate entre as ideias de "herói" e "bandido", a *Folha da Noite* dedicou um trecho de seu editorial do dia 23 de fevereiro de 1934 ao assassinato do líder nicaraguense, abordando o tema:

Heróe ou bandido, como quizerem, Sandino, que hontem tombou morto em Managua, passará à história como expoente do espirito de independencia da America Central contra o imperialismo norte-americano. Quando Sacaza depoz as armas, na luta que mantinha contra Chamorro, e se entregou aos fuzileiros navaes "yankees", Sandino abandonou o seu chefe e proseguiu sozinho na guerrilha. Para elle, a questão era entre nicaraguenses. Tio Sam nada tinha que ver com isso. E se os lideres dos dois partidos se submettiam ao governo de Washington, elle continuava de armas em punho nas suas montanhas, à frente dos seus fieis.

Não o venceram. Attrahiram-no a uma transacção em que se resalvaram os seus melindres de patriota.

Agora, liquidam-no, não em combate, mas nas ruas de Managua, onde elle estava sob a garantia da palavra de Sacaza, que não poderá

---

29 Lembremos mais uma vez que transcreveremos as matérias literalmente, preservando a grafia original.

punir os assassinos e por isso não escapará à accusação de ter lançado Sandino numa emboscada fatal. (*FN*, "À Margem dos Factos" [A morte de Sandino], 23 fev. 1934, p.2 [1ª ed.], grifo nosso)

No dia 24 de fevereiro, a *Folha da Noite* publicou um artigo do correspondente internacional Julio C. Francfort, aprofundando o debate a respeito do tema acima:

> Povos ha que entre seus componentes encontram individuos que personificam a honra nacional e constituem um symbolo perenne. Na America do Sul temos Bolívar, na Venezuela, e San Martin, na Argentina, ainda evocados, um seculo mais tarde, pelos seus meritos e attitudes.
> Na epoca contemporanea, ninguem sobresahiu mais, no Continente, que Augusto César Sandino, o "heroe" e "bandido" da Nicaragua, segundo o ponto de vista de cada qual.
> Para os latino-americanos, comtudo, Sandino sempre foi a expressão da honra nacional centro-americana, sempre foi o valor de uma raça em contraposição ao imperialismo norte-americano. Elle mesmo declara ter contado com a adhesão de elementos de toda a America hespanhola, com excepção do Perú, às suas tropas.
> Sandino com sua pouca estatura levantou-se de tal forma nos embates travados com os americanos, que com sua ascensão no conceito dos povos ergueu e destacou sua patria, de insigniffcancia territorial, dos muitos e pequenos paizes da America Central.
> Nenhum outro povo do isthmo foi objecto da attenção geral como o da Nicaragua porque o determinismo historico não lhes deu um homem da tempera do general Sandino.
> "Le roi est mort, vive le roi!" exclamam ironicamente os francezes querendo assim interpretar que o maior mérito de um soberano foi o de desapparecer. É entretanto, uma phrase qye não se pode adaptar a Sandino, que foi rei no coração de seus compatriotas sem nunca ter um throno, que foi aclamado em vida, como será admirado depois de morto.

A REPERCUSSÃO DO MOVIMENTO SANDINISTA NA IMPRENSA BRASILEIRA   269

Um verdadeiro clamor está se levantando no mundo pelo cruel massacre que roubou a vida a um bravo, ainda jovem, que sempre foi o orientador dos governantes da Nicaragua, quer combatendo a favor, quer surgindo ameaçador em campo opposto.

O antigo mecanico, o individuo lendario das florestas de Las Segovias, o terror dos "yankees", o valoroso liberal, desde 1926 imprimiu sua vontade no destino de sua terra. Insurgiu-se contra o golpe de estado do conservador general Chamorro, que se antepoz ao governo do presidente Carlos Solorzano e vice-presidente João Baptista Sacasa, o actual primeiro magistrado. Chamorro foi um dos signatarios do tratado conhecido pela designação de Bryan--Chamorro, negociado com os Estados Unidos, da concessão para construir o canal da Nicaragua, ligando os oceanos Atlantico e Pacifico. Para tal uniu-se a Sacasa e mais tarde acudiu ao chefe liberal Moncada. Com a defecção de Moncada, acceitando as condições do secretario do Estado norte-americano, sr. Stimson, em 4 de maio de 1927, em Tipitapa, acompanhado de diversos commandantes, o general Sandino permaneceu só, na luta contra os fuzileiros navaes americanos, à frente de pouco mais de uma centena de homens.

Passado mais de um anno, procurado pelo almirante Sellers, que já o trata de "general" em substituição ao termo de "bandido" responde: "desconheço toda intromissão do governo de seu paiz nos negocios desta Nação. A soberania de um povo não se discute, mas se defende com as armas".

Em 15 de novembro é eleito presidente da Republica o sr. João Baptista Sacasa, cujo pleito foi feito sob o controle americano. Sandino desconhece a legitimidade das eleições, mas como as tropas "yankees" estavam se aprestando para abandonar o territorio nacional, resolveu, em vista de sua promessa de "não cessar a luta até que o ultimo soldado americano abandone o solo da Nicaragua", depor as armas.

Somente agora voltou a Managua, para verberar ao sr. Sacasa a inconstitucionalidade da organização da Guarda Nacional, que acaba de massacral-o, em companhia de seus amigos, apesar da garantia de segurança que fôra dada pelo presidente da Republica.

Com este barbaro crime, a Guarda Nacional, instruida pelos norte-americanos, firmou definitivamente sua situação inconstitucional e a Nicaragua com seu governo desceu ao nível do qual Sandino a havia levantado. (*FN*, "Uma questão constitucional na Nicaragua", 24 fev. 1934, p.2 [1ª ed.])

O assassinato do líder revolucionário nicaraguense e de alguns de seus comandados também foi condenado em países que declaravam seu apoio à causa sandinista, como o Peru, o Panamá e a Argentina. Em uma das notas é mencionada a declaração do jornal peruano "El Commercio", voltando à tona a questão do "bandido":

> **Lima, 23 (A. P.)** – [...] os defensores da soberania da Nicaragua chamavam-se a si mesmos sandinistas. Sempre que os adversarios o qualificavam de bandido, o prestigio de Sandino augmentava e a sua fama de patriota subia mais. Sandino merecia mais do que a morte covarde de emboscada. O assassinio de Sandino é o fim das guerrilhas. (*OESP*, 24 fev. 1934, p.14)

A morte de Sandino, de fato, foi um golpe insuperável para as tropas que ele antes comandara e que, naquele momento, se encontravam em meio a um processo de deposição de armas e extinção. O jornal *O Estado de S. Paulo* ainda publicou, em 25 de fevereiro de 1934, uma nota com justificativas dos guardas nacionais para o assassinato:

> **Tegucigalpa, 24 (H.)** – A *"Associated Press"* informa que os guardas nacionaes de Nicaragua estavam convencidos de que Sandino não respeitaria os termos do accordo, assignado há um anno, ou entao, seria incapaz de desarmar os seus partidários e obter a entrega das armas.
> Como houvessem surgido certas difficuldades quarta-feira ultima, os guardas teriam preferido agir immediatamente, afim de evitar que o general voltasse às montanhas e pudesse preparar nova revolução [...]. (*OESP*, 25 fev. 1934, p.26)

Qualquer tipo de justificativa naquele momento seria inútil, visto que a repercussão negativa do ato ao redor do mundo sufocaria qualquer explicação. Nos dias que se sucederam ao assassinato, inclusive no início do mês de março de 1934,[30] os periódicos publicaram notas que procuravam demonstrar o "real caráter" do assassinato. Ao invés de justificar a execução com palavras brandas, o general Somoza, mandante do crime, dizia o seguinte:

> [...] os homens que rodeavam Sandino representavam grande perigo para o paiz, porque tinham em vista o communismo ou, ainda mais, o peor dos communismos.
>
> Dos departamentos do norte – accrescentou – informam que a morte do caudilho causou uma sensação de allivio aos habitantes, porque ainda não lhes sahiram da lembrança as atrocidades commetidas pela sua gente. "O meu objectivo é cooperar para manter a ordem e a lei e para que se obedeça ao presidente". (*OESP*, 4 mar. 1934, p.22)

Mas os objetivos de Somoza iam além da manutenção da ordem, como o próprio jornal *O Estado de S. Paulo* indicou, numa nota publicada em 2 de março de 1934:

> [...] Em certos meios, considera-se o assassínio de Sandino pela Guarda Nacional como indicação das intenções desta de se apoderar do governo, tanto mais que não falta quem duvide da firmeza do presidente Sacasa. (*OESP*, 2 mar. 1934, p.22)

Os ataques aos sandinistas remanescentes continuaram até 1937 quando, a mando do então presidente ditatorial Anastasio Somoza

---

30 Procedemos a leitura das fontes, em todos os jornais – menos *O Tempo*, evidentemente – até o dia 15 de março de 1934, pois entendemos que seria necessário acompanhar o período posterior ao assassinato para que pudéssemos analisar os ecos do acontecimento. Depois do referido dia as referências se extinguem, determinando-se assim o período compreendido nesta pesquisa efetiva de fontes entre 1º de janeiro de 1926 e 15 de março de 1934.

García, a Guarda Nacional assassinou o líder do último grupo de Sandino, o "general" Pedro Altamirano. Aqueles que sobreviveram ficaram paralisados. Não tinham mais direção política, nem lideranças, e já não conseguiam o apoio do povo. Mas a memória e os feitos de Sandino foram mais fortes que os desmandos de Somoza, como já indicava o periódico norte-americano "New York Herald Tribune", em nota do dia 24 de fevereiro de 1934, publicada em *OESP*:

> [...] "Quer Sandino seja considerado um bandido, quer um heroe, houve qualquer coisa de attrahente e de magnífico na sua figura, que lembra os successos que elle obteve na luta contra os fuzileiros e marinheiros americanos. A sua acção nesses momentos serviu para reavivar o enthusiasmo patriotico latino-americano, acção essa que não deixou de criar embaraços aos americanos. Se se devesse remontar ás origens da política actual dos Estados Unidos para coma a America Latina, não podia deixar de se reconhecer que o general Sandino tem nessa situação grande responsabilidade". (*OESP*, 25 fev. 1934, p.26)

Corresponsável pela reorientação da política externa norte-americana para com a América Latina, emblema revolucionário latino-americano, foi em nome da memória de Sandino e de seus objetivos primordiais – a soberania da Nicarágua e o enfrentamento com os imperialistas norte-americanos – que se sublevaram as forças da "Frente Sandinista de Libertação Nacional", que em 1979 subjugariam o último dos Somoza. Os revolucionários da FSLN entraram em Manágua no triunfo da revolução bradando o lema de Sandino: "Quero pátria livre ou morrer!".

* * *

Como se procurou mostrar neste capítulo, ao longo do período analisado, o debate, nas páginas dos jornais brasileiros, a respeito de Sandino e de seu exército foi marcado por um tom de oscilação constante entre a exaltação e defesa e a crítica severa, esta derivada em sua maioria da apropriação e aceitação do discurso norte-americano acerca do movimento sandinista.

Ainda que as críticas tenham sido duras, as notícias com relação aos combates e enfrentamentos em sua maioria falaciosas, e as biografias do líder revolucionário nem sempre favoráveis, depois do período de estagnação do debate, sobretudo nos anos de 1931 e 1932, mas também em 1933, o assassinato do "General de Homens Livres" no início de 1934 fez recrudescer a crítica aos Estados Unidos, identificados como "mentores" e "gestores" da Guarda Nacional, e exacerbou, mesmo que por um curto período, a exaltação da figura "heroica" e "emblemática" de Sandino que, "herói" ou "bandido", adentrou definitivamente os domínios ocupados pelos "expoentes da independência da América Central" e da América Latina em geral.

Por fim, deve-se ressaltar que, embora o debate a respeito das propostas e ações de Sandino e seus comandados tenha sido marcado pela oscilação, podemos dizer que o "pêndulo" tendeu a uma vertente de valorização e apoio às ações dos sandinistas diante da aliança entre *marines* e Guarda Nacional. Os jornais brasileiros analisados, mesmo tratando a questão com cuidado, procurando compreender inclusive as motivações ideológicas do líder revolucionário – lembremos a preocupação de *OESP* em discutir se Sandino seria ou não comunista –, apoiaram e, principalmente nos seus editoriais e artigos, defenderam o movimento sandinista dos ataques constantes representados pelas notas e telegramas das agências internacionais – leia-se, norte-americanas – de notícias, ataques esses paradoxalmente veiculados nas páginas desses mesmos jornais.

Considerações finais

No decorrer deste trabalho discutimos as características da repercussão, em jornais brasileiros, do conflito ocorrido na Nicarágua entre os anos de 1926 e 1934. Tal conflito confrontou Sandino e seus comandados aos *marines* e às tropas governistas nicaraguenses e desencadeou, de maneira singular, uma série de debates em diversos veículos de comunicação ao redor do mundo, acerca das características e implicações da política externa norte-americana com relação à América Latina e do papel ocupado pelos Estados Unidos na direção dos rumos da política externa e interna do continente americano.

O movimento sandinista e sua resposta à intervenção norte-americana na Nicarágua suscitaram, ao curso de praticamente oito anos, ininterruptamente, um intenso debate em torno do pan-americanismo e do imperialismo, ambos em suas vertentes defendidas e praticadas pelos Estados Unidos, fazendo que, inclusive, fossem dedicadas a esse debate dezenas de páginas dos jornais brasileiros, como procuramos mostrar no terceiro capítulo.

Os jornais analisados apresentaram peculiaridades em sua interpretação do conflito, ainda que, de maneira geral, tenham condenado a atitude norte-americana e repudiado a intervenção ao longo de todo o período. O jornal *O Estado de S. Paulo*, por exemplo, criticou severamente os desmandos norte-americanos, mas manteve essa posição mais evidente sobretudo até o ano de 1931, e depois essa crítica praticamente desapareceu das páginas do "bravo matutino", demonstrando seu caráter circunstancial, sem abalar a admiração essencial do grupo diretor de *OESP* pelos *yankees*.[1]

No caso do *Correio da Manhã*, a crítica aos Estados Unidos foi mais severa, e menos circunstancial. O periódico carioca foi o único, dentre os analisados, que publicou editoriais e artigos ao longo de todo o período, mesmo depois de 1930, ano que marca um declínio generalizado da cobertura a respeito do evento. O *Correio da Manhã* publicou o maior número de artigos e editoriais dentre os jornais elencados; contudo, o posicionamento do jornal oscilou em alguns momentos, chegando praticamente a defender os interesses e atitudes norte-americanas em editoriais. A despeito de tal fato, constituiu-se no maior defensor da desocupação da Nicarágua, não enfocando tanto o movimento sandinista e seu líder.

No caso das *Folhas*, como procuramos mostrar ao longo do trabalho, pudemos constatar a sua maior "oscilação" interpretativa, tendendo ora para a crítica impiedosa aos Estados Unidos e suas atitudes, ora para a desqualificação da iniciativa sandinista. Levando-se em conta o fato de que não pudemos trabalhar com todo o material dos dois jornais, não foi possível estabelecer, em alguns momentos, uma linha de continuidade no pensamento do grupo diretor de ambos os periódicos. Entretanto, levando-se em conta a complementaridade dos períodos analisados da *Folha da Manhã* e *Folha da Noite*, acreditamos que sua interpretação foi explicitada.

O jornal *O Tempo* foi o periódico que apresentou o menor volume de produção a respeito do conflito na Nicarágua, até mesmo em virtude do curto período analisado. Todavia, seu importante artigo "O exemplo de Sandino", do dia 3 de junho de 1931, mostrou-nos um esforço de valorização da causa sandinista – ainda que com a inten-

---

1 Tal fato havia sido assinalado por Capelato (1989, p.37).

ção de associá-la aos tenentes brasileiros – que, em poucos momentos, foi possível encontrar nos demais periódicos analisados.

Maria Helena Rolim Capelato diz, em *Os arautos do liberalismo* (1989), a respeito da interpretação conferida pelos jornais paulistas aos acontecimentos na Nicarágua, que a crítica aos Estados Unidos havia adquirido diferentes tonalidades em cada um dos periódicos e que, no caso específico de *OESP*, havia sido circunstancial. A partir da pesquisa realizada neste trabalho e da análise do material de quatro jornais de São Paulo e um do Rio de Janeiro, podemos dizer que as diferenças encontradas na interpretação dos jornais foram sutis, como sugere a afirmação de Capelato, e a confrontação entre artigos e editoriais e notas e telegramas das agências internacionais nos deu condição para perceber que as variações interpretativas e as mudanças de posição foram raras, pois, na maior parte do tempo, os jornais aqui analisados condenaram a atitude dos Estados Unidos com relação à Nicarágua.

Em diversos momentos foi possível perceber que determinadas opiniões veiculadas, por exemplo, pela *Folha da Manhã* ou pela *Folha da Noite* – os jornais mais oscilantes a respeito da interpretação conferida ao conflito –, estavam diretamente ligadas à assimilação, de forma crítica ou não, de certa nota ou telegrama publicado nas páginas dos referidos periódicos, em geral proveniente das agências norte-americanas. A isso, dentre outros aspectos, atribuímos o fato de um artigo ou editorial contradizer outro em curto espaço de tempo.

Outra questão que gostaríamos de ressaltar é a presença, a partir de determinado momento com maior incidência, de correspondentes internacionais dos jornais brasileiros em território norte-americano, mexicano, centro-americano ou mesmo europeu. Esses correspondentes produziram diversos artigos, sobretudo para o *Correio da Manhã* e para *O Estado de S. Paulo*, e essa prática introduziu, na interpretação acerca do conflito, novos elementos e matizes que não podiam ser visualizados nos artigos e mesmo nos editoriais produzidos no Brasil, por mais bem documentados e bem informados que estivessem os jornalistas ou redatores que elaboraram esses textos. A percepção da opinião pública norte-americana, as informações a respeito dos debates senatoriais nos Estados Unidos, alguns dados acerca do período de permanência de Sandino em terras mexicanas e outras tantas particularidades foram exploradas pelos jornais através de artigos produzidos pelos correspondentes, ou a partir de informações fornecidas por eles.

Ainda no que se refere às notas e aos telegramas, cabe aqui mais um comentário. Na medida em que os jornais aqui estudados obtinham – adquiriam – as informações basicamente a partir das mesmas agências, vale mencionar que o simples fato de serem publicadas notas diferentes, em maior ou menor quantidade, num mesmo dia, nos diferentes jornais, nos sugere que a seleção do material a ser publicado já seria elemento suficiente para demonstrar, naquele momento, o posicionamento com relação ao conflito na Nicarágua daquele periódico que, por exemplo, não publicou um telegrama que versava sobre derrotas dos *marines*, e que apareceu nas páginas dos demais. Apesar de não termos nos dedicado a essa análise, pois, para levar a cabo tal empreendimento, extrapolaríamos os objetivos deste trabalho, fica aqui a menção de que há fortes indícios de seleção de conteúdo internacional para publicação, o que, sabemos, só poderíamos analisar sistematicamente a partir de uma consulta aos arquivos de época de cada um dos periódicos, em muitos casos inviável ou mesmo impossível.

Correio da Manhã, O Estado de S. Paulo, Folha da Manhã, Folha da Noite, jornais de tendência política liberal, e *O Tempo*, periódico vinculado à Legião Revolucionária, em diferentes momentos da história brasileira, apoiaram iniciativas de transformação da ordem cultural, social e política, tais como aquela representada pelo movimento sandinista, e acreditamos que esse "engajamento" nas questões nacionais ecoou na interpretação conferida pelos cinco periódicos ao conflito na Nicarágua e, sobretudo, ao movimento sandinista, que foi detratado pelas notas e telegramas provenientes das agências internacionais de notícias, mas foi defendido e valorizado pela grande maioria dos artigos e editoriais veiculados nas páginas dos jornais analisados.

O estudo da repercussão do movimento sandinista em jornais brasileiros permitiu uma aproximação não apenas com as peculiaridades ideológicas de Sandino, com as características fundamentais dos órgãos de imprensa – nacionais e internacionais – que interpretaram o conflito na Nicarágua, mas, principalmente, com o debate político, social e cultural provocado pela resistência sandinista perante a ingerência dos Estados Unidos, debate que suscitou tanto críticas severas quanto apoio à causa do "General de Homens Livres" na imprensa mundial. Este estudo nos permitiu compreender, de uma maneira mais ampla, as implicações de um conflito envolvendo os Estados Unidos e a Nicarágua, quer junto da opinião pública brasileira, dos grupos diretores dos jornais nacionais, quer dos círculos diplomáticos internacionais.

REFERÊNCIAS BIBLIOGRÁFICAS

ALEN LASCANO, L. C. *Yrigoyen, Sandino y el panamericanismo*. Buenos Aires: Centro Editor de América Latina, 1986.
AMARAL, L. *Técnica de jornal e periódico*. Rio de Janeiro: Tempo Brasileiro, 1969.
ANDERSON, B. *Nação e consciência nacional*. São Paulo: Ática, 1989.
ANDRADE, J. R. de. *Um jornal assassinado*: a última batalha do *Correio da Manhã*. Colab. Joel Silveira. Rio de Janeiro: José Olympio, 1991.
ANSART, P. *Ideologias, conflitos e poder*. Rio de Janeiro: Zahar, 1978.
BAGGIO, K. G. *A "outra" América*: a América Latina na visão dos intelectuais brasileiros das primeiras décadas republicanas. São Paulo, 1998. Tese (Doutoramento) – Faculdade de Filosofia, Letras e Ciências Humanas, Universidade de São Paulo.
BAHIA, J. *Jornal, história e técnica:* história da imprensa brasileira. São Paulo: Ática, 1990. 2v.
BARAHONA PORTOCARRERO, A. "Breve estudio sobre la historia contemporánea de Nicaragua". In: GONZÁLEZ CASANOVA, P. (Org.). *America Latina:* historia de medio siglo. Vol. 2 – Mexico, Am. Central, Caribe. México: Siglo XXI, 1984, p.377-403.
BECKER, E. "The U.S. invades Nicaragua – 1926: a photo essay on Sandino's struggle". *Radical history review*, n. 33 (The American Empire). New York: John Jay College, 1985, p.21-31.
BECKER, J.-J. "A opinião pública". In: RÉMOND, R. (Org.) *Por uma história política*. Rio de Janeiro: Editora UFRJ/FGV, 1996, p.185-211.

BEIRED, J. L. B. Sob o signo da nova ordem – Intelectuais autoritários no Brasil e na Argentina (1914-1945). São Paulo: Edições Loyola/História Social/USP, 1999.

_____. "Revolução e cultura política na América Latina". In: DAYRELL, E. G. & IOKOI, Z. M. G. (Orgs.) América Latina contemporânea: desafios e perspectivas. Rio de Janeiro/São Paulo: Expressão e Cultura/Edusp, 1996, p.437-444.

BORRAT, H. El periodico: actor político. Barcelona: Gustavo Gilli, 1989.

BOURDIEU, P. O poder simbólico. Rio de Janeiro: Bertrand Brasil, 2001.

BRAGA, J. L. "Questões metodológicas na leitura de um jornal". In: PORTO, S. D. (Org.). O jornal: da forma ao sentido. 2. ed. Brasília: Editora da UnB, 2002, p.321-334.

BRIGNOLI, H. P. América Central: da colônia à crise atual. São Paulo: Brasiliense, 1985.

BROOKS, D. C. "US Marines, Miskitos and the Hunt for Sandino: the Río Coco Patrol in 1928". Journal of Latin American studies, vol. 21, part. 2. Cambridge: Cambridge University Press, May/1989, p.311-342.

BUENO, C. Política externa da Primeira República: os anos de apogeu (1902 a 1918). São Paulo: Paz e Terra, 2003.

_____. A República e sua política exterior (1889 a 1902). São Paulo/Brasília: Edunesp/Funag, 1995.

BURNS, E. B. "As relações internacionais do Brasil durante a Primeira República". In: FAUSTO, B. (dir.) História geral da civilização brasileira. Tomo III (O Brasil Republicano), vol. 2. Rio de Janeiro: Bertrand Brasil, 1990.

CAMACHO NAVARRO, E. Los usos de Sandino. México: Unam, 1991.

CAMARGO, A. M. de A. A imprensa periódica como objeto e instrumento de trabalho. São Paulo, 1975. Tese (Doutoramento) – Faculdade de Filosofia, Letras e Ciências Humanas, Universidade de São Paulo. 10v.

CAPELATO, M. H. R.; PRADO, M. L. C. O bravo matutino: imprensa e ideologia no jornal O Estado de S. Paulo. São Paulo: Alfa-Ômega, 1980.

CAPELATO, M. H. R. "O controle da opinião e os limites da liberdade: imprensa paulista (1920-1945)". Revista brasileira de História, vol. 12, n. 23/24. São Paulo: ANPUH/Marco Zero, set. 1991/ago. 1992, p.55-75.

_____. "O 'gigante brasileiro' na América Latina: ser ou não ser latino-americano". In: MOTA, C. G. (Org.). Viagem incompleta. A experiência brasileira (1500-2000): a grande transação. 2. ed. São Paulo: Editora Senac, 2000, p.285-316.

_____. "História da *Folha*: as diferentes etapas". In: *Um país aberto*: reflexões sobre a *Folha de S. Paulo* e o jornalismo contemporâneo. São Paulo: Publifolha, 2003a, p.38-41.

_____. "Imprensa na República: uma instituição pública e privada". In: SILVA, F. T. da S.; NAXARA, M. R. C.; CAMILOTTI, V. C. (Orgs.). *República, liberalismo, cidadania*. Piracicaba: Editora Unimep, 2003b, p.139-150.

_____. "Imprensa, uma mercadoria política". *História & Perspectivas*. n. 4. Uberlândia: UFU, jan.-jul./1991, p.131-139.

_____. *Os arautos do liberalismo: imprensa paulista. 1920-1945*. São Paulo: Brasiliense, 1989.

_____. *A ideologia liberal de* O Estado de S. Paulo *(1927-1932)*. São Paulo, 1974. Dissertação (Mestrado) – Faculdade de Filosofia, Letras e Ciências Humanas, Universidade de São Paulo.

_____. *Imprensa e história do Brasil*. São Paulo: Contexto/Edusp, 1988.

_____. *Os intérpretes das Luzes*: liberalismo e imprensa paulista. *1920-1945*. São Paulo, 1986. Tese (Doutoramento) – Faculdade de Filosofia, Letras e Ciências Humanas, Universidade de São Paulo.

CERVO, A. L.; BUENO, C. *A política externa brasileira (1822-1985)*. São Paulo: Ática, 1986.

_____. *História da política exterior do Brasil*. 2. ed. Brasília: Editora da Universidade de Brasília, 2002.

CERVO, A. L (Org.). *O desafio internacional*: a política exterior do Brasil de 1930 a nossos dias. Brasília: Editora Universidade de Brasília, 1994.

CHARTIER, R. *A história cultural:* entre práticas e representações. Lisboa: Difel, 1990.

COHN, A.; HIRANO, S.; MONTALVÃO, S. "Folha de S. Paulo" [verbete]. In: *Dicionário histórico-biográfico brasileiro (pós-1930)*. Coord. Alzira Alves de Abreu et al., Rio de Janeiro, Editora FGV; CPDOC, 2001, p.2235-2244.

COHN, A.; HIRANO, S. "O tempo" [verbete]. In: *Dicionário histórico-biográfico brasileiro (pós-1930)*. Coord. Alzira Alves de Abreu et al., Rio de Janeiro, Editora FGV; CPDOC, 2001, p.5733-5734.

DAYRELL, E. G.; IOKOI, Z. M. G. (Orgs.). *América Latina contemporânea*: desafios e perspectivas. Rio de Janeiro/São Paulo: Expressão e Cultura/Edusp, 1996.

DICIONÁRIO HISTÓRICO-BIOGRÁFICO BRASILEIRO (PÓS-1930). Coordenação: Alzira Alves de Abreu et al. Rio de Janeiro: Editora FGV; CPDOC, 2001.

DONGHI, T. H. *História da América Latina.* Rio de Janeiro: Paz e Terra, 1980.

DOSPITAL, M. "La construcción del Estado Nacional en Nicaragua: el proyecto sandinista (1933-1934)". *Revista de Historia,* n. 2. Managua: IHNCA/UCA, 1993, p.52-61.

_____. "La herencia mexicana en la lucha sandinista de los años 20 en Nicaragua". *Secuencia. Revista de historia y ciencias sociales,* n. 30. México, 1994, p.117-129.

_____. *Siempre mas allá... El movimiento sandinista en Nicaragua. 1927-1934.* Managua: CEMCA-IHN, 1996.

DUARTE, P. *História da imprensa em São Paulo.* São Paulo: ECA/USP, 1972.

FONSECA [AMADOR], C. *Obras.* Tomo II (Viva Sandino). Managua: Editorial Nueva Nicaragua, 1985.

FORJAZ, M. C. *Tenentismo e política.* Rio de Janeiro: Paz e Terra, 1977.

GIL, F. G. *Latinoamerica y Estados Unidos. Dominio, cooperación y conflicto.* Madrid: Editorial Tecnos, 1975.

GOBAT, M. "Nicaragua perdió la partida, la ganó la oligarquia. La élite nicaragüense y la intervención financiera de los Estados Unidos en Nicaragua, 1912-1926". *Revista de Historia,* n. 5-6. Managua: IHNCA/UCA, 1995, p.58-71.

GONZÁLEZ CASANOVA, P. *Imperialismo y liberación en América Latina. Una introducción a la historia contemporánea.* Mexico: Siglo XXI, 1978.

HERRERA C., M. A. "Nacionalismo e historiografía sobre la Guerra del 56. Nicaragua, 1850-1889". *Revista de Historia,* n. 2. Managua: IHNCA/UCA, 1993, p.27-39.

HODGES, D. C. *Intellectual Foundations of the Nicaraguan Revolution.* Austin: University of Texas Press, 1988.

INSTITUTO DE ESTUDIO DEL SANDINISMO. *General Augusto C. Sandino. Padre de la Revolución Popular e Antiimperialista,* 1895-1934. Managua: Nueva Nicaragua, 1986.

JANSEN, R. S. "Resurrection and reappropriation: historical figures in cultural politics". California, 19 set. 2002. Disponível em: <http://www.sscnet.ucla.edu/soc/groups/ccsa/jansen.pdf>. Acesso em: 2 jul. 2004.

JEANNENEY, J.-F. "A mídia". In: RÉMOND, René (Org.). *Por uma história política.* Rio de Janeiro: Editora UFRJ/FGV, 1996, p.213-230.

LEAL, C. E. "Correio da Manhã" [verbete]. In: *Dicionário histórico-biográficos brasileiro (pós-1930)*. Coord. Alzira Alves de Abreu et al., Rio de Janeiro, Editora FGV; CPDOC, 2001, p.1625-1632.

LEAL, C. E.; SAUL, V. "O Estado de S. Paulo" [verbete]. In: *Dicionário histórico-biográficos brasileiro (pós-1930)*. Coord. Alzira Alves de Abreu et al., Rio de Janeiro, Editora FGV; CPDOC, 2001, p.2027-2035.

LOZANO, L. *De Sandino al triunfo de la revolución*. México: Siglo XXI, 1985.

MAHONEY, J. "Radical, reformist and aborted liberalism: origins of national regimes in Central America". *Journal of Latin American studies*, vol. 33, part. 2. Cambridge: Cambridge University Press, May/2001, p.221-256.

MAREGA, M. *A Nicarágua sandinista*. São Paulo: Brasiliense, 1981.

MATTA, F. R. "A evolução histórica das agências transnacionais de notícias no sentido da dominação". In: _____. *A informação na nova ordem internacional*. Rio de Janeiro: Paz e Terra, 1980, p.55-72.

MELO, J. M. de. *Gêneros opinativos no jornalismo*. São Paulo, 1983. Tese (Livre Docência) – Escola de Comunicação e Artes, Universidade de São Paulo.

_____. *Sociologia da imprensa brasileira:* a implantação. São Paulo: Vozes, 1973.

MICELI, S. *Intelectuais à brasileira*. São Paulo: Companhia das Letras, 2001.

MIRES, F. "La larga marcha del sandinismo". In: _____. *La rebelión Permanente*. México: Siglo XXI, 1988, p.376-433.

MOTA, C. G.; CAPELATO, M. H. R. *História da Folha de S. Paulo. 1921-1981*. São Paulo: Impres, 1980.

MOURA, G. *Estados Unidos e América Latina*. São Paulo: Contexto, 1991.

NAVARRO-GÉNIE, M. A. "Failure of Prophecy and Revolutionary Violence: The Case of Augusto C. Sandino". Conference paper presented at the annual meetings of the Canadian Political Science Association held at The Université du Québec à Montréal, Montréal, Québec, Canada. June 1995.

_____. "From the Centre of the Cosmos: Symbols of Renewal in the Religious Experiences of Augusto Sandino". Presented at the American History Association meetings (Western conference) held at the University of British Columbia, in Vancouver, British Columbia, Canada, Aug. 2001). Disponível em: <http://www.sandino.org/SegovianCosmos.pdf>. Acesso em: 2 jul. 2004.

_____. "Sin Sandino, no hay sandinismo". Disponível em: <http://www.sandino.org/sandinismo.pdf>. Acesso em: 2 jul. 2004.

NOGUEIRA FILHO, P. *Ideais e lutas de um burguês progressista:* o Partido Democrático e a Revolução de 1930. 2. ed. Rio de Janeiro: José Olympio, 1965a. 2v.

_____. *Ideais e lutas de um burguês progressista:* a Guerra Cívica, 1932 (Primeiro volume: Ocupação Militar). Rio de Janeiro: José Olympio, 1965b.

ORTEGA SAAVEDRA, H. *50 años de lucha sandinista.* Nicarágua: F.S.L.N., 1978.

PECEQUILO, C. S. *Continuidade ou mudança:* a política externa dos Estados Unidos. São Paulo, 1999. Tese (Doutoramento) – Faculdade de Filosofia, Letras e Ciências Humanas, Universidade de São Paulo.

POMER, L. *As independências na América Latina.* São Paulo: Brasiliense, 1984.

PORTO, S. D. (Org.). *O jornal:* da forma ao sentido. 2. ed. Brasília: Editora da UnB, 2002.

PRADO, M. L. C. *América Latina no século XIX:* tramas, telas e textos. 2. ed. São Paulo: Edusp, 2004.

_____. "Davi e Golias: as relações entre Brasil e Estados Unidos no século XX". In: MOTA, C. G. (Org.). *Viagem incompleta. A experiência brasileira (1500-2000):* a grande transação. 2. ed. São Paulo: Editora Senac, 2000, p.319-347.

_____. *A democracia ilustrada (o Partido Democrático de São Paulo, 1926-1934).* São Paulo: Ática, 1986.

_____. *A formação das nações Latino-Americanas.* São Paulo/Campinas: Atual/Editora da Unicamp, 1985.

RAMÍREZ, S. "El muchacho de Niquinohomo". In: SANDINO, A. C.. *Pensamiento Político.* Selección, prólogo, bibliografia y cronologia: Sergio Ramírez. Biblioteca Ayacucho (vol. 134). Caracas: Biblioteca Ayacucho, 1988, p.IX-XLI.

RÉMOND, R. (Org.). *Por uma história política.* Rio de Janeiro: Editora UFRJ, 1996.

RODRIGUES, L. "O Sandinismo e a Revolução Nacional e Democrática na Nicarágua". In: DAYRELL, E. G. & IOKOI, Z. M. G. (Orgs.). *América Latina contemporânea:* desafios e perspectivas. Rio de Janeiro/São Paulo: Expressão e Cultura/Edusp, 1996, p.361-375.

_____. *A revolução sandinista e a questão nacional na Nicarágua.* São Paulo, 1991. Dissertação (Mestrado) – Pontifícia Universidade Católica.

SAID, E. W. *Cultura e imperialismo.* São Paulo: Companhia das Letras, 1995.

SEBRIAN, R. N. N. *A luta guerrilheira de Sandino no jornal O Estado de S. Paulo:* 1926-1934. Relatório científico (inédito), 2002.

SANDINO, A. C. *Pensamiento politico.* Selección, prólogo, bibliografia y cronologia: Sergio Ramírez. Biblioteca Ayacucho (vol. 134). Caracas: Biblioteca Ayacucho, 1988.

SCHILLING, V. *Estados Unidos x América Latina:* as etapas da dominação. Porto Alegre: Mercado Aberto, 1984.

SCHOULTZ, L. *Estados Unidos:* poder e submissão. Bauru: Edusc, 2000.

SCHROEDER, M. J. "Horse Thieves to Rebels to Dogs: Political Gang Violence and the State in the Western Segovias, Nicaragua, in the Time of Sandino, 1926-1934". *Journal of Latin American studies,* vol. 28, part. 2. Cambridge: Cambridge University Press, May/1996, p.383-434.

SELLERS, C.; MAY, H.; McMILLEN, N. R. *Uma reavaliação da história dos Estados Unidos. De Colônia a Potência Imperial.* Rio de Janeiro: Jorge Zahar Editor, 1990.

SELSER, G. *Sandino, general de homens livres.* São Paulo: Global Editora, 1979.

SILVA, C. E. L. da. *O adiantado da hora:* a influência americana sobre o jornalismo brasileiro. São Paulo: Summus, 1991.

SMITH, J. *Unequal Giants. Diplomatic Relations between the United States and Brazil, 1889-1930.* Pittsburgh: University of Pittsburgh Press, 1991.

SODRÉ, N. W. *História da imprensa no Brasil.* 4.ed. Rio de Janeiro: Mauad, 1999.

TARACENA ARRIOLA, A. "Reflexiones sobre la Federación Centroamericana, 1823-1840". *Revista de Historia,* n. 2. Managua: IHNCA/UCA, 1993, p.4-12.

TASCHNER, G. *Folhas ao vento. Análise de um conglomerado jornalístico no Brasil.* Rio de Janeiro: Paz e Terra, 1992.

TIJERINO, F. K. "Identidad nacional e intervención extranjera. Nicaragua, 1840-1930". *Revista de Historia,* n. 45. San Jose: Editorial de la Universidad de Costa Rica, enero-junio/2002, p.163-189.

TIMOTEO ÁLVAREZ, J.; MARTÍNEZ RIAZA, A. *Historia de la prensa hispanoamericana.* Colaboración técnica de Enrique Ríos Vicente. Madrid: Editorial Mapfre, 1992.

TORRES RIVAS, E. et al. *Centroamerica hoy*. 2ª ed. México: Siglo XXI, 1976.

_____. "Sobre a formação do Estado na América Central". In: PINHEIRO, P. S. *O Estado na América Latina*. São Paulo: Cedec/Paz e Terra, 1977, p.59-76.

VAYSSIÈRE, P. "Sandino avant le Sandinisme (1895-1926)". *Cahiers dês Amérique Latines*, v. 1 (Printemps, 1985). Paris: I.H.E.A.L, 1985, p.51-68.

VIVES, P. A. *Augusto Cesar Sandino*. Madrid: Historia 16/Quorum, 1986.

WALLACE, M. "Interview with Nicaraguan Historians". *Radical History Review*, n. 33 (The American Empire). New York: John Jay College, 1985, p.7-20.

WASSERMAN, C. *História contemporânea da América Latina. 1900-1930*. Porto Alegre: EDUFRGS, 1992.

WEFFORT, F. "Jornais são partidos?". *Revista Lua Nova*, vol. 1, n. 2. São Paulo, jul.-set./1984, p.37-40.

ZICMAN, R. B. "História através da imprensa – Algumas considerações metodológicas". *Projeto História*, n. 4 (História e Historiografia). São Paulo: PUC, 1981, p.89-102.

Periódicos

CORREIO DA MANHÃ, 1926 a 1934. Cedap (Centro de Documentação e Apoio à Pesquisa), Faculdade de Ciências e Letras da Unesp, *campus* de Assis (SP).

FOLHA DA MANHÃ, 1926 a 1934. Arquivo do Estado de São Paulo. São Paulo.

FOLHA DA NOITE, 1926 a 1934. Arquivo do Estado de São Paulo. São Paulo.

O ESTADO DE S. PAULO, 1926 a 1934. Cedap (Centro de Documentação e Apoio à Pesquisa), Faculdade de Ciências e Letras da Unesp, *campus* de Assis (SP).

O TEMPO, 1930 a 1931. Arquivo do Estado de São Paulo e Instituto Histórico e Geográfico de São Paulo. São Paulo.

ANEXOS

DADOS QUANTITATIVOS DAS FONTES

Periódico: *O Estado de S. Paulo*
(levantamento documental de todo o período)

Análise quantitativa de pesquisa: seção Telegrammas do Exterior*
(1º de janeiro de 1926 a 15 de março de 1934)**

Mês / Ano	Jan	Fev	Mar	Abr	Mai	Jun	Jul	Ago	Set	Out	Nov	Dez	Total
1926	04	00	00	00	06	02	00	13	25	11	22	56	139
1927	156	56	29	16	23	06	13	06	00	08	00	03	316
1928	95	10	46	30	23	05	12	04	01	03	14	01	244
1929	16	04	06	07	00	01	00	02	01	05	04	01	47
1930	01	01	01	04	11	04	05	07	02	01	02	01	40
1931	08	10	04	42	09	03	04	00	02	01	00	01	84
1932	01	00	03	02	01	01	00	03	00	00	01	02	14
1933	04	00	01	00	01	00	01	07	01	01	00	00	16
1934	01	18	06	—	—	—	—	—	—	—	—	—	25
Total geral													925

* A seção Telegrammas do Exterior era o local onde as notas e telegramas apareciam de maneira preferencial. No entanto, no caso das notícias a respeito da Nicarágua, muitas vezes elas foram destacadas dessa seção, para conferir maior destaque, sob títulos como A questão de Nicarágua, ou A Revolução na Nicarágua: o imperialismo "yankee" etc. Apesar de terem destaque maior, em essência essas "notas especiais" são compostas pelas mesmas notas das agências internacionais. Assim, preferencialmente consideramos o caráter de nota ou telegrama, e por isso elas foram quantificadas juntamente com as demais. Ressalte-se que, ao longo do período analisado, o título da seção por vezes deixou de aparecer, agrupando-se, contudo, as notas da mesma maneira.

** No caso específico de 1928, as notas apareceram, durante o período de realização da "Sexta Conferência Pan-americana" (janeiro e fevereiro de 1928), junto do espaço que era diariamente destinado às notícias da referida conferência, pois a questão da intervenção foi debatida entre seus participantes, e *OESP* considerou viável colocar as notas a respeito da Nicarágua junto dessas notícias, nesse período. Essas notas também foram quantificadas na tabela acima, respeitando preferencialmente o seu caráter de nota ou telegrama.

Análise quantitativa de pesquisa: artigos e editoriais
(1º de janeiro de 1926 a 15 de março de 1934)

		Total
1926	— / —	00
1927	(10/1, 13/1, 14/1, 4/2, 17/3), (1/6, 2/6)	07
1928	(17/1), (17, 18, 19, 20, 21, 22, 24, 25, 26, 27, 28, 29, 31/1; 1, 2, 3, 4, 5, 7, 8, 11, 14, 15, 21/2), (3/3), (6/4), (6/12)	28
1929	— / —	00
1930	3/6, 28/8, 3/11	03
1931	— / —	00
1932	— / —	00
1933	12/7	01
1934	28/1	01
	Total geral	40

Periódico: *Correio da Manhã* (levantamento documental de todo o período)

Análise quantitativa de pesquisa: notas e telegramas do exterior
(1º de janeiro de 1926 a 15 de março de 1934)

Mês / Ano	Jan	Fev	Mar	Abr	Mai	Jun	Jul	Ago	Set	Out	Nov	Dez	Total
1926	04	00	00	00	03	00	00	06	18	07	09	30	77
1927	110	25	09	11	/	/	08	01	00	00	02	04	170
1928	75	11	/	/	12	05	02	02	01	01	10	03	122
1929	15	07	01	09	00	00	02	01	01	00	01	00	37
1930	00	00	00	01	05	00	01	03	01	00	00	01	12
1931	03	07	03	08	01	00	01	01	01	00	00	00	25
1932	01	00	00	00	00	00	01	00	01	00	00	01	04
1933	01	01	00	00	00	00	00	02	00	00	00	00	04
1934	06	12	03	—	—	—	—	—	—	—	—	—	21
	Total geral												472

Os meses assinalados com o sinal (/) – maio e junho de 1927 e março e abril de 1928 –, não puderam ser consultados, pois não constavam do acervo do Cedap (Unesp/Assis), do Arquivo do Estado de São Paulo ou do IHGSP.

Análise quantitativa de pesquisa: artigos e editoriais
(1º de janeiro de 1926 a 15 de março de 1934)

		Total
1926	(9/7, 17/8, 28/12)	03
1927	(12/1, 14/1, 15/1, 16/1, 30/1, 8/2, 6/3, 9/3, 17/3, 27/4, 1/7, 20/7, 9/9, 10/9, 11/12, 22/12, 28/12)	17
1928	(7/1, 10/1, 11/1, 13/1, 14/1, 20/1, 31/1, 29/2, 9/6, 26/9, 4/11, 9/11, 24/11, 29/11)	14
1929	(5/1, 9/1, 13/1, 18/1, 25/1, 6/3, 6/4, 10/4, 26/5)	09
1930	(27/3, 28/5, 30/8, 6/9, 17/12)	05
1931	(19/2, 30/4, 16/6, 19/6, 20/6)	05
1932	(8/7)	01
1933	(14/4, 28/5, 13/7)	03
1934	(25/2)	01
Total geral		58

Periódico: *O Tempo* (levantamento documental efetuado por amostragem)

Análise quantitativa de pesquisa: notas e telegramas do exterior
(30 de dezembro de 1930 a maio de 1932; período efetivamente pesquisado: janeiro a setembro de 1931)

Mês / Ano	Jan	Fev	Mar	Abr	Mai	Jun	Jul	Ago	Set	Out	Nov	Dez	Total
1930	—	—	—	—	—	—	—	—	—	—	—	—	00
1931	03	01	00	05	00	00	00	00	00	—	—	—	08
1932	—	—	—	—	—	—	—	—	—	—	—	—	00
Total geral													08

O jornal *O Tempo* foi criado em 30 de dezembro de 1930, como "Órgão da Revolução", e, segundo aqueles que o estudaram, em maio de 1932 já não mais existia. Analisamos um curto período desse periódico no Arquivo do Estado de São Paulo (janeiro a setembro de 1931) e os períodos restantes seriam pesquisados no acervo do Instituto Histórico e Geográfico de São Paulo, instituição na qual não foi possível concluir o levantamento em virtude da impossibilidade de acesso ao acervo, que se encontrava, nos primeiros meses do ano de 2005 (período estipulado para a realização de tal tarefa), fechado à consulta.

Análise quantitativa de pesquisa: artigos e editoriais
(30 de dezembro de 1930 a maio de 1932)

		Total
1930	— / —	00
1931	(3/6)	01
1932	— / —	00
Total geral		01

Periódico: *Folha da Manhã* (levantamento documental efetuado por amostragem)

Análise quantitativa de pesquisa: notas e telegramas do exterior
(1º de janeiro de 1926 a 15 de março de 1934)

Mês / Ano	Jan	Fev	Mar	Abr	Mai	Jun	Jul	Ago	Set	Out	Nov	Dez	Total
1926	/	/	/	/	/	/	/	/	/	/	/	/	00
1927	44	07	/	—	—	—	—	—	—	—	—	—	51
1928	80	06	—	—	/	/	—	—	—	—	—	—	86
1929	—	—	—	—	—	—	—	—	/	/	—	—	00
1930	—	—	—	—	—	—	/	/	/	/	/	/	00
1931	/	/	/	—	—	—	—	—	—	—	—	—	00
1932	/	/	/	—	—	—	—	—	—	—	—	—	00
1933	—	—	—	—	—	—	—	—	—	—	—	—	00
1934	00	23	—	—	—	—	—	—	—	—	—	—	23
Total geral													160

Tanto a *Folha da Manhã* quanto a *Folha da Noite* não possuem suas coleções completamente liberadas para consulta no acervo do Arquivo do Estado de São Paulo. Neste caso, efetuamos o levantamento por amostragem, a partir do material disponível à consulta, procurando complementar os períodos que faltam em um periódico com o outro. Além disso, alguns períodos foram pesquisados, mas não puderam ser reproduzidos, em virtude de problemas técnicos com o aparelhamento de reprodução do Arquivo do Estado de São Paulo no primeiro semestre de 2005. Os meses indicados pelo sinal de barra (/) estão indisponíveis à consulta. Os indicados por travessão (—) não poderiam ser reproduzidos, apesar de disponíveis, nos primeiros meses de 2005, e por isso foram descartados.

Análise quantitativa de pesquisa: artigos e editoriais
(1º de janeiro de 1926 a 15 de março de 1934)

		Total
1926	— / —	00
1927	(9/1)	01
1928	(6/1, 9/1, 18/1, 27/1, 4/2, 7/2, 18/2)	07
1929	— / —	00
1930	— / —	00
1931	— / —	00
1932	— / —	00
1933	— / —	00
1934	— / —	00
Total geral		08

Periódico: *Folha da Noite* (levantamento documental efetuado por amostragem)

Análise quantitativa de pesquisa: notas e telegramas do exterior
(1º de janeiro de 1926 a 15 de março de 1934)

Mês / Ano	Jan	Fev	Mar	Abr	Mai	Jun	Jul	Ago	Set	Out	Nov	Dez	Total
1926	—	—	—	—	—	—	—	00	01	01	03	10	15
1927	20	12	08	03	03	01	03	01	03	00	04	01	59
1928	—	—	—	—	—	—	04	00	00	02	15	01	22
1929	/	/	/	/	/	/	/	/	/	/	/	/	00
1930	/	/	/	/	/	/	/	/	/	/	/	/	00
1931	—	05	00	14	03	01	01	00	00	00	00	00	24
1932	00	00	00	—	—	—	—	—	00	00	00	00	00
1933	00	00	01	00	01	00	01	01	03	00	00	02	09
1934	02	11	00	—	—	—	—	—	—	—	—	—	13
Total geral													142

Como já dito, no Arquivo do Estado de São Paulo não se encontra disponível para consulta a coleção completa dos jornais *Folha da Manhã* e *Folha da Noite*. Exemplos disso são os períodos compreendidos entre os meses de janeiro e julho de 1926 e janeiro e junho de 1928, que estão indisponíveis, além dos anos de 1929 e 1930, indicados pelo sinal de barra (/), que não constam do acervo. Outros períodos, como o que está compreendido entre os meses de abril e setembro de 1932, por exemplo, estão indisponíveis para consulta em virtude da má conservação do material, o que acarretou sua retirada de circulação, para restauro.

Análise quantitativa de pesquisa: artigos e editoriais
(1º de janeiro de 1926 a 15 de março de 1934)

		Total
1926	— / —	00
1927	(12/3, 14/3, 26/3, 25/6, 1/9, 7/9, 30/9, 1/10, 15/10, 22/10, 28/10, 16/11, 29/12)	13
1928	(28/7, 5/11, 10/11, 12/11, 4/12, 20/12)	06
1929	— / —	00
1930	— / —	00
1931	(20/2, 27/2, 20/4, 31/7)	04
1932	(15/11, 16/11, 18/11, 22/11, 28/11)	05
1933	(23/1, 3/3, 28/4, 22/5)	04
1934	(23/2, 24/2)	02
	Total geral	34

MAPA POLÍTICO DA NICARÁGUA

Mapa político contemporâneo da Nicarágua, onde é possível visualizar a localização de algumas cidades e regiões mencionadas ao longo deste livro. Como ressaltamos no capítulo 1, tanto este quanto o outro mapa utilizado não refletem a exata configuração política nicaraguense no momento do conflito (1926-1934), sobretudo no que se refere aos nomes de cidades e regiões.

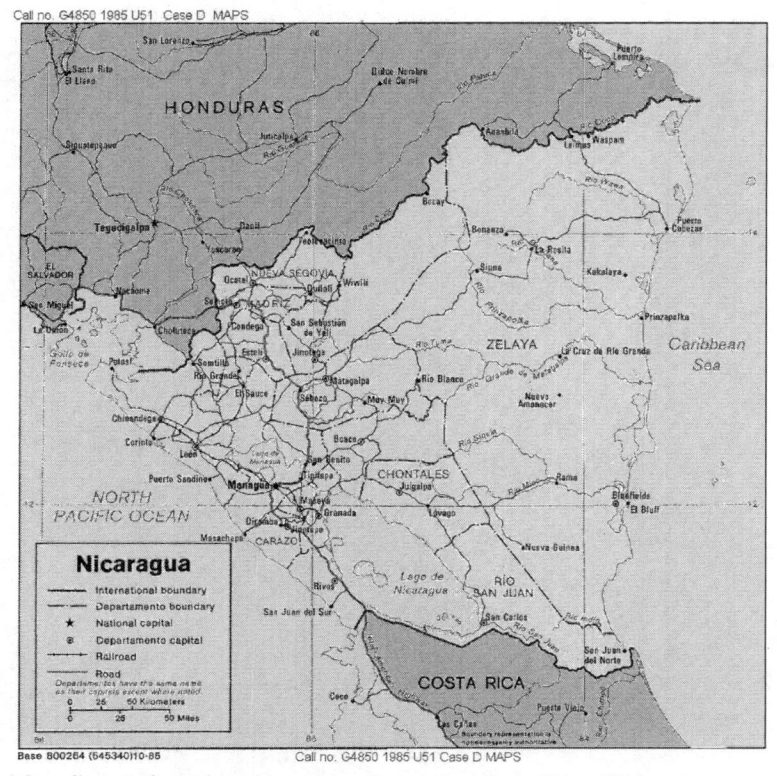

Mapa disponível em <http://www.maps.com>. Acesso em: 10 jan. 2004

Reproduções de documentos

O Tempo, 3 jun. 1931, p.3

3-5-31
O exemplo de Sandino

A imprensa paulistana publica, de vez em quando, informações de agencias yankees sobre os acontecimentos de Nicaragua. E não é raro vêr-se, acompanhando a photographia de um grupo tenente de fuzileiros, a noticia circumstanciada de massacres perpetrados pelos "bandidos" nicaraguenses contra os sympathicos sobrinhos de Tio Sam.

Não nos causa admiração que empresas de publicidade norte-americanas, como a do famigerado Hearst, deem tal orientação á sua literatura, na propaganda da politica intervencionista. O que os reis da Wall Street mandam dizer pelos seus caixeiros, não póde ser outra coisa. E o plano de um novo Panamá, com o canal e tudo mais, ha de inspirar sempre aos detractores da raça indo-latina os pretextos para bombardeios e desembarques de tropas de occupação.

O que é inadmissivel, o que o povo brasileiro não deve tolerar é o desenvolvimento de tal propaganda através de nossa imprensa. Que jornaes de nossa terra, por ignorancia ou por conveniencia inconfessavel, abram suas columnas ás infamias contra uma nação pequena que se defende heroicamente, sustentando uma luta de bravos guerrilheiros, a quebrar a impetuosidade e a desmoralizar a supposta omnipotencia dos conquistadores.

* * *

Como ibero-americanos e como revolucionarios devemos solidariedade ao exercito libertador do general Sandino. Porque a resistencia de seus soldados, a tenacidade que revelam, a inquebrantavel energia numa guerra defensiva, a incorruptibilidade tantas vezes posta á prova na repulsa aos acenos de accôrdos, constituem lições aproveitaveis aos povos mais ou menos sujeitos á dominação imperialista.

Ainda a Columna Prestes rasgava os sertões do Brasil, apontando-nos o caminho da redempção, e já o caudilho glorioso, á frente de algumas centenas de compatriotas, levantava a bandeira da rebeldia na America Central. Ameaçava o governo de nativos mancommunados com os tubarões estrangeiros. E quando estes, allegando a falta de garantias para a vida e a propriedade dos seus representantes, conseguiam a intervenção das tropas regulares dos Estados Unidos, na violação do direito das gentes, na continuação de uma politica expansionista que levanta em protestos ruidosos o proprio povo norte-americano, Sandino mostrou que a superioridade de recursos bellicos não assegura a victoria a uma potencia, se ella tem de vencer á custa do exterminio de um povo.

Até hoje, os libertadores nicaraguenses mantêm a mesma attitude de dignidade, batendo-se com valentia. Não se deixam arrastar pela seducção dos partidos corrompidos. Não mentem á causa de seu paiz. Não toleram cambalachos com os alienigenas exploradores. Sustentam, com a convicção de revolucionarios conscientes, os postulados inscriptos em sua bandeira. Preferem esperar, com honra, uma victoria mais remota de sua causa, a desvirtual-a em manobras de puro opportunismo, esquecendo as promessas feitas ás massas, desprezando como inutilidade um programma adiantado, para abocanhar, na transitoriedade das situações sem base nas camadas populares, as posições de caixeiros do imperialismo.

* * *

Sandino continúa a ser o chefe invencivel do povo da Nicaragua. O exemplo de bravura e de honestidade que todos os sul-americanos deveriamos admirar e seguir.

Elle tem demonstrado que não é impossivel a defesa de um grande ideal numa terra pequenina. Elle, o general indomito, ha de vencer o adversario mais forte, porque a criminosa aventura está custando muito em dollares e em vidas. E vencerá porque é um caracter firme, porque é um soldado digno, porque é um revolucionario de vergonha, porque tem a consciencia do seu destino.

Folha da Manhã, 6 jan. 1928, p.3

6 — 1 — 1928
Imperialismo norte-americano

Os acontecimentos que actualmente se desenrolam no territorio da Nicaragua, bem mostram quanta hypocrisia existe na proclamada confraternização pan-americana sustentada pelos Estados Unidos. Mais uma vez se descortina aos olhos dos ingenuos que não querem ver na doutrina de Monroe o fundamento ideologico do imperialismo "yankee", — quanta falsidade encerra o lemma: "a America para os americanos"...

A Nicaragua, como o Mexico anteriormente á sua revolução nacional de 1910, tem vivido nos ultimos tempos, constantemente assaltada em sua soberania, pelas armas da America do Norte. Agora, mesmo segundo communicados das agencias telegraphicas, uma flotilha de aeroplanos norte-americanos está bombardeando os acampamentos dos liberaes revolucionarios chefiados pelo general Sandino. Outros despachos annunciam a remessa de novas forças navaes "yankees", cujo objectivo não é outro sinão massacrar o povo altivo dessa pequena nação, que, corajosamente lucta pela propria independencia, defendendo assim, a soberania nacional conspurcada pelo ouro e pelas armas estrangeiras.

Esse facto é tanto mais interessante quanto se reune tambem, agora, em Havana, a Conferencia Pan-Americana. Qual será a attitude dos Estados Unidos e das nações latino-americanas nessa conferencia, a respeito de tão momentosa e grave questão? Permittirão os povos de origem ibero-americana que a America do Norte continue a manter a sua politica avassaladora de violencias e pilhagens ás outras nações americanas?

Não será opportuno a substituição da doutrina de Monroe por outra doutrina que garanta os povos fracos contra a absorpção imperialista das grandes potencias, sejam ellas da America, Europa ou Asia?

Os representantes do Sul e Centro America precisam na Conferencia de Cuba, reflectir os interesses e aspirações das respectivas nações afim de não se transformarem em agentes inconscientes do imperialismo. Precisam fazer valer a soberania dos povos que lhes delegaram taes poderes. O que está se passando na Nicaragua é um attentado aos principios elementares do Direito Internacional. Por outro lado, contraria flagrantemente o espirito da politica latino-americano.

A Conferencia de Havana necessita corresponder aos ideaes politicos do Novo Mundo.

Folha da Manhã, 6 fev. 1928, p. 5

Um heróe

O general Augusto C. Sandino, chefe das tropas nicaraguenses que combatem as forças desembarcadas pelos Estados Unidos em territorio da sua patria. Um heróe.

Uma alta organização heroica, um espirito combativo de fibra, ansioso de liberdade, que se levantou na hora extrema da nacionalidade, num protesto vivo e energico á prepotencia imperialista dos yankees, personificação da audacia e do patriotismo, exemplo nobilitante da cruzada que é uma epopéa, para a repulsa da metralha que anda troando e ensanguentando a terra que os seus olhos sonharam livre...

Um grande heróe.

Folha da Manhã, 9 jan. 1928, p.3

Em torno dos acontecimentos da Nicaragua

Os tristes acontecimentos de que a Nicaragua se tornou theatro estão já em pleno domínio publico nas suas minucias, inclusivé a intervenção armada dos Estados Unidos na belligerancia interna do paiz impero-americano, desembarcando em seu territorio grandes contingentes de fuzileiros navaes, que estão a combater as hostes destemidas e bravas do general Sandino, chefe das tropas revolucionarias. E esse attentado á soberania de uma nação livre e independente está sendo perpetrado simplesmente á guisa "de defesa dos interesses yankees", como o proclamou o governo do presidente Calvin Coolidge...

Não cuidemos entretanto, de reviver aqui a lamentavel quebra do principio essencial a todos os tratados internacionaes por parte da poderosa Republica do norte do continente, baseada, pela propria palavra insuspeita de numerosos congressistas do mesmo paiz, de méra aventura dos financistas de Wall Street.

A nossa finalidade, embora se prenda aos factos em questão, é simplesmente para realçar o relato de um telegramma recente de Washington, que reza o seguinte:

"O commando superior das tropas norte-americanas em Nicaragua informou ao Departamento da Guerra que dois desertores das fileiras dos Estados Unidos passaram para as fileiras do general Sandino, rebelde nicaraguense, e ali estão dando instrucção militar aos insurrectos."

Esse facto que o despacho noticia diz, na sua simplicidade, um indicio flagrante do quanto injusta é a campanha intentada por alguns homens do poder americano. E dizemos alguns homens, porque, sem duvida, a opinião publica do grande paiz ha de estar forçosamente divorciada da intervenção internacional, bastando para isso encarar a acção de protesto desenvolvida pelo Partido Democrata yankee no respectivo Congresso.

O gesto de deserção, por tantos titulos, reflecte talvez um grito de consciencia dos que assim procederam, que não quizeram partilhar das dolorosas glorias dos seus companheiros de armas.

Folha da Noite, 14 mar. 1927, p.6

Um villarejo tranquillo que preoccupa o mundo

Bluefields, que o telegrapho tem popularizado por causa da situação politica de Nicaragua, continua a ser o centro de um movimento para onde converge a attenção do mundo inteiro. Tem agua pura para beber, embora seja da chuva. A roupa é lavada nos barrancos do rio Escondido. Suas praias são formosas e nellas se poderia tomar banho, se não fossem os tubarões e os peixes chamados "barracudas". Além disso, tem um palacio e um cinematographo.

Os arredores de Bluefields, que ha pouco foram testemunhas de uma renhida batalha, deviam ter estranhado os famosos "tanks" da guerra moderna, que fizeram a sua apparição na ultima guerra europea.

O palacio — séria e officialmente chamado "o palacio" — é uma casa de dois andares, lindamente pintada de azul, ha alguns annos. E' a residencia do intendente e governador da praça. Ahi tambem tem residencia o chefe de policia.

Esta ultima personagem usa um leve chapeu de palha e a sua vestimenta é remendada, devido naturalmente, aos rigores do combate acima referido. O chefe distribue as suas ordens sentado a uma enorme secretaria.

Fóra, os guardas languescem num sonho, mas apparentemente estão promptos para, novamente, lançar mão das armas, muito mais veteranas do que elles no serviço da revolução.

Ha ruas em Bluefields, mas a lama alterna com trechos calçados, onde, por excepção o capim não medra. Na falta de automoveis, por essas ruas cruzam algumas pileras, com cavalleiros, desempenhando os serviços do villorio.

O Club Tropical, o Hotel Washington, o Hotel St. James, a casa da Companhia Cuyamel e o escriptorio do consulado norte-americano são os mais importantes edificios de Bluefields. Os hoteis são capazes de hospedar até uma duzia de hospedes.

O Club Tropical foi construido por extrangeiros e tem dois andares. Permitte-se o luxo de ter um salão de leitura e outro de descanço. Elle comparte as glorias do consulado em possuir um gabinete de duchas.

O povo é tranquillo. Não parece impressionado com o que acontece nem se preoccupa com os destinos em jogo. Durante o dia, em grupos, discute os incidentes da lucta e as noticias que chegam dos planos dos conservadores, ou as campanhas dos liberaes, que disputam o mando.

A' noite tudo é quieto. A gente se recolhe cedo, depois do curto passeio que se segue ao jantar. Noite adeante, só se ouve, de espaço a espaço, passar a ronda, e, tambem os apitos da substituição de sentinellas.

Os nicaraguenses são hospitaleiros e muito orgulhosos das tradições hespanholas. Falam excellente castelhano, mas na costa atlantica do paiz o idioma inglez está tão generalizado como o hespanhol em Managua e cidades do interior.

Folha da Noite, 22 out. 1927, p.4

O imperialismo em Nicaragua

Nicaragua vem sendo nos ultimos tempos, a victima indefesa do imperialismo norte-americano. Nação pequena, sem possibilidades materiaes de fazer valer a propria soberania, situada além de tudo, em uma região que desperta a cubiça dos Estados Unidos, — a situação da Nicaragua se apresenta para as suas irmãs ibero-americanas, com o relevo historico de uma projecção de destinos em marcha. O sentimento natural de fraternidade originaria tende a solidificar, mais e mais, o bloco latino-americano, contra a pretenção avassaladora da grande potencia do norte.

Agora mesmo, a attenção das outras nações americanas, volta-se de novo para Nicaragua. Um telegramma da United Press, communica-nos o seguinte:

"O departamento (norte-americano) de Marinha annunciou que dois aeroplanos, tres officiaes de marinha e um destacamento de recrutas tiveram ordem de seguir para Corinto, na Nicaragua. Presume-se que a missão dessas forças seja fiscalisar as eleições presidenciaes, marcadas para o dia 6 de Novembro".

Ha pouco tempo, tivemos occasião de commentar o facto de o general Sacasa, da Nicaragua, ter ido saber do Departamento Politico norte-americano, si elle poderia concorrer ás eleições em seu paiz. Isso queria apenas dizer si os Estados Unidos permittiriam uma tal pretenção.

Como se vê por tudo isso, a Nicaragua já deixou de ser uma colonia economica do imperialismo "yankee"; é agora, uma simples colonia politica da America do Norte.

Não fosse a revolução mexicana de 1910, completada pela politica de Obregon e de Calles, e o Mexico estaria hoje nas mesmas condições da Nicaragua.

Quando será que o povo brasileiro abrirá os proprios olhos?...

Folha da Noite, 28 jul. 1928, p.1

Junho de 1928 | CAIXA POSTAL 2.900 | Atrazado 300 réis | N. 2.334

IMPERIALISMO "YANKEE"
Chegou a vez da Amazonia, atravéz da concessão Henry Ford

A missão extrangeira vae iniciar os seus trabalhos

Dentro de breves dias, ao porto de Santarem, no Pará, deverá atracar procedente de Detroit, o vapor norte-americano "Lake Ormoc". A seu bordo viajam, desde hontem, os membros da expedição "yankee", financiada pela empreza "Ford", que vem ao Brasil lançar, em enormes latifundios da Amazonia, as bases de uma cultura systematica da "havea brasiliensis".

Concessionario de uma area geographica, encravada nos limites da jurisdicção do estado do Pará, e dentro da qual caberiam, talvez, á vontade, certas paizes da Europa, o sr. Henry Ford, prestigiado por um contracto official é que canaliza para a nossa terra a artilheria dos seus instrumentos agricolas e os soldados do seu capitalismo.

O facto, em que se consummou a transacção, pouco tempo faz, tem a assignatura do sr. Dyonisio Bentes, o mesmo governador a quem os acontecimentos envolvendo jornalistas liberaes e esbirros do governo, occorridos recentemente em Belém, vieram dar uma triste celebridade. Si, no caso, o sr. Bentes funccionou como delegado da soberania nacional, então se póde definir soberania, do ponto de vista brasileiro, como a faculdade de dispôrem os governos, a seu bel talante, do territorio patrio, vendendo retalhando ou mercadejando.

Não ha sophisma, por mais bem urdido que seja, capaz de justificar os termos ou a essencia desse documento de leso-nacionalidade.

Porque, o é. Não invoquemos o argumento da inconstitucionalidade, por demais estafado. Consideremos, antes, as condições moraes, politicas, economicas, que envolvem na actualidade os concessionarios das terras amazonicas, não só como uma empresa industrial privada, senão tambem como subditos estadunidenses.

A historia, de uma parte, uma historia que vive e sangra ainda, ahi está para nos desvendar os olhos. Em nome de que principios, estão agora mesmo os fuzileiros norte-americanos a massacrar uns pobres heróes nicaraguenses, obedientes ás ordens temerarias do general Sandino? Não são puros interesses economicos os que motivaram a invasão, pelo exercito extrangeiro, zeloso guardião do Deus Dollar, num paiz livre e organizado?

E, no Brasil não são os interesses economicos tambem as raizes que o capital "yankee" vem implantar? A pretexto de os defender contra a mais leve subversão da ordem publica, pois, no se, como o nosso, em que a estabilidade politica é ficticia, sem fundamentos solidos, — não lhes será difficil, aos Estados Unidos, encaminhar para o Brasil, na esteira do "Lake Ormoc", uma fracção da sua potencia armada, e meia duzia de Mac Avoy.

Ahi teremos, depois da invasão pelos petrechos agrarios e pela superioridade do seu preparo, a invasão pelas armas!

Com uma base de operações tão desmarcada, se apresentarmente, como a que lhe propicia o contracto firmado pelo governo do Pará — a empreza Ford, de industrialização da borracha, estenderá os seus tentaculos a outros de actividade, creando na Amazonia uma avassaladora potencia ou quasi.

Folha da Noite, 20 fev. 1931, p.2

S. Paulo — Sexta-feira, 20 de Fevereiro de 1931

A IRONIA "YANKEE"

De um telegramma de Washington, com data de ante-hontem:
"O secretario de Estado, sr Stimson, está activamente empenhado em que todas as nações interessadas e, sobretudo, os paizes da Europa tomem, desde já todas as disposições relativas á conferencia geral do desarmamento, marcada para 1932."

Não duvidamos da magnifica bôa vontade com que o chanceller norte americano se empenha para conseguir o impossivel, isto é, que a proxima Conferencia do Desarmamento não repita, como a anterior, num ruidoso e vergonhoso fracasso.

Não duvidamos mesmo que elle consiga que a Italia, por exemplo, renuncie á sua velha aspiração de paridade naval com a França, nem que a Inglaterra, num gesto de abnegação pelo amor da humanidade, risque do seu orçamento as despesas fabulosas que lhe acarreta a manutenção de suas poderosas esquadras em todos os mares do globo. E mesmo que a industria franceza de munições renuncie, da noite para o dia, aos lucros invejaveis que lhe proporcionam fornecimentos em grande escala material bellico á Polonia, á Rumania, á Jugoslavia, etc. No que pomos as nossas duvidas é em que o bravo sr. Stimson consiga o milagre de desarmar os Estados Unidos. Nessa historia, aliás, a posição do secretario do Departamento de Estado norte americano é mais brilhante e commoda possivel. Elle não está affirmando que o seu paiz vae desarmar-se. Mas, sim, pedindo á Europa que se desarme... Tomado do ponto de vista universal, ninguem negaria, nessa hypothese, que a limitação dos armamentos seria um facto real e positivo. Supprima-se a esquadra ingleza, supprimam-se os exercitos francez e italiano e os da Pequena Entente, e a quantidade de apparelhamento bellico existente no mundo inteiro estará automaticamente reduzida a cincoenta por cento, com a restagem, ainda, dos restantes cincoenta por cento ficarem concentrados numa nação inoffensiva como são os Estados Unidos, que lê a Biblia pelo menos uma vez por semana e não precisa de canhões para conquistar mercados, pois tem a seu serviço o doce apostolado evangelico da Christian Science, que não deixa de ser uma attração interessante para o nosso tempo. — O.

UMA RECLAMAÇÃO APURADA PELA "FOLHA DA NOITE"

A' Prefeitura, pouco importa a marca das balanças, desde que pesem exactamente

O sr. G. Renato Sbrighi é proprietario de um bar na Lapa, á rua Trindade, 6d. Está descontente com uma intimação que recebeu na ultima segunda-feira da Secção de Aferição, afim de que substitua a balança actualmente em uso e compre novas medidas para liquidos.

Diz que tal medida não é justa. Ha um anno recebeu igual intimação, tendo adquirido então uma balança marca "Maracás", que foi aferida pela repartição competente e julgada exacta. Este anno recebe nova intimação para trocar de balança. Elle não está de accôrdo com essa exigencia, que reputa injusta, porque e' actualmente em uso no seu bar dá peso exacto. Não lhe parece tambem razoavel pedirem-lhe medidas de aluminio para liquidos, quando as que tem e que são de folha não as usa como não usará as de aluminio, se as comprar.

Essa reclamação, a "Folha da Noite" levou-a ao conhecimento do sr. Justiano Vianna, chefe da Secção de Aferição que lhe prestou os seguinte esclarecimentos:

— Não é sem motivo que os fiscaes intimam os negociantes a mu-

SOBRE O LIVRO

Formato: 14 x 21 cm
Mancha: 23,7 x 42,5 paicas
Tipologia: Horley Old Style 10,5/14
Papel: Offset 75 g/m² (miolo)
Cartão Supremo 250 g/m² (capa)
1ª edição: 2011

EQUIPE DE REALIZAÇÃO

Coordenação Geral
Marcos Keith Takahashi

IMPRESSÃO E ACABAMENTO:

psi 7

Printing Solution & Internet 7 S.A